# イッツ☆たぬき算！

## 間違いだらけのワールドカップ
## ～世界の非常識がやってきた～

新宮セイシ



明窓出版

# たぬき算！

古くから日本に伝わる「捕らぬ狸の皮算用」ということわざがある。

……うーん、やっぱり化かされたか……？

# たぬき算とは何か？

それは……、

「間違いだらけの方程式」

「根拠のない計算式」

「思惑だけの計算式」など、物事を何も考えず思いつきでやってしまうことを呼ぶ。

2002年のワールドカップは「間違いだらけのワールドカップ」であった。

これぞまさしく【たぬき算！】である。

# Prologue（プロローグ）

「ワールドカップとは、獲るモノである」と言っていたある選手がいた。

私達日本人が初めて体験した、サッカーの【ＦＩＦＡワールドカップ】。この、世界中の人々と共有した貴重な時空《とき》を、私達日本人はきっと永遠に忘れる事はないであろう。

そんなワールドカップにも光と影、表と裏、そこで繰り広げられた様々な人間模様があった。

一体私達にとって【ＦＩＦＡワールドカップ】とはどんな存在、そしてどんな価値を残したモノであったのだろう。

そして、長かったようで短かった【２００２ＦＩＦＡワールドカップ・コリア・ジャパン】が終わった。

このワールドカップが私達にもたらしてくれたモノとは、何であったのだろうか。

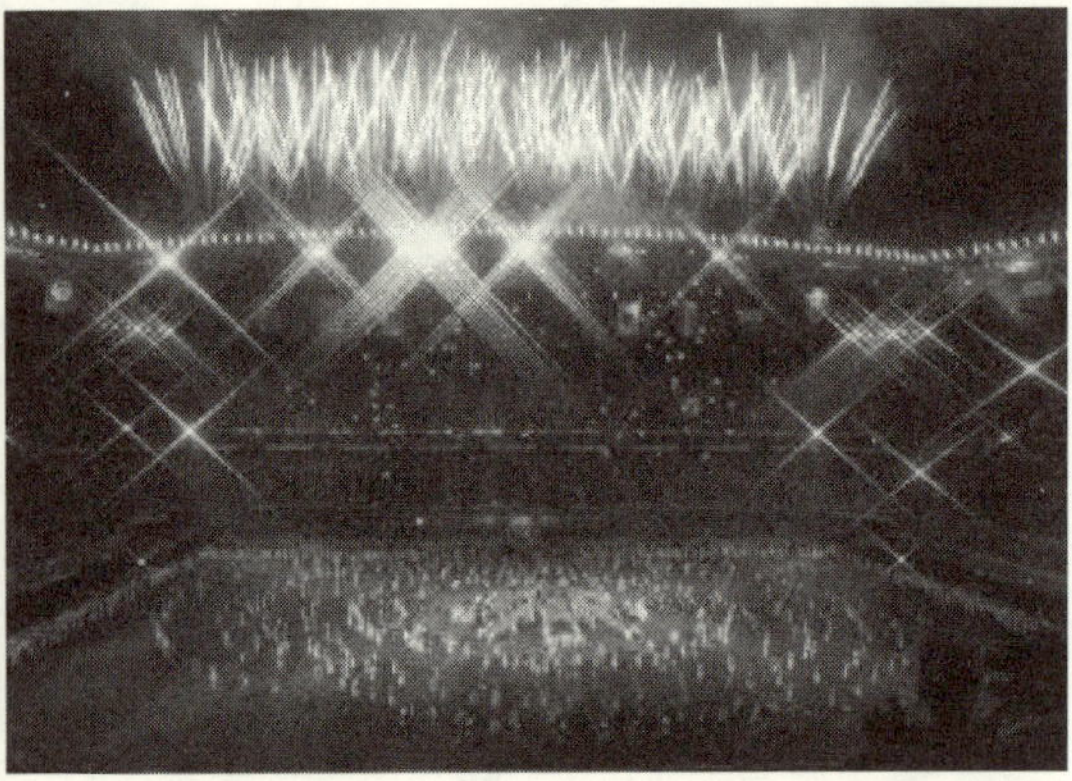

5月31日　開会式（ソウル）メインスタンド中央より

２００２年５月３１日、フランスＶＳセネガルの開幕戦で幕を明けた【２００２ＦＩＦＡワールドカップ・コリア・ジャパン】。この大会のファーストゴール、すなわち２１世紀最初のワールドカップで初の記念すべきゴールは、華やかな開幕戦前半３０分に、セネガルのディオプ・パパ・ブバのあげたゴールであった。

そして、ここから始まる３１日間に亘る熱戦で繰り広げられた悲喜こもごもの得点のドラマは、6月30日横浜国際競技場で行われた、ブラジルVSドイツの決勝戦に後半34分、ブラジルのロナウドが、この日2点目となるゴールまで続き、この大会最後のゴールとなった。

今大会では、合計161ゴールのドラマが新たに生まれた。

そしてこの161のゴールは確かに記録に残るゴールであったが、【2002FIFAワールドカップ・コリア・ジャパン】では、残念な事ではあるがこの他に記録に残らなかったゴールが幾つかあった。

準々決勝でスペインが取り消されたゴールも記録には残らないが、人々の記憶に残るゴールの一つであった。

このワールドカップが始まる前に、私達は「記録に残るワールドカップ」よりも「記憶に残るワールドカップ」であって欲しいと願っていた。

では、【2002FIFAワールドカップ・コリア・ジャパン】が終わって振り返ってみると、このワールドカップでは、確かに素晴らしい記録が幾つも生まれている。その一つが、優勝国ブラジルのエースストライカーで得点王となったロナウドが残した記録。そう、一大会最多ゴール数となった8ゴールという数字であった。ロナウドは、この素晴らしい記録の他にも、もう一つ人々の記憶に残したものがあった。それは、彼が決勝トーナメントの途中より見せたヘアースタイル（丸刈りに前頭部の部分だけ三角形にやや頭髪を残した、言い方は悪いが日本のお化け（幽霊）が、頭に着けている、あの三角形が突如現れたのには、正直私もびっくりした）である。これについては、当初専門家の間でもい

大五郎カットのロナウド

2002　王者ブラジル

ろいろと理由を取りざたされた。例えば、「ロナウドほどの世界的にも実績がある選手のやる事であるから、ただ、単にベッカムヘアーに対抗して目立つ為だけにやったものでは絶対にあるハズがないから、きっと彼は、ヘディングする際にボールの回転をコントロールする事など全て高度な計算を尽くして、形《なり》振りを構わずただ、勝負に打ち込む事だけがあのヘアースタイルを生んだ。ロナウドはプロ中のプロ、まさにプロの鏡である」などと絶賛する声もあったのだが、まさか世論はこのヘアースタイルが何であったのか考えつかなかった。

　実はその正体とは、子連れ狼の「大五郎カット！」（そうあの、「大五郎！」「チャン！」の乳母車に乗っていた大五郎）であった。

　彼と彼の奥さんは親日家で、彼は子連れ狼の大ファンであった。

　しかし彼の「大五郎カット！」は、しっかりと人々の記憶に残るところとなった。ロナウドにとってワールドカップとは、一体何だったたのであろうか？

「ワールドカップの価値観が、近年次第に変わりつつあるのかなあ」と一番始めに感じたのは、９４年アメリカ大会の頃で、史上最多４度目の優勝を果たしたブラジルチームが帰国した際には、その特別

前半ではまだ大五郎になっていない

機の中には飛行機丸々一機分とも言われる、我々には想像も出来ない量のお土産を選手達はアメリカで買いそれが積まれ、母国へ持ち帰られようとしていた。しかしブラジル国内で、このお土産を巡って大きな論議が引き起こされた。

それは、選手達がこのお土産が課税対象であるにも拘わらず、関税を通さずに持ち込もうとした事である。ブラジルの国税省はこれらのお土産の差し押さえをし、社会的な問題になってしまった。ブラジルの国民的英雄となったワールドカップ戦士の彼らは何故、最後の最後にきてこの様な非常識な事をしてのけたのだろうかと疑問に思ったのが、ワールドカップの価値観の変化を感じさせるきっかけとなった。

大会ラスト　161ゴール目　ロナウド

そして8年たった2002年、【FIFAワールドカップ】は遂に日本にも上陸した。

そして、この私達が初めて自国で体験したワールドカップは、確かに【記憶に残るワールドカップ】となった。

しかし、何が記憶に残ったかという事が一番の問題であるが、ホントにいろいろな事がありすぎたワールドカップであった。

そしてそこで繰り広げられた様々な人間模様。

また、ワールドカップに関わった人々は、ワールドカップに対してそれぞれのどんな価値観を持ってその時空を過ごしていたのか？

ヒデはウインクもガンバッてやってる

それぞれの立場で、思惑も交錯して行ったのだが「何か、変！」と、いうような事ばっかり、よくここまで起きたものだと感心させられた。

しかし人間というものは、巨額の経費をかけて築いた大会については、終わってしまえば美化、美談化したくなる、そうした生き物だ。

最近、出回ってきたワールドカップに関する本などを見ても、どれもドタバタ劇とも言える様々な周辺に繰り広げられた状況については、しっかりと受け止めてくれているものは見あたらない。

そうした【記憶に残るワールドカップ】を事件簿にしてみなさんに伝えたい。

そして、「2022年にもう一度、日本でワールドカップを！」と大きな声で提言したい。

私達の国で初めて開催されたサッカーワールドカップという世界最大のイベントには、世界中いろんな所から、いろんな文化を持った人々が集まり、いろんな出来事があった。それは悲喜こもごもであったが、今、振り返ってみれば、どれも忘れがたい思い出や貴重な体験であったと思う。

そして【2002FIFAワールドカップ・コリア・ジャパン】を取り巻く人間模様やそれらの人々が繰り広げたドラマや事件は、ある意味では【もう一つのワールドカップ】であったと思う。

この【もう一つのワールドカップ】は、ある意味ワールドカップよりも面白いものや、忘れてはいけないものもたくさんあったが、なかなか一般に理解しづらい事や、知られていない出来事もたくさんあった。

本書は【2002FIFAワールドカップ・コリア・ジャパン】と【もう一つのワールドカップ】について、サッカーやワールドカップをよく知っている皆さんにも、こうした事をよく知らない皆さんにも、だれもが楽しくワールドカップを思い出して頂ける本作りを目指しました。

そんな思いから本書では、新しい試みとして事件簿風の本文に、【間違い劇場】というコミカルなシュミレーションドラマを組み込み、だれにでも楽しみながら読んで頂ける、今までにないスタイル、全く新しいジャンルの作品となっています。

トルシェ

そして、こんなワールドカップもあったなあと、楽しみながら思い出した時に、もう一度、ワールドカップが持つ本来の価値というモノを、考えて頂けたら光栄に思います。

ベッカム様率いるイングランド代表

☆目　次☆

# 第一章　折れた翼

## ワールドカップ・それぞれの価値観

## 1、捨てたW杯への切符

【2002FIFAワールドカップ・コリア・ジャパン】を直前に控えた、2002年5月中旬の事である。

日本で行われる【2002FIFAワールドカップ・コリア・ジャパン】本大会のファーストラウンド・1次リーグ、いわゆる予選リーグを戦う事になる16チームと、その他に韓国で予選を戦うが、キャンプは日本で張るという数チーム、合わせて20数チームの強者達が、遂に夢見た決戦の地「ニッポン」へとやって来た。

前回98年フランス大会の決勝で、圧倒的な強さを印象付けた覇者、FIFAランキング1位の王者フランスチーム。

日本中を騒がせ、旋風やブームまで引き起こしたカメルーンチーム。

世界中を一世風靡したベッカム・ヘアーのデビット・ベッカム率いるイングランドチーム。

アイドル集団トッティ様、デルピエロ様、カンナバーロ様のイタリアチーム。

ヨーロッパの赤い悪魔として恐れられ、我らが日本代表の最大の敵？　ベルギーチーム。

超攻撃的キーパー、戦うブルドック・ホセ・チラベルトが従えたパラグアイチーム。

そして圧倒的に他を寄せ付けない強さで4回もの優勝経験を誇る、キング・オブ・フットボールカントリー、そう世界中がその実力を黙って認めるサッカー王国ブラジルチーム。

どこを見ても目を見張るばかりの世界のスーパースターや世界の強豪と言われるチームが続々と日本

に集まり、そして日本中に華やいだお祭りムードが流れ始めた正にその頃、ワールドカップ直前の賑わいも絶頂のように思われた。

しかし、私はその続々と来日してきた世界の名だたるナショナルチームの中でも、欧州の実力派と呼ばれ伝統のある一つのチームに着目した。


それは、アイルランドチームである。


前キャンプ地であるサイパンから到着したアイルランドチームには、いつもと違う雰囲気が漂っており、何となく物足りなさが感じられた。

そのアイルランドチームをよく見ると、当然彼らのリーダー格であり中心選手で、なければならない選手、そうだ主将でもある彼の姿が無かったからである。

その彼の名は「ロイ・キーン」である。


ロイ・キーン、彼はイングランドの主将、かのデビッド・ベッカムと共にイングランド・プレミアリーグの名門「マンチェスター・ユナイテッド」でプレーしている、言わずと知れた世界屈指の名プレーヤーで、名声も地位も確たるものとしている選手である。

当時のアイルランドチームは、彼「ロイ・キーン」のチームと言っても過言ではないほど彼に依存し、彼のカラーに染まっていたが、これは正に彼「ロイ・キーン」がアイルランド国内では国民的英雄と呼べる存在という証でもあった。

しかし、日本に到着したそのアイルランド代表のチームには、彼「ロイ・キーン」の姿は無かった。

では、いったい彼はどこに消えたのであろうか？

「ロイ・キーン」は、決してワールドカップのアイルランド代表チームに選ばれなかった訳ではない。

また、彼は、ケガをしてプレー出来なくなった訳でもない。

それなのに、何故彼は他のアイルランドチームのメンバーと一緒に来日しなかったのであろう。

事実、数日前にアイルランドサッカー協会が発表した【2002FIFAワールドカップ・コリア・ジャパン】に登録予定の代表メンバーには、彼の名前、そう「ロイ・キーン」の名はキャプテンとして誇らしげに載っていたのである。

実際にアイルランドチームが来日した当初のチーム名簿には、「ロイ・キーン」の名は存在していたのである。

「ロイ・キーン」、彼は遂に【2002FIFAワールドカップ・コリア・ジャパン】のピッチを踏む事は一度もなかったのである。いったい彼に何が起きたのであろうか？


しかし、これは、彼自身の決断であったと言っても過言ではなく、今回の【2002FIFAワールドカップ・コリア・ジャパン】を語って行く上で、とても重く受け止めなければならない事であったような気がする。なぜなら、「ロイ・キーン」、彼は、彼自身で【2002FIFAワールドカップ・コリア・ジャパン】で、サッカー選手として致命傷とも思われる行動、ワールドカッププレーヤーの道を自らの判断で捨てたとも言える決断と行動をしたからである。

アイルランド代表チームが、5月24日からの出雲市でのキャンプを前にサイパンでキャンプを張っていた時の事である。アイルランド代表のミック・マッカーシー監督（ミック・マッカーシーはイギリス生まれでありながら、アイルランド代表として、57試合もの試合に出場した異色の経歴を持つプレーヤーであった）と口論となった。（この口論の理由は色々と取りざたされているが、サイパンでの練習場の施設の設備をめぐってという説と、ミーティングのあり方をめぐってという説などがあり、このミーティング説にはロイ・キーンがミーティングを拒否したという噂が有力とされている）

その後、この事件が首脳陣批判と受け取られ、一端は強制送還を言い渡された。

強制送還を言い渡され興奮状態であったロイ・キーンが、チームを離れる決意をした事により、彼の所属クラブであるイングランドのマンチェスター・ユナイテッドは、クラブのプライベート・ジェットをサイパンへと向かわせたのだか、その一方でマンチェスター・ユナイテッドのフロントと同クラブのアレックス・ファーガソンらは、彼を落ち着かせようと必死で電話による説得を続けていた。しかし、あろう事かロイ・キーンは再び同じトラブルを起こし、とうとう5月23日にワールドカップ終了後の引退をも決意して、遂に用意されていたマンチェスター・ユナイテッドのプライベート機に乗り込み、母国アイルランドに帰国してしまった。

ロイ・キーンがいなくなった事は、アイルランドチームにとって言うまでもなく痛手になったのは明らかであるが、アイルランド国内に与えた影響はそれだけに留まらず、国民的英雄であるロイ・キーンがワールドカップを欠場する事は、彼の活躍、そして彼のプレーに夢をかけていたアイルランドの国民や、世界中に広がっているロイ・キーンファンにとって非常に大きな衝撃が走った。しかしその段階では、まだミック・マッカーシー監督は「ロイ・キーン、彼が自らの否を認めて謝罪するならワールドカップへの復帰の道もあり得る」といったニュアンスで含みを持たせていた。

そしてアイルランドの栄光と、世界中のロイ・キーンファンの為にと立ち上がったアイルランドのアハーン首相は、「ロイ・キーンとアイルランド代表チーム（暗にミック・マッカーシー監督を指している）の両者が望み、それがアイルランド国民とアイルランドの国益となるのであれば、そして私がアイルランドの発展に貢献できるのであれば、両者の仲裁役を買って出る労は惜しまない」と自身が進んで仲介役になる事を示した。

しかし、ロイ・キーンは首脳陣に対する謝罪や話し合いの席に着く事を頑なに拒み、結果的に自らの判断で目の前にある栄光のワールドカップ戦士への切符を捨てる事となった。

ワールドカップの歴史を振り返れば、かつてロイ・キーンのような形でワールドカップの夢舞台を捨てた選手が出たのは、今から25年前、1978年第11回アルゼンチン大会で、オランダの生んだ将軍と呼ばれたクライフが、一身上の都合により（アルゼンチンに情勢不安があるとしてアルゼンチンへの渡航は絶対イヤだとわがままを言ったそうだ）という事で大会参加を辞退して以来の出来事である。

ロイ・キーン、彼にとってワールドカップとは、一体何だったのであろうか？
彼は一体、何に導かれこのような判断をしたのであろうか？
何が、どういう思いが、ロイ・キーン、彼にそこまでさせたか？

ワールドカップが終了しロイ・キーンは引退すらしなかったものの、新しいシーズンを迎えようとしていたこの年の8月、また新たな事件の渦の中に彼は巻き込まれていった。彼にとってはもう過去の出来事と思っていた2001年4月に行われた「マンチェスターU　VS　マンチェスターC」の試合で、マンチェスターCディフェンダーのハードランドにしたタックルが故意に行った非紳士的行為だったとして、イングランドサッカー協会はロイ・キーンに対して史上最高の14万ポンド、日本円にして約2500万円となる罰金を課した。今もって彼に対する風当たりは、依然厳しい環境であると言えよう。

もし、ロイ・キーンがワールドカップ戦士として凱旋し、輝ける功績をワールドカップで残していたならば、こうした昔の事を振り返らされるような、彼にとって厳しい環境は訪れなかったに違いない。
それが世界の最高峰と絶賛される「ワールドカップ」というものなのだ。

【2002FIFAワールドカップ・コリア・ジャパン】では日本の『三都主』のように、「ただ、単にワールドカップに出たい」というそれだけの理由で、自分の原点とも言うべき国籍までも変える選手たちが世界中にたくさん存在している。（余計な事であるが過去日本にはラモス瑠偉やロペスといったよ

うに、帰化して日本国籍を取得した選手は居たが、彼らは単なるワールドカップの為だけに帰化したのではなく、純粋に日本を愛した日本人より日本人らしい人物であった。しかし三都主の場合は、はっきりと過去の彼らとは異なり目的はワールドカップだけであったため、【２００２ＦＩＦＡワールドカップ・コリア・ジャパン】終了後に「世界を目指したい」と一旦は「日本を離れたい」と旅立って行ったが、世界はそんなに甘くなかった事は皆さんご存じの通りである）

そうした現代の世の中で、ロイ・キーンは何を考えたのであろうか。

「ロイ・キーン」、彼は全世界のサッカー選手が憧れる【夢の大舞台ワールドカップ】をどの様な価値観で捉えていたのか。彼のサッカー人生で何が変わって行ったのか興味深いものがある。

これを検証する事により、変わりつつあるワールドカップの価値観やワールドカップのあるべき姿が見えて来るような気がしてきた。

## 2、夢舞台は終わらない

私には、セレソン（ブラジルでは代表選手の事をそう呼ぶ）として過去にワールドカップ出場経験を持つ二人の友人がいる。

1人は、1994年アメリカ大会でブラジル代表のレギュラーとして活躍した優勝メンバー、もう1人は1998年フランス大会で同大会初ゴールを挙げ、やはりレギュラーとして準優勝に貢献したブラジル代表選手である。

この二人は、もともとお互いが親友関係にあり、ブラジル国内の同じ名門チームに所属していたが、1995年の春、同じ現役セレソンとしての立場で、一緒に日本のJリーグ横浜フリューゲルスへ移籍してきた。

ジーニョとセザール・サンパイオである。

しかし、この二人は同じセレソンという立場でありながら、ジーニョは既に「セレソンとしてワールドカップ出場歴を持つ、経験豊富なプレーヤー」として、またサンパイオは「セレソン定着とワールドカップ出場を目指プレーヤー」としての来日であった。それぞれに置かれた立場は違うのだが、目指すところは次のワールドカップ、そう、1998年フランス大会に同じセレソンとして出場する事を共に目標に据えていた。

来日初年度1995年のシーズン、二人は日本のチームになかなか馴染めず思うような結果を残せなかったが、やはりJリーグの中では特別な存在感で観客を魅了させるプレーで我々を楽しませてくれていた。二人は来日初年度にも関わらず、このシーズンから度々そろってセレソンに召集され、ようやく二人揃ってレギュラーの座を確保出来たかのように見えた。

1998年ワールドカップ・フランス大会を翌年に控えた97年の春、二人はまだ母国から遠く離れた異国の地、日本の横浜フリューゲルスで一緒にプレーしていた。

しかし、1997年のシーズンに入ると二人の状況にやや変化が現れてきた。それは、この頃を境に二人共、セレソンに召集される機会が徐々少なくなって来たのである。

来日から3年目を迎えた二人は日本にも慣れ、ここでの生活も大変気に入っていた。

そして、ジーニョもサンパイオも「自分たちはプレーヤー生命をこの異国の地、日本で全うする」という決意まで固めてあったという。

しかし、この頃からだろうか、ジーニョには心境の変化が少しずつ現れ初めていた。

ジーニョは1995年に来日した際に、「自分は今までに、サッカー選手として全てのものを手に入れてきたと思う。子供の頃から夢見て、憧れていたワールドカップにも94年のアメリカ大会で出場する事ができた。そして、その大会で優勝という最高の栄誉を手にする事ができた今、サッカー選手として欲しい物は何もない。だから私は、残りのサッカー人生をこの日本のサッカーの為に、そして横浜フリューゲルスの為に役立てたい」と誇らしげに話していた。しかし、時が流れて、次のワールドカップが次第に近づくに連れて、プロサッカー選手であれば誰もが持つ本能が遂に呼び起こされる時期に差しかかっていた。

それは、

「セレソンへ戻らなければ」

「ワールドカップにもう一度出たい」

という気持ちである。いつしかそんな気持ちはだんだん強くなり、それが焦りに変わって行ったのである。

そして、いつの頃からか、

「セレソンの監督の目に着かなければチャンスは無い」

「この異国、日本では余りにも遠すぎる」

「日本は好きだ、日本でやらなければならない責任がある」

「しかしワールドカップに出たい」

という心の格闘が始まって行ったのである。

一方のサンパイオは、ブラジルのクラブ時代にはあまりセレソンに恵まれなかったが、95年に来日してから少しずつ変化が見られていた。

96年の終わりから97年にかけて、確かに一時的にセレソン招集は少ない時期もあったが、徐々に来日当時から日本での活躍が認められ始め、次第にセレソン召集を受ける機会が多くなっていた。そうした事からサンパイオは「日本でも精一杯のプレーをしていれば必ずワールドカップへのチャンスはある」という確信にも似た考えを持ったようだ。

ジーニョに転機が訪れたのは、1997年5月、母国ブラジルの古巣パルメイラスからオファーがあった頃である。当時パルメイラスを指揮していたのは、元ジュビロ磐田でも監督経験があり、後の【2002FIFAワールドカップ・コリア・ジャパン】でブラジル代表監督を努めブラジルを前代未踏の5回目の優勝へ導く事になるフェリペであった。

ちょうどその頃、ブラジル国内では不調だった代表監督ザガロに代え、フェリペ監督待望論が持ち上がっていた事などが、ジーニョの気持ちをより動かしたのであろうと思われる。ジーニョはそのオファーについて迷いに迷っていたのだが、結局「今、一番大切なものは、自分の家族と家族が安心して暮らせる日本での生活、そして自分がサッカーをやる最高の環境を与えているフリューゲルスとその家族である」と理屈の上ではハッキリとそう思っていた。

しかし、ジーニョの心の中では「もう一度ワールドカップに出場したい」という気持ちだけがどんどんと膨らんで行った。するとそれまで眠っていたセレソンとしての本能が、深い眠りから目覚めたかの様に「サッカー選手の私にとって、ワールドカップに出場するという事こそが最大の使命である」と言い残し、母国ブラジルに一時帰国する事を決意したのである。

そしてジーニョは、Jリーガーとして二度とフリューゲルスに還ってくる事はなかった。

母国に帰ったジーニョは、その後、一度はアメリカで開催されたゴールドカップでセレソンに返り咲き、セレソンとして栄光の背番号10番を手にする事が出来たのだが、結局、そのまま結果が出せなかった為に、フランス大会で再びジーニョの雄姿を見る事はなかった。

一方、日本に残ったサンパイオは、異国での活躍を確実に認められフランスワールドカップでセレソンに選ばれた。念願が叶いワールドカップに初出場したサンパイオは、その開幕戦で大会第一号となるメモリアルゴールを決め世界にその存在を強くアピールした。

ジーニョとサンパイオ、二人は親友でありながらそれぞれが選んだ道でその明暗をハッキリと分ける結果になった。

ここで二人に共通して言える事は、ワールドカップに対する熱い思いから来る「ワールドカップに出たい」という気持ちを常に持っていた事である。ワールドカップに出場するという意味は、彼らが幼い頃からずーっと持ち続けてきた「サッカー選手にとっての最大の使命は、ワールドカップに出る事」と常に無意識の中でも感じるような特別な想いがあったのである。

世界のサッカー選手達が、1998年フランスワールドカップを目指していた頃である。やはり日本でもワールドカップにかける熱い思いを燃やし続けている男達が居た。彼らの正体とは『ドーハの悲劇の残党』達であった。

ラモス瑠偉、柱谷哲二の二人である。

その頃、時代の流れから世間の人々が彼らに目を向ける事はほとんど無くなっていたのだ。しかし、彼らは周りからどう思われようと『ワールドカップ出場』という夢をあきらめずに人知れぬ闘志を胸に秘め、彼らなりにそれを燃やし続けていた。何故ならば、彼らから『ワールドカップ出場』という夢を取り去ってしまった時、彼らもまたサッカー選手としての存在意義を失ってしまうと自身も、感じていたからではなかろうか。

そばに居る私にまで、そうした彼らの熱い思いは肌で感じられるほど伝わり、なんだか私までとても幸せな気分になれた。それが何故かと言えば、彼らは、今現在注目されている選手以上に、熱い確かなものを絶えず燃やし続け、眩しいばかりに輝いていて、確かに今の若い選手達に足りない言葉にならない確かなものを私達に与え続けてくれる不思議な力があったからであろう。

1998年フランスワールドカップの舞台に、彼らの姿はやはり無かった。

そして彼らは何かが終わったと自ら感じたのであろう。フランスワールドカップが終わったその年の終わりに、今まで憧れ、そして燃やし続けていた夢をひっそりと胸にしまうように静かにピッチを去って行った。彼らのワールドカップへの想いもまた終焉を迎えたのだった。

彼らにとって『ワールドカップ』とは、サッカー人生そのものであったのだろう。

そして4年後の【2002FIFAワールドカップ・コリア・ジャパン】でアイルランドの「ロイ・キーン」が選択した道は、果たして彼らの目にはどう映っていたのであろう。

## 3、ブーイングは世界共通語？　（ブラッターへのブーイング）

2002年5月31日午後7時30分、六万二〇〇〇人の観衆が見つめる韓国ソウル郊外にある【ソウル・ワールドカップスタジアム】。

待ちに待った21世紀最初のワールドカップは、アジアで始めて、そしてワールドカップ史上初の2ヶ国共催という形で一見華やかなムードの中、幕は切って落とされた。

開会式は国際色豊かな華やかさの中にも、どこか厳かな面を覗かせながら執り行われていたが、今までの開会式・開幕戦と比べると言葉にはならないがどこか違うといった雰囲気が漂っていた。

序盤のセレモニーに続きジョセフ・ブラッターFIFA会長の開会挨拶が始まった時である。

ブラッターがマイクの前に立つと、スタジアムは一瞬にして騒然とざわめきが起きはじめた。

そして、演台に立っているジョセフ・ブラッターの口から発せられているであろう開会の挨拶が聞き取れないのである。六万二〇〇〇人の観客の半分にもなろうかという人々は、皆、席を立ち上がり、手を前に突き出し、親指を下に向け口々に何かを叫んでいた。

演台に立つブラッターは、しばし、挨拶を中断していた。それは戸惑いにも似た、いや躊躇だったのかもしれない。沈黙するブラッターをよそにスタジアムを埋め尽くしている六万二〇〇〇人の観衆のざわめきは一向に納まる気配は見せない。

次の瞬間、演台ブラッター会長の口から開会式では考えられない言葉が発せられた。

「ビー、クワィアット、プリーズ」静かにして下さいという言葉だった。

スタジアムに詰めかけた六万二〇〇〇の人々の口から発せられていた言葉は、「Bhoou! Bhoou! Bhoou! Bhoou!」と言葉にならない何とも不思議な言葉であった。そして人々は「Bhoou! Bhoou!」という言葉に合わせ、親指を下に向けてまるで申し合わせがあったかのように……。

そう、ざわめきの正体は、ジョセフ・ブラッターに対する、いやFIFAという組織に対する【ブーイングの嵐】だったのである。

世界中から海を渡り遥々と東洋の彼方の国まで訪れた観客は、サッカーに対する思いがもっとも情熱的な人々である。彼らは誰よりもサッカーを心から愛し、FIFAワールドカップという大会、そしてこの大会が世界の頂点を極める者を決定する為に行われる、由緒正しく格式を重んじる大会である事に、彼らは心から敬意を持ち続けながら見守り続けてきた。そして彼らは時には陰ながら支え、時には激励してきた。彼らサポーターはそうした自分自身を誇りに思って生きてきた。

そんな彼らがなぜ、待ちに待っていたこの世紀の大舞台、そして彼らがもっとも愛していたワールドカップという大会の開会式の席で、その檜舞台に立つFIFA会長・ジョセフ・ブラッターにそこまでの仕打ちをしたのであろうか。

おそらく、彼らサポーター達が遂に我慢の限界を超えた瞬間を迎え、それが心の叫び声として現れて【ブーイング】をしていたのかもしれない。

【2002FIFAワールドカップ・コリア・ジャパン】を前にして、FIFAは自らの主催するワールドカップに平気で泥を塗るような行為をし、サッカーに携わる全ての人々が神聖なものと崇めているワールドカップの名を、一部のFIFA幹部達によって汚された事は、彼らサポーターにはとても我慢

出来る事ではなかった。

オリンピックや万博、そしてワールドカップなどのメジャーな国際イベントの開会式とは、最も華やかな晴れ舞台である。その記念すべき晴舞台で主催団体の会長が、しかも開会の挨拶途中で、ブーイングが浴びせられるという事は前代未聞の異常事態で正に歴史的瞬間であった。

いったいサポーター達は誰に何を訴えたかったのか？

そしてＦＩＦＡに、いったい何が起こったのであろうか？

それはこの【２００２ＦＩＦＡワールドカップ・コリア・ジャパン】の開幕を３日後に控えた５月２８日ソウル市内で行われたＦＩＦＡ会長選挙と、その後のＦＩＦＡ総会で決議された内容に鍵があった。

今回行われたＦＩＦＡ会長選挙には、現職のブラッター会長の外、反ブラッター派から現ＦＩＦＡ副会長で韓国サッカー協会会長の「チョ・モンンジュ」や、カメルーンサッカー協会会長の「ハヤトウ」らが対立候補として立候補していた。

当然ワールドカップ直前の選挙に加え、決戦地がワールドカップ開幕戦を３日後に控えたソウルである事や、さらに現職のブラッターは、会長就任前４半世紀もの長くに亘りＦＩＦＡ事務総長の職責を得て会長に就任した経緯から、現在に至るまで永い間、ＦＩＦＡの全ての権力を掌握し続けてきていた。その為、周囲には莫大な利権が蠢いていたとも言われており、各国協会にとってもその広大な権力に楯突く事はなかなか現実的に考えれば難しい状態で、その為ブラッターは圧倒的に有利な選挙戦を展開していた。

この様な状況で永きに亘り実質的な権力の座を手に入れていれば、当然、その権力や数々の利権絡みの疑惑はまぬがれない。

全ての権力を完全に掌握し一見順調そうに思われたそんなブラッター会長にも、【2002FIFAワールドカップ・コリア・ジャパン】を翌年に控えた2001年、遂にFIFA資産の私的流用や不正経理の疑惑が持ち上がった。

2001年〜2002年春にかけて【2002FIFAワールドカップ・コリア・ジャパン】の放映権やマーケティング事業（一般向けチケット販売は含まれない）を落札していたスイスの【ISL社】とドイツの【キルヒ社】、この2つのマーケティング・メディアの企業が相次いで破たんしたのである。

この2つの企業がワールドカップのTV放映権とマーケティング全般に亘る事業を全て落札出来た経緯についても、ブラッターやその親族が関与したとの噂や、不透明な金の流れがかねてより様々な疑惑として取りざたされていた。

【2002FIFAワールドカップ・コリア・ジャパン】のテレビ放映権やマーケティング事業等はISL社とキルヒ社がすべて落札したが、しかし入札当時これを大きく上回った金額を提示した企業がこれら2社以外にあった事が判明した。ISL社とキルヒ社に決定されたのはブラッターの不透明な力が大きく働いてと言われている。にも関わらず何故かISL社とキルヒ社は破綻した。

これら2つの企業の落札により、FIFAに多大な損害を与えたという声がFIFA内部からも多数挙がっていた。

そしてこれらについては、たとえ合法的であったにせよFIFAの最高経営者であるブラッターの責任問題は免れないというのが社会的な常識であろう。

それもそうであろう「結果的に、より金額の高い企業グループに放映権を譲渡出来ず、1社ならず最終的に放映権を独占していた最後の砦あるキルヒ社までもが多額の負債を抱えて事実上の破たんをきたし、FIFAにとっても大きな混乱と、FIFAに損害を与えたのは背任行為だ」という考え方は次第にFIFA内部に浸透し、ブラッターの経営責任を追求すべきという幹部も日が経つに連れて多くなってきていた。

まあ、最高経営責任者であるブラッター会長の経営責任を追求する声があるのは健全経営、そして再建を目指すFIFAにとっては極自然な成り行きだったのかも知れない。

【2002FIFAワールドカップ・コリア・ジャパン】では我々に最も身近な問題として、チケット販売についても、別の疑惑が浮上していた。

今回の【2002FIFAワールドカップ・コリア・ジャパン】のチケット販売、及び印刷はFIFAが直轄しているという事になっている。しかし、実際にはFIFAの依頼を受けた代行企業に全て一括してまかされており、その代行企業とは、バイロム・コンサルタンツAG（以下、バイロムという）である。

選挙戦のしこりはどこまでも　右チョ・モンジュと左ブラッター

バイロムはイギリスのロンドン郊外にあるマンチェスターという小さな町に5階建てビルの1フロアーに本社を置く年商数億円という小さな企業である。社長ハイメ・バイロム氏の名前を取りバイロム・コンサルタンツAGと名付けられた、従業員数100名足らずの小さな民間企業で幹部は殆どバイロム一族で占められている、ハイメ・バイロム氏の親族企業である。

また、バイロム社は過去に大きなイベントの運営は行った事はなく、また、チケット販売そのものも全く初めてであり、FIFAは驚くべき企業に委託したものだ。

そんなバイロム社が何故「観客動員数延べ300万人、テレビ観戦者延べ400億人とまで言われる【2002FIFAワールドカップ・コリア・ジャパン】の中核を担うチケット販売という大事業を任せられたのか？」これは確かに注目すべき点である。

果たしてバイロム・コンサルタンツ社にそんな事業能力があったのだろうか。

しかし、どうしてスイスに本部を置くFIFAは、この実績のない親族経営の小さな企業バイロム社に、【2002FIFAワールドカップ・コリア・ジャパン】のチケット販売という世紀の大事業を委ねる事になったのであろうか。

マンチェスターの小さなバイロム社がFIFAの世界的巨大事業を受注出来たのには、やはりそれだけの理由があった。

バイロム社の社長ハイメ・バイロム氏とFIFAの会長ジョセフ・ブラッター氏は遠縁で親族関係にあると言われている。それならばこの実績のない小さな企業バイロム社が受注出来たのも納得できる線であろう。

やはりこれも疑惑の一つであると言える。

しかし、これも何事もなくうまく行っていれば良かったのだが、皆さんも承知の通りバイロム社は【２００２ＦＩＦＡワールドカップ・コリア・ジャパン】本大会の直前まで、そして大会期間中までも、沢山の問題を引き起こしてくれた。

そして当然の事だが開幕戦前にも数多くの問題を抱えていた。

バイロム社最大の問題は、この【ソウル・ワールドカップスタジアム】に詰めかけた善良なる１人１人のサッカーファンにも直接関係のある問題、そうチケット騒動である。


ブラッターの周囲にまつわる疑惑とはこんなものではない。

たとえば、既にＦＩＦＡを退職した元役員に対して、職を離れた後も長期間に亘り、役員報酬を払い続けていたという疑惑などもその一つである。

そして、それらの真相のほどは確かではないが、ブラッター自身がＦＩＦＡの資産を私的に流用していたという噂もあり、正に疑惑のＧＩＧＡバンクとも言うべき状態にあった。

これらの疑惑については、【２００２ＦＩＦＡワールドカップ・コリア・ジャパン】の開幕直前にソウルで行われたＦＩＦＡ総会と、同会長選挙を前にして、反ブラッター派から立候補していた韓国の「チョ・モンンジュ」や、カメルーンの「ハヤトウ」らが、ＦＩＦＡ本部があるスイスの司法当局に対し

「ブラッター会長の疑惑」などについて証拠を添えた上で正式に告発していたのである。

もちろんこれは、5月28日の会長選挙も思惑に入れていた事は否定出来ないが、FIFAの体質改善、FIFAの構造改革とも言える画期的な第一歩である事も忘れてはならない。

世界中の世論が注目している中、2002年5月28日ワールドカップ開幕の地・ソウルで、FIFA会長選挙が実施された。注目は当然「ブラッターが再選されるか」に集まっていたが、結果は世論の予想に大きく反してブラッターの圧勝という形で終わった。

引き続き行われた会議では、「ブラッター疑惑」を追求するためスイス司法当局に提起した告発を取り下げる事などを決定した。また、同時にそれらの行動に関与したと言われている役員らをその職から解き、そしてブラッター派でないと判断された善良な職員の一部までもがFIFAから追放され職を失った。

そしてこれによりFIFA会長ジョセフ・ブラッターとその周囲に持ち上がった核心に迫る疑惑も永遠にFIFA自身の手によって葬られたのである。

しかし【ソウル・ワールドカップスタジアム】に訪れていた観衆の怒りは、そんなブラッター本人に対するものではない。

その怒りはFIFAのそんな身勝手な体質、そしてサッカーファンが最も神聖な場と崇めるワールドカップの開幕直前に、永年かかって築き上げてきたワールドカップの権威に一夜にして汚名を被せ、奈落の底へと落としたFIFAに対する怒りとして爆発したのだ。そんなサポーター達の嘆き声がブラッターへのブーイングの正体であった。

# 第二章・これぞ正規のダフ屋さん？

【これってあり？？？】

【ダフ屋さん】、それはプレミアムを食い物にする商売？

【ダフ屋さん】

それは、

『必要悪か？』

それとも、

『正義の味方の悪漢か？』

はたまた、それは、

『単なる悪党か？』

## 1、正義の味方の悪漢か

「えっ～！、券持ってる？」

「えっ～！、券あるよ！　券あるよ！」

「えっ～！、券余ってない？」

「えっ～！、あまり券買うよ！、券買うよ！」

こんな独特の口調で、よくご存じの台詞を繰り返しながら会場の近くを流しているのは、そう、毎度お馴染みの【ダフ屋さん】。

ところで、その皆さんよくご存じの「ダフ屋さん」にも隠された事実が存在した。そう、【ダフ屋さん】の中にも【正規のダフ屋さん】と【そうでない普通のダフ屋さん】がいる事を知ってましたか？

多分ほとんどの皆さんは、

「えっ～！　ウソ～？　イヤだあ～！　だって、ダフ屋さんに正規だとかあ～、そうでないとかあ～ってあるの～？？」

とか、

「正規のダフ屋さん～って、そんなのあり～！　だって、あれって闇の商売でしょ～？」

なんて思っているでしょっ？

そうですよ。

そう思っているあなた、あなたの事ですよ。
現在《いま》こんな事を思っているあなたの常識は、実はこれが世界の非常識かも知れないのですよ。そして
これを読んだあなたの常識は、もしかすると、今日、ここから変わるかもしれない。

皆さんは驚かれるかも知れないが【2002FIFAワールドカップ・コリア・ジャパン】にもこの【正規のダフ屋さん】がやって来ていた。そう、やって来たと言おうか何と言おうか。「胸にキラリと輝く記章が誇らしげな国会議員の先生方」が御用達としていたのがJAWOC（ワールドカップ日本組織委員会）のプレステージ事務局（通称JAWOC・PS）。

ワールドカップのチケットに付加価値を付けて販売していたJAWOC・PS等が、実は【正規のダフ屋さん？】だったかも知れないという疑惑が持ち上がっている。


皆さんの中で、もし【ダフ屋さん】ってものを知らない人がいるといけないので、ここで我々が普段【ダフ屋さん】と呼んでいる【普通のダフ屋さん】についてお話をしよう。

まず、「【ダフ屋さん】とは何か？」と聞かれれば、どう答えたら分かってもらえるだろう。

我々とは少ししか縁のない特別なご職業の【ちょっと強面《こわもて》のおじさん達】。

「んっ、で、どういう仕事しているの？」という事でそれでは説明しよう。

プロ野球試合や人気歌手のコンサート、サッカーの国際試合等、こうした人気の高いイベントや興行では悔しいけれど一般の人がチケットを入手するのは非常に難しい現実がある。大抵の場合、チケット

は販売開始日に即日完売というケースも珍しくなく、むしろこれが常識となってしまった。

そこで登場するのがちょっと強面のおじさん達。そう皆さんお待ちかねの【ダフ屋さん】って呼ばれている人達である。

正規の窓口以外の路上とか駅とかそういった場所で、人気の高い興行チケット等を高値で売買する人達の事を私達は一般に【ダフ屋さん】と呼んでいる。すなわち一般に入手困難な状態になった【プラチナチケット】、だからこそ「手に入りにくいものには、付加価値ある」とばかりに、人々は何が何でも「そのチケットが欲しい」という気持ちになるもので、この「無いモノ欲しさ」という消費者心理に付け込んだ商売。

これこそが【ダフ屋さん】の本業を支えているのである。

「エッヘン！」


もちろん【ダフ屋さん】が一般によく働いている場所、そう正規の窓口以外で会場周辺の路上や駅、公園等でチケットを売買する行為は、各都道府県や各地方自治体が独自で定める条例等の法律、俗にいう「ダフ屋行為禁止条例（迷惑禁止条例）」等で堅く禁止されており、買った人も売った人も罪に問われる事を知っておいてもらいたい。

まず【ダフ屋さん】は、お客さんに売る【商品】、すなわち【チケット】を入手しなければ話にならない。その入手方法はいろいろあり、より確実な方法として発売開始日に店頭販売されるチケットを自分が徹夜で並んで買うというのも一つの選択肢である。

しかし、この方法では、通常一人あたりに対して販売される枚数制限があるので、自分一人で買い付けに行った場合には、制限枚数の範囲である4枚とか6枚とかしか購入できない。たった数枚しか手に入らなければこの【ダフ屋商売】は成り立たない。そこで、それ以上の枚数を入手したいとなれば、そこはやはりそれなりの苦労とコストは免れない。だから一度にまとまった枚数を確保するには、アルバイトなどを使うという方法もよくとられる。

これを簡単に説明できる事件として最近摘発された【ダフ屋さん】がいた。そう、【ダフ屋さん】の失敗談である。

2003年3月、ある大手のダフ屋さんが東京都の迷惑防止条例違反（ダフ屋行為）で逮捕された。同3月28日に東京ドームで開幕するプロ野球巨人主催の公式戦チケットを¥3000の日当でホームレスを沢山雇い、徹夜で並ばせ、開幕戦のS席（¥5900）など282枚（約1000万円相当）を転売目的で買い占めた容疑だった。買い占めた¥5900のチケットは1枚、¥25000で販売するつもりであったという。

こうした【ダフ屋さん】の事を我々は【大手のダフ屋さん】と呼んでいる。

こうした【大手のダフ屋さん】がやっている方法だとかなりのコストがかかる。しかし、資金力がそこまでは無い【中堅企業？のダフ屋さん】では、そこまでのコストはかけられない。そこで【中堅のダフ屋さん】はコストのかからない方法、そう彼ら【ダフ屋さん】なりに勉強や学習（？）をしてきているらしい。彼ら【中堅企業？のダフ屋さん】が学習成果？から考えた方法とは「すぐそばに並んでいる人達をこの際、使ってしまおう！」というものだった。

チケット購入のために並んでいる人達の中には、制限枚数まで買う人ばかりではない。当然、制限枚数以下の枚数を購入する人達もいれば、数名のグループで一緒に興行を観に行く場合などでは、その友だちや仲間同士で大勢一緒に並んでいる事が多い。

こうやって仲間同士がグループで並んでいる人達の場合には、その中で実際にチケットを購入するのは、1人とか2人とかしかいないケースは珍しい事ではない。

そして、こうやって並んでいるお客さんである彼らもまた、「並んでいる事」を苦とも感じず、それどころか彼らはむしろ「並んでいる事そのものを十分楽しみ、満喫し謳歌している」ようにさえ見える一種の特殊な人達である。そうした人達の事を【ダフ屋さん】は、「余ったチケットを持っている人」、すなわち【ダフ屋見習いのお手伝いさん】という目で見ている。

並んでいる事そのものを「十分楽しみに感じている」彼らにとって【ダフ屋さん】の為にチケットを買ってあげる事など、彼らはそれほどの苦でもなければ負担とも感じていない。

事実、こうした人達にとって【ダフ屋さん】であろうと、そうでなかろうと、とにかく仲良くしておけば楽しいし、暇つぶしにもなるという事だ。また食事やトイレ等で並んでいる列を一時的に離れる時に荷物の番や、場所の確保なども頼み易くなる。それればかりか時としては【ダフ屋さん】にチケットを買ってあげたお礼にジュースの一本やお小遣いをもらえる事だってあるのだから、楽しくはあってもトラブルになる事などは殆どあり得ない。

このように【ダフ屋さん】はそうした人達に対して、なにがしかの金品を謝礼として渡し、制限枚数いっぱいまで一緒に買ってもらう様なケースが最近ではよく見受けられるようになった。

前に触れた事件は規模を落として考えれば、こういう考え方になる。

【ダフ屋さん】独立への第一歩か？

しかし、この方法では、【ダフ屋さん】だって1日か2日を余分に費やさなければならず、それに、万一、その興行のチケットに売れ残りが出れば「ダフ屋商売」は極めて厳しくなる。しかも、これらの方法をとれる【ダフ屋さん】は、まだまだ恵まれた比較的規模の大きい商売ができる【大手と中堅までのダフ屋さん】で、こうした営業には企画や計画性といった技術（？）、それに人材などの各分野で恵まれた環境、そして資金面に於いても運転資金が豊富に活用できる事などが絶対的に不可欠といえる厳しい条件付きである。

では、人材や資金力が少ない一般的な【中小のダフ屋さん】はどの様な事業展開をしているのであろう。

そうした【ダフ屋さん】は、とにかく資金力が少なく早期に資金を回転させる必要がある。人材と言ったって精々自分一人。あとは良くっても【ダフ屋さんの奥さん】くらいで、人手なんて足りるわけがない。

「じゃあ、どうすりゃいいんだ！」

と心配しているあなた。心配はご無用！

こんな人材や資金力が少ない【中小のダフ屋さん】にだって、生き残れる道はちゃんとあるんです。

あなたは今、「どういう方法があるというんだ」って、聞きたいんでしょ？

ちゃ～んと判ってますよ。

でも、「それは企業秘密だからここでは言えません」という事なんですけど、大きな声では言えないがちょっとだけ内緒で皆さんには特別に教えてあげましょう。

【中小のダフ屋さん】は、とにかくお金も人手もあまり使えない。

そこで【中小のダフ屋さん】は「チケットを買い付けたら、その日のうちに売ってしまえば、またそのお金で商売が出来る」と考えた。

そう、イベントや興行の当日、会場近辺の駅や会場周辺の路上で、

「あまり券ない？」

「ねえ！　あまり券買うよ！　あまり券買うよ！」

と言いながら、千円紙幣や一万円紙幣を縦に、1枚1枚丁寧に2つ折りにして、それを束ねて指に挟み歩いている【ちょっと強面のおじさん達】を見た事があるでしょっ！

それが皆さんお待ちかねの、我々がよくお目にかかる【ダフ屋さんのおじさん達】。

そう、これが一般的な【普通のダフ屋さんのおじさん達】なのです。

イベントや興行の当日、会場周辺には仲間が急用や病気で行かれなくなった等の理由でチケットが余り、その余ったチケットを持って困っている一般の人達が沢山いる。彼ら【普通のダフ屋さんのおじさん達】の商売方法とは、そうした人達から余ったチケットを現金で買い取るのだが、その買い取り価格は人気の興行では、額面かそれをやや上回る金額で買い取ってくれる。しかも招待券やシーズンシートといった額面のないチケットでも買い取りは可能である。

最近の人気興行では、自分達は最初から興行を見に行くつもりはなく、購入したチケットを【ダフ屋さん】に定価以上で売るためだけに購入し、それをまとめて【ダフ屋さん】に売りに来るといった人達

が急増している。

そうやって【ダフ屋さん】は入手したチケットを今度は、購入価格以上で売らなければ商売の儲けにならない。必然的にそのチケットは売りに回されるのだが【ダフ屋さん】が販売対象者としているのは、チケット入手出来ないままに会場周辺に来た人、もしくは【ダフ屋さん】のチケットをお目当てで来たお客さん達である。

【ダフ屋さん】はそうした人達に対し高値で次々と転売して行くのだが、せっかく仕入れたチケットの興行が始まってしまったり、また開演時間が近付くと値引きしなくては販売出来ないケースがある。そうした時に【ダフ屋さん】はお客さんの値引き要求に応じる事も日常茶飯事である。しかし、そうでない大抵の場合、これは興行によっても異なるが、額面定価の約2~3倍から今回のワールドカップ等の場合では時として数十倍という高値で売買されているのが実体である。

確かにこれらの【ダフ屋さん】のしている仕事は、条例等の法律には触れるかも知れないが、いや、実際、俗にいう「ダフ屋行為禁止条例」等違反にあたるのだから、法律違反の行為である事は明確である。だから「正規」という言葉はあてはまらないから、通常、こうした【ダフ屋さん】はやはり【正規でない普通のダフ屋さん】って事になるだろう。


【ダフ屋さん】

それは、

『必要悪か?』

それとも、

『正義の味方の悪漢か？』

はたまた、それは、

『単なる悪党か？』

本当のところは定かでないが「あれば便利」というもので、時として有り難い存在である。

要するに「必要な人には必要」、「そうでない人にはそれなりに」という事で、こうしたものも一つぐらい世の中にあってもよいのではないか。

このように【正規でない普通のダフ屋さん】がしている仕事だって、需要があるからこそ供給もあるのだから、まさしくこれこそが自由経済の源、市場経済の原理によって成り立っている資本経済の象徴とも言うべき存在であるから時々お世話になる人もいるのではないかと思う。


プロ野球の巨人戦、K—1グランプリ、人気アーチストのコンサートやサッカー日本代表の試合などのチケットは、我々一般庶民にとって非常に入手しづらい状況下にある。

そうした中で最近の【ダフ屋さん】傾向を見ると、それらのチケットは額面、すなわち定価の数十倍位の価格で売買される事も珍しくない。こうして沢山の利益を上げられるのが、この業界でも熟練したいわゆる【プロのダフ屋さん】である。しかしここのところ、こうした【プロのダフ屋さん】を騙す悪質な奴らも出現し急増していて、【ダフ屋さん】達も偽物と知らずに掴まされるケースが多発している。そうなれば【ダフ屋さん】も悪気はなくても偽チケットと知らずして販売する事になる。だから【ダフ屋さん】から高値でチケットを購入する人は、くれぐれも偽物だけはつかまされない様に注意しなければならない。とにかく【ダフ屋さん】は現物主義で、しかも現金で取り引きするのだから、確認しないで購入したものがあとから「偽チケットを掴まされた」という事になっても、ケンカにもならない事をよく覚えておいてもらいたい。

この先【ダフ屋さん】からチケットを購入する際には、偽物を掴まされる可能性があるというリスクも必ず理解した上で手を出すべきである。

なにしろ【ダフ屋さん】の身分を確認してから取り引きする人は、まずいないであろうから。

【ダフ屋さん】からチケットを購入する事は別にリスクばかりではない。現物主義である【ダフ屋さん】から購入する利点として、席種や席番は確認して買えるという事もあるから購入者としてもある程度は納得済みの高値であると言えよう。

しかし【ダフ屋さん】の販売しているチケットは必ずしも高い物ばかりではない。

人気なんか全然なく、空席は目立ち、ガランと空いている興行会場の外にだって、我々の愛する【ダフ屋さん】は現れるのだ。そうした興行の場合には当然定価である額面以上の金額で買ってくれるお客さんはいないから、必然的に割引販売となるが……。

【ダフ屋さん】だって割引で販売するためにはチケットをそれより安く買う必要がある。

もし、あなたが余ったチケットを持っていたらどうしますか？

「払い戻しは出来ない」、「無料《ただ》でだれかにあげるか無駄にするしかない」とあきらめる寸前に、みんなの救世主【ダフ屋さん】が、「そのチケット定価の半額なら買いますよ」と突然現れたらどうしますか？

しかもあなたが持っているそのチケットは新聞屋さんからもらった招待券、いわゆる【ただ券】であった。

「大丈夫！　それでも、そのチケット半額で買いますよ」と言われたらどうしますか？

私だったら迷わずすぐに「お願いします」と頭を下げてしまうだろう。

そう、そういう仕組みだったのです。【ダフ屋さん】とは。


そして【2002FIFAワールドカップ・コリア・ジャパン】の様な国際大会では、世界各地から世界中の【ダフ屋さん達】がたくさんやって来た。

日本人の【ダフ屋さん】。外国人の【ダフ屋さん】。

そしてその中には【正規でない普通のダフ屋さん】から……、
噂の【正規のダフ屋さん？】まで。

皆さんは、そんな【ダフ屋さん】の奥深い世界をある程度理解してくれたのではないかと思う。

そして、私も「この奥深い【ダフ屋さん】の世界」を大体把握していたと思っていた。

「？？？？？？？？」の存在を知るまでは……。

がっ、【2002FIFAワールドカップ・コリア・ジャパン】では、その認識を改めて一変させられてしまったのだ。

そう、それは【正規のダフ屋さん？】の存在を知ってしまったからだ。

何しろ私だって、この【2002FIFAワールドカップ・コリア・ジャパン】が終わるまでは、【ダフ屋さん】ってものに「正規？」という言葉には元々縁のない世界ものだと思っていた。

イメージ的に【ダフ屋さん】が「暗い闇の世界に存在するもの」の事だと思っていたのだから無理もない。

ここであらためて、あなたは【ダフ屋さん】というものに対してどういうイメージを持っていますか？

さっきも言ったけど、やっぱり会場周辺の路上や駅で「あまり券ない？」「ねえ！　あまり券買うよ！

あまり券買うよ！」と言いながら、千円紙幣や一万円紙幣を縦に一枚一枚ずつ２つ折りにして束ねて歩いている【ちょっと強面のおじさん達】をイメージする。んってでしょっ？

ねっ！

これじゃあ、「正規？」！！、んっの訳ないよね！

んって事は、あなたの常識は、私の常識であるのだから、これって日本の常識。

じゃあ「日本の常識」は、「世界の非常識」だっていう事になるの？

それでは、これを読んで「日本の常識が世界の非常識」なのか、それとも「ワールドカップの常識が世界の非常識」だったのかをみんなで考えてもらいたい。


なにしろ私だって【２００２ＦＩＦＡワールドカップ・コリア・ジャパン】が終わるまで【正規のダフ屋さん？】の存在は知らなかった。しかし、ちょうどワールドカップが終わった１週間後、ちょっとした事がきっかけで、初めて【正規のダフ屋さん？】とでも言うべき組織の存在を知った。それは私が買った一部のプレミアムチケットを販売していたのが【正規のダフ屋さん？】であった事が、大会関係者であるＯ氏の口から漏らされたからだ。

このＯ氏の話を聞かなければ、もしかすると私だって【正規のダフ屋さん？】という存在さえも知らないまま過ぎていたに違いない。私は【正規のダフ屋さん？】という存在が実在したと知った時、ただ、ただ、がく然とするばかりだった。

そもそも【ダフ屋さん】ってものに【正規？】だとか【オフィシャル？】とか【公認？】というぐらい似合わない言葉はない。【ダフ屋さん】に限っては【正規】などとは、とかく縁のない『闇の世界に存在するもの！』だと思っていたからである。


今から思い返せば、私の体験した【2002FIFAワールドカップ・コリア・ジャパン】はワールドカップ奮戦記とでも言うべき事態が続き、紆余曲折の繰り返しであった。

何しろ私の【2002FIFAワールドカップ・コリア・ジャパン】は、インターネットでチケット詐欺には遭うは、正規予約したチケットは来ないはと散々であった。そして極めつけは【正規のダフ屋さん？】に遭遇した事であろうか。

とにかく波乱万丈のワールドカップ体験であった。

前回の98年フランスワールドカップ以来、【FIFA・ワールドカップ】のチケットは一般の人にとって非常に入手し難くなりプラチナチケット化する傾向がどんどん進んでいた。それが【2002FIFAワールドカップ・コリア・ジャパン】の日本開催分のチケットに於いては、特に地元開催国という事もあって日本国内では、こうした傾向にも更に拍車がかかった状態となった。

【2002FIFAワールドカップ・コリア・ジャパン】では、日本国内在住者用・一般向け（車椅子席を含む）の一般席チケット（海外販売分、サッカー協会ファミリー向け、プレステージプログラム席、

スポンサー席、貴賓席、特別招待席、メディア用席は除く）は、２００２年2月に始まった第一次抽選販売の申込を皮切りに、２００２年4月の第三時抽選販売まで三回に渡りＪＡＷＯＣワールドカップ日本組織委員会から日本国内開催３２試合分延べ約５０万枚（日本開催分の延べ約１６８万席の内）が販売されたとされている。

第一次から第三次までの一般販売では、非常に多くの購入希望者が殺到し、どの試合も競争率がかなり高くなっていた。その中で最も競争率が高かったのは、第一次販売で扱われた長居スタジアムで行われた準々決勝（トルコＶＳセネガル戦）のチケットで、これには募集人員の実に２５０倍を超える購入申し込みがある程の過熱ぶりであった。

第一次販売では、開催地元住民優先販売枠を含めると約３４万枚のチケットが売られたが、この時点では日時や会場といったものばかりか、決勝トーナメントならいざ知らず、第一次（予選）ラウンドの試合であっても対戦カード、出場国すら未定のまま販売された。

これは、ファイナルドローと呼ばれる本大会組み合わせ抽選が、第一次販売終了後の２００１年の12月4日と比較的遅い時期にあった為だ。したがって、それより早い時期に販売されたチケットは、全ての出場国や対戦カードなどが決まる前（日本、韓国、フランスが出場する試合を除く）に販売されている事から、まさしく【ＦＩＦＡ福袋】といった存在であると言えよう。

それでは、第一次販売でチケットを購入した人達はどのようにして購入チケットすなわち観戦する試合を決めていたかと言えば、それは日時と会場、そして座席のカテゴリー等を選択して書面かインターネットで購入申し込みをしていたのだ。

その後2001年11月から12月にかけての第二次販売（販売期間中にファイナルドローが行われた）、2002年3月から4月にかけての第三次販売では、それぞれ約10万枚前後が販売されたが、いずれも購入希望者が販売チケットの数を大きく上回り高倍率になっていた。

98年フランスワールドカップの際には多くのチケットが空売りされ、お金を払ったにも関わらず実際にはチケットが渡されず入場出来なかったという問題が多発した。また超高額な偽造チケットがブラックマーケットで多く販売されていた事などを教訓（[？？？]私的《わたしてき》には何かを教訓にしたとはとても思えなかったが、FIFAが教訓にしたと言っているのだから、この際仕方ないので教訓にしたという事で聞いておこう）に、【2002FIFAワールドカップ・コリア・ジャパン】では、複数のエージェントによる観戦チケットの販売を取り止め、原則としてFIFAが直接購入者に販売する事になった。また全てのチケットが記名式で販売され同一人物による同じ試合、同じ日に行われる他の試合を購入出来ないようにするなど、いろいろと制限を設けた販売方法を実施した。更に試合当日にはチケットに記載された身分照合を行い「記名本人以外は入場させない」という非常に志が高い方法を取り入れようと計画していた。しかし、こんな馬鹿げた事を実施出来る道理がある訳がなく、結果的に何一つ変わっていなかったどころか、とんでもない副産物まで生み出していた。

それが【正規のダフ屋さん？】とも言うべき存在であった。

この「正規のダフ屋さん？」とも言うべき存在の発生経緯や実態についてはこの後じっくりとタネ明

かしをして行こうと思うが、まずその背景にある「闇のチケット事情」について説明する必要があると思うので先に取り上げよう。

第一次販売直後から市中には、インターネットの個人売買や、ネットオークション、斡旋会社等から、人気のある日本代表絡みの試合や決勝戦などを中心としたチケットや、その予約確認証や購入権利等（2002年4月まではチケットの実物が発券されていない為）がFIFAやJAWOCの思惑とは裏腹にいろいろと賑やかに出回っていた。

その価格は、日本代表の試合でカテゴリー1と呼ばれる定価¥17、000の席が¥45、000から¥700、000位（20～30万円中心）。

決勝戦でカテゴリー1と呼ばれる定価¥84、000の席が、¥200、000から¥1、000、000位（25万～35万円中心）で売買されていた。

その中にはチケットの手配などはじめからしておらず、架空の書類を提示して信用させお金を巻き上げる等の明確な［詐欺］と言えるケースも数多く存在した。

恥ずかしながら私もこの［詐欺］の被害に遭った被害者の一人であるから、まるで自分事のように？

……騙された人々の気持ちに立って被害実態や被害者心理は理解できる。

「……自分事のようにでなくって、すいません騙された本人でした」

でも、

騙した相手が悪いのか？

騙された私がバカなのか？

……は、定かでないが、この際そうした事はともかく後に置いておいて、とにかく非公式にプレミアムの付いた闇チケットは一般に流通していた。


この事にいち早く目を付けたのはＪＡＷＯＣか？

それともはたまたＦＩＦＡ本体か？

そこで持ち上がったのが【ワールドカップ正規のダフ屋？　計画】とも言うべき商売であった。


そういった風潮が流れるのは早く、瞬く間に世界中に飛び火し、各国協会の一部（ＬＷＯＣ）も同じような計画を準備していた。

９４年アメリカワールドカップ以降の大会では、全座席の６％前後を【プレステージプログラム】という付加価値を持たせた高額な観戦チケットとして販売を始めた。

その【プレステージプログラム】の内容とは、特に高級な席に、高級な飲食のサービス、それに特別に誂えた記念品などをお土産として用意し、一般客との差別化を明確に図った超高級な特別席とされていた。これはＦＩＦＡが「世界最高のホスピタリティーサービス」をワールドカップの試合会場で提供しようと計画されたもので（最初に計画したのは、あの破産したＩＳＬであり、ＩＳＬの破産後ＦＩＦ

Aは受け皿会社FIFA・マーケティング・AG《ブラッター社長》を設立させその権利を受け継いでいる)、今回の【2002FIFAワールドカップ・コリア・ジャパン】では、企業、団体向け販売用として【プレステージプログラム・スカイボックス(企業、団体向けに販売の個室席)】を始めとして、企業、団体と個人も対象とした【プレステージプログラム・ゴールド】、【プレステージプログラム・シルバー】の3種類が販売された。

【プレステージプログラム・スカイボックス】については、定員20名前後の個室単位で販売された事もあり(札幌、新潟会場等の一部を除く)、購入者も必然的に限定され個人向けの一般販売はほとんど行われなかった。そこで、ここでは【プレステージプログラム・ゴールド】と【プレステージプログラム・シルバー】について内容を見て欲しい。

まず「カテゴリー1のエリア中で臨場感があり最高級のお席に、着席式のビュッフェでのお食事と特別に創られた特別限定ギフトと公式プログラムをセットして、世界最高の感動を最高の環境と最高のおもてなしをお約束する観戦チケットで、まさにVIP並みのサービスを提供します。」という謳い文句で販売されていたのが【プレステージプログラム・ゴールド】というパッケージング。

そして「ゴールドの次に高級なお席に、お弁当とドリンク(または韓国での開催試合と日本開催試合の一部で海外で販売された分は立食形式のビュッフェ)、特別に創られた特別限定ギフトと公式プログラムをセットした観戦チケットで、ステイタス感はゴールドのままで価格だけをリーズナブルに!」と謳った【プレステージプログラム・シルバー】という2つのパッケージングが販売されていた。

そしてこれらの【プレステージプログラム】は、今回の【2002FIFAワールドカップ・コリア・ジャパン】でも¥110、000（プレステージプログラム・シルバー・シングル、ファーストラウンド1次リーグ予選1試合1名分）から数千万円（プレステージプログラム・スカイボックス決勝トーナメントパッケージ22名個室）までという超高額な価格設定でJAWOC・PS事務局、KOWOC・PS事務局とFIFA・MARKTING・AGから一般にも販売されていた。

私達の様な一般庶民が、今書いたこんな謳い文句に豪華な写真の付いたカタログを見せられたら、当然、次のようなイメージが浮かんでくる。

こうしたFIFAやJAWOCが制作した資料から、ワールドカップ【プレステージプログラム】のイメージとは、【特別なお土産とお食事付きの豪華なVIP席、勿論場所はメインスタンドのど真ん中】とそう解釈するのは私ばかりじゃなかろう。

それは、…………

列車で言えば、普通車じゃなくて「グリーン車」か「A寝台車」

飛行機で言えば、エコノミーじゃなくて「ファーストクラス」か「スーパーシート」

船で言えば、二等船室じゃなくて「特等船室」

バスで言えば、路線バスじゃなくて「サロンカー」

車で言えば、タクシーじゃなくて「超高級なロング・リムジン」

宿で言えば、民宿じゃなくって「シティーホテルのスィートルーム」

プロ野球で言えば、外野じゃなくて「ボックスシート」

歌舞伎で言えば、幕見じゃなくって「桟敷席」と胸を膨らませ想像していた。

しかし実際に用意されていたもののイメージとはどういうものかと言えば……

列車で言えば「普通車の指定席に駅弁を付けて」
飛行機で言えば「エコノミーにサンドイッチをつけて」
船で言えば「2等雑魚寝に布団を敷いて味噌汁付けて」
バスで言えば「シルバーシートの様な優先席におにぎり付けて」
車で言えば「タクシーにハンバーガーを付けて」
宿で言えば「民宿で夕飯にお酒を1本付けて」
プロ野球で言えば「外野芝生席にソフトドリンク一杯つけて」
歌舞伎で言えば、「幕見席にポテトチップス二人に一袋付けて」
という、何だかしょぼいイメージが出来上がっていた。

ここで問題なのは「なぜ、私達がイメージしていたものと違っていたのか」という事だ。では、【プレステージプログラム】とは、いったい何であったのか」という事である。
どうしてこのような事が起きてしまったのであろうか？
【正規のダフ屋さん？】が取り扱ったチケットとは……………？

## 2、FIFAは貘《バク》も連れてきた？

### 《【プレステージプログラム】の実態》

まず元来【プレステージプログラム】とは、いったい何であったのかという疑問である。【プレステージプログラム】、一言で言ってしまえば「無理矢理プレミアム価格が付けられた観戦チケット」であろう。

予選・ファーストラウンドで、最も価格が安いとはいえ¥110、000していた【プレステージプログラム・シルバー】の場合でみると、「カテゴリー1・¥17、000の席」といってもバックスタンド上段に位置する条件の悪い席である。これに弁当、ソフトドリンク、お土産（雨合羽や座布団等）、プログラムなど合計で¥10、000相当（原価レベルでは¥5、000程度）であろうと推測される品物を一つのパッケージに詰め込んだ、しめて¥27、000相当のセットといったところであろう。

こうして出来上がったパッケージ・チケットをJAWOCは【プレステージプログラム・シルバー・¥110、000】と訳の判らないプレミアムを付けて販売した。

また、【プレステージ・パッケージ】には、複数の試合を一つにまとめた更に高額なパッケージも販売されていた。それは例えば会場別やチーム別、そして決勝トーナメントなど2～7試合を1つのパッケージとしたものであった。その中でも特にプレミアが高かったものを幾つか挙げると【プレステージプログラム・シルバー日本代表予選リーグ3試合セットが50万円】、【プレステージプログラム・ゴールド日本代表予選リーグ3試合＋準決勝＋決勝の5試合セット168万円】、【プレステージプログラム・ゴールド準決勝＋決勝の2試合セット99万円】などである。

【プレステージプログラム・ゴールド】と【プレステージプログラム・シルバー】に用意された席は、普通のカテゴリー1といってもメインスタンドでなくて、バックスタンドだった。

しかもそこは特別のエリアどころか、一般席との区切りも無い一般のカテゴリー1の席であった。当然この周辺には一般のカテゴリー1の席として¥17、000でチケットを買ったお客さんも一緒に入れられている。そうした事から差別化などもちろんなく、まさしく普通の席に一万円相当の飲食やお弁当と些細な「特別ギフト」と呼ばれるお土産を無理矢理プレミアの材料としてくっ付けた「正規のダフ屋さん」商法である。

いくら飲食のサービスやお土産をセットにしても、やはり【2002FIFAワールドカップ・コリア・ジャパン・プレステージプログラム】というワールドカップ高額観戦パッケージである以上は、その主役はあくまで「観戦の環境を万全に整え、それにふさわしいサービスを提供しなければならない」という事は誰にでも解るハズである。

しかし、これが解っていなかったのは、【FIFA】や【JAWOC・PS事業部】それに【FIFA MARKTING AG】等といった彼ら関連事業者である。いや、正確には彼らは敢えて解らないフリをしていたのかもしれない。

これはチケット問題の全般にも大きく関わるシーティングの問題である。どういう席を誰にいくらで販売したのかという事は【プレステージプログラム】の真価を問われる事にもなる。【プレステージプログラム】の中でも「スカイボックス」に関しては、スタジアム本体に付帯する固定建造物の一部であるので、付帯するサービス等を除けば、その座席やエリア等には特段問題はなかったと思う。

問題は【プレステージプログラム・ゴールド】と【プレステージプログラム・シルバー】であり、それらのパッケージに用意されていたエリア、座席は、ほとんどがメインスタンドではなくてバックスタンドであった。

この時点で【プレステージプログラム】が、夢のような時間と空間、まさしく［夢空間］としての価値を失ってしまった。【2002FIFAワールドカップ・コリア・ジャパン】で使われた国内のスタジアムでは普段はどのようなシーティングがされているのだろう。これらのスタジアムで通常行われているJリーグの試合、またキリンカップのような国際大会であってもバックスタンドは、さほど価格の高い上級グレードの席としては設定されていない。試合によっては自由席となっている場合もあり、野球で言えば外野席といったところである。

実際、今回会場の一つである【世界初天然芝を用いたクローズサーキット】を誇る札幌ドームは、野球とサッカーの兼用スタジアムである。札幌ドームでは野球場として使用される場合にセンター・バックスクリーン前の外野席となるシートが、サッカーとして使用する場合バックスタンドとなる。この外野席が【2002FIFAワールドカップ・コリア・ジャパン】では【プレステージプログラム】のシートとして使用されていたのである。

札幌ドームは2004シーズンからはプロ野球【日本ハム】のフランチャイズドームとなるが、当然普段はプロ野球等の野球興行に使用される事が最も多い。その際ここは当然外野席としてそのまま使用されている。勿論こうした使われ方は設計段階から予測されていた。その為に座席幅や前後感覚、通路幅や付帯設備はもちろん、座席シートも普段使用する外野席として設計されており、こうした外野席の観客達にと用意されたエントランススペースや化粧室などもそれなりの造りになっている。やはりこれには「んっ、十万円というチケット」を買った客層は意識せずに、通常の興行で訪れる「数百円の入場料」の客層が使用する事を意識した箇所が随所随所に見られる。

プロ野球の興行の場合は、座席ランクとしてバックネット裏がもっとも高級な席とされ、次いで内野席、最後に一番リーズナブルで大衆的な席が外野席である。サッカー興行の場合、まず一般的に一番高級とされているのがメインスタンド中央の席で、日本でもほとんどのスタジアム（私の知っている限り日本平スタジアムを除くが、同スタジアムの場合はバックスタンドとサイドスタンドは後から増築されたので、既存のメインスタンドにロイヤルボックスは無く、増築の際にロイヤルボックスも新設された）で貴賓席やロイヤルボックスは、このメインスタンド中央に設けられているケースがほとんどである。

バックスタンドは、スタジアムによって差があるものの設備的に見て、比較的安価な設定になっているところが多い。Jリーグでよく使用する東京千駄ヶ谷の国立霞ヶ丘競技場や千葉の市原臨海競技場、柏スタジアム、駒場スタジアム、さらには横浜の三沢球技場、ジュビロ磐田スタジアム、神戸ユニバー記念競技場等々の日本を代表するスタジアムの多くでバックスタンドには日射しや雨を防ぐ屋根は無い。またシート自体もメインスタンドとは違うベンチシート等を使用するなど中には自由席に留まらず、市原臨海競技場や駒場スタジアム等では、立ち見席もこのバックスタンドの中に設定しているところもある。もちろん日本の国内の試合で使用する時には入場料も安く設定されており、日本のサッカーファンにとっては「今回ワールドカップではバックスタンドを最高級の特別な席【プレステージプログラム】で使用する事になっております」と言われ、「はい、そうですか」という具合にすんなりとは受け入れ難いものがある。

そうした中でも、札幌ドームのようにバックスタンドは野球の外野席という位置付けが定着している事も相まっているため「何だか省かれたみたいな席」と見られている。よく「ガイヤは黙ってろ！」などと耳にすると思うが、こういった言葉が日常的に使われている事からも日本人には「外野席」は強い疎外感を与えられる言葉として受け取られる。そして日本ではバックスタンド・イコール外野席というイメージからさらに強い疎外感を与えられ、そこに高額払ってしまえば「なぜそんなところが【プレステージプログラムなの？】」という気持ちを持つのがごく自然と言えよう。

サッカー観戦に於いて純粋に試合を観るという観点だけで、メインスタンドとバックスタンドの位置を比べれば、試合が始まってしまえば確かに関係がない（ただし、晴天時のナイターを条件とした場合）と言う人もいる。

しかし、サッカーをスタジアムで観戦する醍醐味とは、試合中ばかりではない。Jリーグやほとんどの国際試合でも簡単なセレモニー的イベントが実施されていて、選手の入場や国歌斉唱、そして記念撮影等の雰囲気を楽しむのも、わざわざスタジアムに足を運ぶ理由である。しかしそういった興行のほぼ100％で、セレモニーやイベントはメインスタンドに近い位置で、メインスタンドの方を向いて行われている。バックスタンドのお客さんは皆、選手の背中だけしか見えないのが実態である。

ワールドカップであっても開幕戦、決勝戦、3位決定戦のような特別なセレモニーがある試合でなければ、国歌斉唱程度の簡単なセレモニーだけなのであまり問題にならない。しかし、事が開幕戦、決勝戦、3位決定戦となると話が違ってくる。何故なら開幕戦では、開会式が一緒に開催され、決勝戦に於いては閉会式と表彰式、3位決定戦で表彰式とイベントが開催されるからである。

近年、国際的スポーツイベントに於ける開会式、閉会式等は年々ますます派手にショーアップされ、ステージ性が強く華やかにエンターテイメント化される傾向にある。特に90年のイタリア大会以降、その傾向が一段と強くなり【2002FIFAワールドカップ・コリア・ジャパン】でも世界レベルのエンターテイメントショーのステージが期待されていた。

ショーステージを意識したエンターテイメントは当然の事だが、正面と裏面、上手と下手が出来、テレビ放映を意識すればなおさら自然と一方向を正面に据えなければならなくなる。

人間の顔は前にしか付いていない。

エンターテイナーとしてステージを努めるアーチストやタレントといったスター達が、国賓クラスのVIPにお尻を向けて演技をするのは許されない事であろう。

5月31日ソウルで開催された開会式のイベントではコンサート等が行われていたが、ステージはバックスタンド前にメインスタンドの方に向けて設定されていた。【プレステージプログラム】の観客達は通常の何倍も、中には10倍を超える入場料を払ってバックスタンドからアーチストのお尻だけを眺めた事になる。

バックスタンド、いわゆる舞台裏という所の席となり、後ろ向きのアーチストすらもスタンドの柱や機材等で死角になって見えない状態であった。

また閉会式でもやはりイベントは、メインスタンド正面から観覧する様に構成がされていた。各国国旗がバックスタンドから降りてくるシーン等を正面メインスタンドから眺めた観客にとっては圧巻であったが、バックスタンドでは埃っぽい国旗が頭の上を通過し、何だか頭が痒くなった気がしただけでその迫力が伝わらなかったであろう。

では、どうしてFIFAやJAWOC、KOWOCは【プレステージプログラム】という超高額、且つ超高級席として販売した席をバックスタンドに設定したのであろうか。

当初、多くの人がこの【プレステージプログラム】という超高級席を、ロイヤルボックスや貴賓席のように通常特別なゲストを招待する時に使用する【特別仕立てに誂えられたシートが配された特別なエリアに置かれた特別席】を一般に販売するのだと信じて疑わなかった。

しかしFIFAやJAWOC、KOWOCは、ロイヤルボックスや貴賓席のようなVIP席仕立ての特別席エリアを、従来のものよりやや拡大させたものをやはり招待席として使用した。その為、超高額な料金を頂戴した【プレステージプログラム】をやむなくバックスタンドに追いやっただけであった。要するに最初からその程度にしか考えていなかったのだ。

【プレステージプログラム】のような超高額席を設けるのであれば、当然、特別仕立てのシートが配された特別なエリアの席として用意し、FIFA等が招待席、VIP席を必要とする場合にはその中の席から使用するというのが一般的な考え方であろう。

元々日本ではプロ野球やJリーグ、ボクシングなどの興行では、今回ワールドカップで【プレステージプログラム】と呼ばれるような特別に付加価値を持たせた高額な座席が販売され、実際に運営されている。例えばプロ野球の「ボックスシート」、Jリーグの「シーズンシート」などのように年間指定席の中でも高級で、付加価値のある特別な座席として販売されている。

これらはいずれも価格に対して十分に満足のいくサービスや内容を持ち合わせており、座席の位置もプロ野球の場合バックネット裏、Jリーグの場合はメインスタンド中央部、ボクシングの場合はリングサイドといったように、それぞれの興行に於いて最も適していると考えられる席が特別に用意されている。また座席を配したエリアも一般席とは一線を画し立ち入りを制限したり、シート自体もクッション付きのものを使用したり、前後感隔を広く採る等して十分に価格に見合うものを創り出している。これならば観客達も十分な満足を得られているので、なかなか空席が出ず常に空席待ちという状態を作り出すほどの人気を得ている。日本のスポーツ興行の関係者やイベント会社などは、既に熟知したノウハウを持っていたハズである。

しかしこれだけ見ても【プレステージプログラム】を販売した【JAWOC・PS事務局】や【FIFA・MAG】が、FIFAが創り出した【正規のダフ屋さん?】であると理解してもらうにはなかなか難しいのではないかと思う。そこで【JAWOC・PS事務局】がプレミアをどういう認識で扱ってきたか解りやすい具体的な例を挙げて説明しよう。

【プレステージプログラム・シルバー】の会場別パッケージの中には、予選リーグの3試合をパッケージしたセットで21万円というセットがあった。これの中身を見てみると、ベースで使用されているカテゴリー1の観戦チケット1席の価格は、1試合分が¥17、000でこれに先程のお弁当や記念品といった¥10、000相当の品を詰めたパッケージ・バックを添えると単純計算で¥27、000となる。このセットは3試合パッケージなので単純に3試合分を掛け合わせると、1試合¥27、000×3試合分で¥81、000となるべきものを【JAWOC・PS事務局】は¥210、000で販売している。こうして考えれば、「いわゆるプレミア部分」と言われる価格は¥129、000となる。

これを正当と考えるか、それとも不当と考えるかはそれぞれの価値判断に委ねられるが……。

【正規のダフ屋さん？】と疑うからにはまだまだこんなものでは物足りない。

同じ予選リーグ3試合で、¥500、000という驚きの定価が付けられた【プレステージプログラム・シルバー】のパッケージも販売されていた。

そのパッケージとは、予選リーグと言えども、非常に人気の高かった日本代表の予選リーグ3試合をパッケージしたものである。このパッケージで実際に使われているベースの観戦チケットは、何回も言うようだが普通のカテゴリー1のチケットである。この観戦チケットはワールドカップの規定により、同じ予選ラウンドで同一カテゴリーという観点から、当然1席¥17、000であり同じ¥10、000相当の弁当や記念品のパッケージが付いている。

いくら【プレステージプログラム・シルバー日本代表予選リーグ3試合セット】といえども一般的な常識からすれば、最初のセット同様に同一の金額×3試合分、すなわち¥81、000でなければならない。

それがあろう事か人気の高さを理由に、¥500、000というきわめて高額な定価を設定した事により、プレミア部分の価格だけで¥419、000となっている事がお判りいただけると思う。

【2002FIFAワールドカップ・コリア・ジャパン】では一般席のチケット価格は同一カテゴリー

である場合、1st予選ラウンドについては、どの試合も同じで価格である。2ndラウンドの決勝トーナメントに於いては、各ステージ毎に「R16」「準々決勝」「準決勝」「決勝」と段階的に価格が上がっていく仕組みになっている、このため同一ラウンドに於ける試合についてみれば当然、人気の有無によって価格が変動する事などあってはならない。いくら人気が高い日本代表やイングランド代表の試合であっても、またそうでないその他の試合であっても「予選ラウンド」は予選ラウンド」、「R16はR16」と個別の対戦カードに応じてチケット定価を変動させる事は我々の一般常識から言って遠く理解に及ばない。

【プレステージプログラム・シルバー】に付属された「お弁当やお土産等のパッケージ」も、付属される商品の内容が同一商品である以上は、対戦カードによって販売価格が大きく異なるというべき性質のモノでなく、これは誰が考えても当たり前の事である。正規のルートで販売された、同一ラウンドで同一券種のチケット（この場合プレステージプログラム・シルバーとなる）を、主催者が管理する発売元で販売する以上、試合の人気によって販売価格が左右される等というのはあってはならない事なのだ。

FIFAやプレステージプログラム事務局ら主催者側から見たコストは、同じ条件である以上、当然同じである。したがって同一ラウンドで同一券種のチケット（この場合プレステージプログラム・シルバーとなる）は同じ価格で提供出来ない理屈は見あたらず、それが健全な経営を目指す自称【非営利団体】である以上は当たり前の事ではないか。（【非営利団体】というJAWOCは【2002FIFAワールドカップ・コリア・ジャパン】終了後に70億円を超える余剰金を出している）

しかし、何故かFIFAやJAWOC・PS等は、同じ予選リーグの試合だけを対象に3試合をチョ

イスした【プレステージプログラム・シルバーのセット】であり
ながら、【ベニューセット】と呼ばれる会場別予選リーグ３試合
セットを¥２１万の定価を付けて販売した。
また、【チームセット】と呼ばれる【日本代表予選リーグ３試合セット】が¥５０万以上という価格をどうして付けられたのか？

プレミア部分の価格だけで¥２９万にもなる価格差をどのようにして付けたのか、摩訶不思議な人達である。

ＦＩＦＡやＪＡＷＯＣ・ＰＳ事務局らは、「【プレステージプログラム】は全てのパッケージが正規販売として設定するに相応しいパッケージ、ふさわしい価格設定であった」として、あくまで正当な価値を有する妥当な金額だと主張している。しかしこれが実質上、「正当且つ、公正な正規の価格」であると位置付けるには些か無理があり過ぎるような気がする。

ＦＩＦＡやＪＡＷＯＣ、ＫＯＷＯＣにとって【プレステージプログラム】は、どのような存在だったのであろうか。

【２００２ＦＩＦＡワールドカップ・コリア・ジャパン】では

問題のW杯チケット　５月31日

実際に【プレステージプログラム】はどうような取り扱われ方をしたのであろうか。ある例が札幌ドームにあった。

これは6月1日のドイツVSサウジアラビア戦でJAWOCが【プレステージプログラム・シルバー・シングルチケット】として販売した席、定価¥11万のチケットの実話である。座席番号はF・101通路43段の81番と同82番の連番席である。

座席位置はバックスタンド（野球場の外野席）隅の最後段で、確かにこの札幌ドームで開催された試合ではバックスタンドに【プレステージプログラム】を設定している。しかし、ここで問題なのは個別のシート番号F・101通路43段の81番と同82番という席にある。

座席表で確認して頂くと判るが、この81・82番はF・101通路に接している。このF・101通路をピッチ方向からバックスタンドを観て、右側80番までの席を【プレステージプログラムの席（プレステージエリア）】として設定したようだ。（ただしJAWOCだけはこれを公式に認めていない）

事実、1段から43段までの80番の席までを【プレステージプログラム】の観客で占めていたが、なぜか通路を挟んだF・101通路・最後段43段の81番と同82番だけが2席だけ【プレステージプログラム・シルバー】として販売された。

では、この席の前、1段から42段までの81番以降の座席（例えば42段の81番、同82番など）はどうであったのだろうか？

これはカテゴリー1とカテゴリー2という席で¥17、000と¥12、000で販売されていた。

もちろん43段の83番以降も同じである。このように通路を挟まない個席、F・101通路より右側にある席の内、43段の81番と同82番の2席だけが【プレステージプログラム・シルバー】として販売されたのは、誰が見ても明らかに配席のミスである。そして確かにこの席を除き当該ブロックに於ける81番以降の座席は、全ての段を通して【プレステージプログラム】として使用していなかった。それにも拘らず、当該試合では、最後段の43段81番と同82番だけが【プレステージプログラム・シルバー】として使用されていた。また、その後札幌ドームで行われた他の試合「イタリアVSエクアドル戦」、「アルゼンチンVSイングランド戦」の2試合は、この最後段の43段81番と同82番についても【プレステージプログラム・シルバー】としては使用していない事が判明している。

もしこれが配席ミスでなければ、どうしてこの2席だけを【プレステージプログラム・シルバー】として、この位置に置かなければならない理由はあったのだろうか？

大抵の場合、こういうケースでは座席の位置を設定した主催者等は販売席数の都合上（ダブルブッキングなど）エリア内に入りきれなかった時に、やむを得ず避難的措置で「ここに置かざるを得なった」と、弁明するのが一般的であろう。しかし6月1日、当日スタジアムで実際の状況を見ると、バックスタンド中央の最前部から中段の手前にかけて、このエリアだけでも数百席の空席を出している。

これがテレビ中継の際に映像として全世界に放送されたので、【2002FIFAワールドカップ・コリア・ジャパン】の社会的問題として一躍有名になり話題となった。今回の【2002FIFAワールドカップ・コリア・ジャパン】の空席問題はここから端を発したので、映像として記憶にある人もいるだろう。

この空席が目立った部分は、シート番号にすると1段から15段位までの40番台から60番台にかけての【プレステージプログラムエリア】でも、かなり良い席に分類できる場所（ただし、メインスタンドでないが）である。このような条件の良い席が空いていたにも拘らず、最後段の43段81番と同82番のお客さんを【プレステージプログラム】エリア内に入れなかった理由を「やむを得ずの避難的措置であり、ここに置かざるを得なかった」とは言えないだろう。

この6月1日に最後段の43段81番と同82番の座席に割り当てられた【プレステージプログラム・シルバー】の観客が、極めて納得の行きづらい不条理で不等な扱いをされていた事は、社会的問題にまでなった空席問題から見ても明確である。

しかし、FIFAやJAWOCは、これらに付いて「何の問題も無い」「配席ミスであるとも認められない」と、その正当性を主張している。

その根拠として、「確かに当該座席を【プレステージプログラム】として使用したのは6月1日の当該試合だけで、他の2試合については使用していないからである。またチケットに誤りであろうがなかろうが我々が【プレステージプログラム・シルバー】と印刷したのだからこれで良いのだ」と弁明している。

では、6月1日の観戦客はどうなるというんだ？

6月1日の43段の81番と同82番についてはFIFAとJAW

なぜ空席が

OCは「この席番をチケットに印刷したのは事実であり、我々が6月1日の43段の81番と同82番を【プレステージプログラム・シルバー】と決めたから、この日の試合だけは43段の81番と同82番は【プレステージプログラム・シルバー】である」と主張している。しかし我々が暮らす社会一般では通らない理屈であり、この事件については大会期間中にテレビでも大きく報道された。

なぜFIFAや、JAWOCはこうやってワールドカップに夢をかけて来た人々の気持ちを次々に壊していったのであろうか。

私にはその疑問が解けた。きっとそれは、FIFAがまさかバク（夢を食べると言われている動物）までワールドカップに連れてきてしまい、忙しい余りに誰も面倒を見る人がいなくなりみんなの夢を食べ尽くしてしまったのか？

話を【プレステージプログラム】全体の価値に戻そう。

個人的には言わせてもらえば、このような特別に用意される高額なパッケージについては、金額的にいくら高くても良いと思う。しかし、必ずそれに見合う価値が付帯されるべきだという考えを持っている。価格を高額に設定するという事は、それに伴う責任も重大であり、その責任とは、商品の持つ資質の真価を十分に満たす事が重視されるべきである。その高額商品を購入する顧客に対し、支払った出費に見合う十分な満足と評価を得られるサービスを提供する義務があると考えている。こういった本来あるべき姿を完全に無視した商品であるならば、ハッキリ言ってしまえば高額に値する価値は全く無い。また、販売者もそれらを高額で販売する資格は当然無いと考えていい。価格に相応しい十分な価値を持たない商品を、人気や需要だけで高額で販売する行為は【ダフ屋さん】がやっている【ダフ屋行為】と呼ばれるものと何ら変わらない商売と言えよう。

単にワールドカップの人気を食い物にしただけと言え、我々、サッカーやワールドカップを愛して止まない人間にとって見れば、【ワールドカップの輝かしい栄光】に汚名を着すだけの行為であり絶対に許す事が出来ない。

だからこそFIFAやJAWOCらには、その価値観をしっかりと認識してワールドカップの運営にあたって欲しかった。

ワールドカップのフラッグシップとでも言うべき【プレステージプログラム・チケット】の存在価値をしっかりと認識した上で、もう一度、設定内容や運営方法などを考えれば、それを高額で販売するにあたって、価格に見合う価値を必ず持たせる義務がFIFAやJAWOC・PS事務局にはあったと考えている。顧客に対し「本当に価値のある正当な価格である」と認めさせなければならない。

そのためには、やはり最低限、幾つかの厳しい条件を満たされなければならないハズだった。

その最低限の条件とは、

1、観戦チケットに【プレステージプログラム・チケット】で在る事、すなわち高額な特別な席である事が表記されている事。

2、そして実際に使用される座席は、明らかに一般の席のエリアとは一線を画し、設備や観戦環境などすべての面に於いて、一般座席と明確な差別化が図られる事により一般席と異なる付加価値を生じさせなければならない。

3、それらの席に付帯された商品（飲食や記念品等）は、誰もがパッケージの価格に相応しい価値を有すると評価できる品物を用意しなければならない。それらの価値基準を算出するには、パッケージの販売価格から観戦チケットの価値（提供されるレベルでの価額）を差し引いた額に相当させれば、販売価格に相応しい価値を持ち合わせた品物が提供出来るはずである（但し、1に記載の観戦チケットの価額や価値により、異なるものを提供される事はやむを得ない）。しかし、これらの品物は必ずしも高価である必要はなく、【ステイタス】になるもの、要するにそこでしか手に入らず、人が羨むものであれば価格にこだわる必要は無いと思われる。

4、【プレステージプログラム】＝日本語に直訳すると『名声の組み合わせ（企画、催し）』である。『名声』という名を付けて主催者自ら販売する以上、【プレステージプログラム】の名に恥じない価値、顧客の満足度を意識したサービスが常に提供出来れば、それは納得づくの高値という事であろう。

私が思うには【プレステージプログラム】と銘打った以上、誰が見ても「これは高いはずだわなあ！」と思える内容に仕上げなければならなかったが、どうもFIFAにはその辺が理解できていなかったようだ。

今の説明をもう一度頭に入れてもらって、しつこいようだが【プレステージプログラム・シルバー（予選パッケージ1試合当たり）】の例で実際の提供された内容を見てみよう。

まず、1、と2、にある観戦の座席であるが、これは普通のカテゴリー1の席であった。カテゴリー

1といってもメインスタンドではなく、バックスタンドである。

また用意されていた座席は特別のエリアでないどころか、一般席との区切りすらもない一般のカテゴリー1・￥17、000の席としてチケットを買ったお客さんと一緒にあり、まさしくカテゴリー1・￥17、000の席そのものである。

それもそのハズ当たり前の事で、なにしろ【プレステージプログラム】で余ったチケットについては、普通に販売された￥17、000のカテゴリー1の席として一般販売に回っているのだから差別化などはもちろんない。したがって1、2で記した条件は満たされていない。

次に3、の商品価値についてである。

【プレステージプログラム】に付けられていた弁当やソフトドリンク、お土産（雨合羽や座布団等）、プログラム等を一つのパッケージに詰め込んで合計で￥10、000相当（原価レベルでは￥5、000程度）の品物を、無理矢理付けたという感じであった。

これを3に定義した条件に当てはめてみると、パッケージ販売価格から￥17、000を差し引いたものが正当な価値という事になる。しかしパッケージに実際に付けられた品物を見てみると、誰が見ても￥10、000以上には見えない。こうなれば到底条件など満たしている訳がなく、一万円相当の飲食やお弁当に、些細なお土産を無理矢理プレミアの材料としてくっ付けたに過ぎない。ここでよく考えてもらいたい。こうした【プレステージプログラム】のような高額チケットは企業がVIPを接待する時などに使われる事が多いのだが、そうしたVIPにお土産として『座布団』や『雨合羽』を「これはVIP等に特別にご用意させて頂いた記念品で御座います」と言って袋に入れて、ぶら下げて帰ってもらえとでも言うのか?

私だったら自分が招待した大切なゲストが、こんな扱いをされればとても黙ってはいられない。何故なら大切なビジネスチャンスに大失態をやらかす事になってしまうからだ。

たとえば【プレステージプログラム】には一席当たり「ん、十万円也!」と百万円近くするものもあるのだから各国の公賓クラスのゲストだって、いても不思議はない。もし、自分の国の大臣がビニール袋に詰められた『雨合羽』と『座布団』を「これ些細なものですが記念品です」とぶら下げて帰らされるのを見たら、『何と、みっともない事をしているんだ』という目で見るだろう。恐らくこうした地位の人達が、この様なお土産を持たされれば、そこで捨てて帰る訳にも行かず本当に困った事態が起きていた事は容易に想像がつく。

韓国のKOWOCが用意した品物は、まだ幾分マシであった。

それは【プレステージプログラム・シルバー】では定価12、000ウォン位(日本円約¥1200)位で市販されている記念コインセット。また【プレステージプログラムゴールド】では、やはり25、000ウォン位(日本円で¥2、500)で市販されている記念銀貨と、少しばかりお客を馬鹿にしているような品物だ。しかし『雨合羽』や『座布団』と比べれば、粗品程度の小物であるからポケットやカバンに簡単に入るだけでも始末が良い。

最後に4、であるが【2002FIFAワールドカップ・コリア・ジャパン】で、どんな顧客が満足出来たのか、もし関係者に説明できる人がれば私は頼んでも聞いてみたい。

要するに、ここで取り上げた【プレステージプログラム・シルバー（予選パッケージ）】は、1試合当たり¥27、000が妥当な金額である事が、ようやく理解してもらえたと思う。そうなると、これを超える金額の部分については、正規の販売元が設定する金額としては正当とは言い難い事が明らかとなる。これでは、市中で売買されている消費者心理に付け込んだ【プレミアチケット】と全く同じ性質を持つ、【純粋な高額プレミア】であると言えよう。

これで皆さんにも解ってもらえたと思うが、まさしくこれは人気の高さに、ただ付け込んだ明確な【恐るべきダフ屋的商売方法】と言える例である。しかし、これだけで【ダフ屋さん的商法】と断定するには些か乱暴すぎる。プレミア価格を設定するにあたっての基本的な考え方が明確にならなければ、【ダフ屋さん的商法】と位置付けてしまう事は危険であると言える。

そこで私は、これを裏付ける為に走り回った結果、やっと大会を主催する者の立場としてＦＩＦＡやＪＡＷＯＣが「【プレステージプログラム】を基本的にどの様な考え方の元で設営して行ったか」という事を突き止める事に成功した。これらはＪＡＷＯＣ総務部のＯー1氏よると公式見解として扱って頂いて差し支えないとの事である。

同氏によれば【プレステージプログラム】に使用された座席は特別なものでなく、普通のカテゴリー1の席である。それらの席にシルバーの場合では約1万円相当のお弁当やお土産を付け高額で販売したのである。この【プレステージプログラム】の高価格は、ＦＩＦＡと相談して決められた。高額になった理由は「【プレステージプログラム】のようなチケットはただ、価格が高いという事だけで一般のチケットよりも物理的に買いやすくなるというアドバンテージが出来る。そうしたものが妥当なプレミアになっているのだから、それが【プレステージプログラム】の価値というものだから、当方としてはなるべく高額に設定した」

と、理屈にもならない説明に私はがく然とするしかなかった。

こんな感覚で【プレステージプログラム】を設営、販売していたのでは、苦情が来ない方がおかしい。彼らは一体何を考えてワールドカップを運営していたのであろう。「旅の恥は掻き捨て」とでも思っていたのかと疑いたくなるほど理解に苦しむ。なにしろ自らが望んで御用達とし、お得意さまとなっていた国会議員の先生達ですら、この【プレステージプログラム】について、「一説によれば、売れ残りのチケットを国会議員にも売りつけていたらしい」などという噂も漏れ聞こえるくらい、沢山の苦情が寄せられていたそうだ。

思い返せば、2001年の12月にもJAWOC・PS事務局長もテレビ取材で【プレステージプログラム】について同じような事を言っていた。

それは「【プレステージプログラム】に設定されていた価格は［福袋のようなモノ］……」

これは日本代表3試合パッケージの値上げ時のコメントであったが、今になり振り返れば、その言葉の意味がしみじみと伝わってきて、何とも情けない限りである。

これで「プレステージプログラム」は、商品価値でなく、その人気から高値を呼んだ「ダフ屋さん的発想から来る商売方法」、すなわち純粋なプレミアである事も判明したのである。

これで納得がいくと思うが、会場別予選リーグ3試合セットが¥21万だったのに対し、チームセットと呼ばれる日本代表予選リーグ3試合セットは¥50万という価格で、プレミア部分の価格だけで¥29万もの差を付けた理由である。

発想的には闇市場の原理、「ダフ屋さん的発想？」の考え方。

確かにインターネットオークションや、個人売買、ダフ屋さんらの正規の販売以外の闇市場では普通のチケットが高値で売買されているが、プレミアを販売元がつけて売ったケースは世界でもＦＩＦＡの外にないだろうと思う。

「不当なプレミアを食い物にする」これじゃ【ダフ屋さん】もいいところだ。

まさしくこれは「正規のダフ屋さん？」である。

果たしてこの【プレステージプログラム】を購入した人達がどこまでこの事実を認識していたであろう。


一方、チケットが売れ残った韓国でも【プレステージプログラム】は同じように販売されていたのだが、これは一体どのように理解すれば良いのであろうか？

私達が一番大切に思って敬意を持ち続けて来た【サッカー・ワールドカップ】。

この【ワールドカップ】をこのように、ただ「どろどろとしたお金儲けの道具」として扱い【ワールドカップが残した数々の栄光】に汚名を着す行為を公然とやってのけた現在のＦＩＦＡやＪＡＷＯＣの幹部を、私達サポーターは多分二度と許す事が出来ないだろう。

ただこのような形で【ワールドカップ】がそして【サッカー】が二度と汚されない事だけを信じ、そして願い続けたいと思う。

【正規のダフ屋さん？】。それは本当に存在したのか？

W杯を手に

※FIFAワールドカップ™'98フランス大会決勝会場サンドニ／スタッド・ドゥ・フランスにて
2002年大会決勝会場は横浜／横浜国際総合競技場の予定

## プレステージプログラムには多彩なサービスをご用意。
## ニーズに合わせて2つのカテゴリーからお選びください。

### VIP並みのサービス満載のハイグレードなプログラム

**ゴールド**　Prestige Program "Gold"（一部のスタジアムのみでの設定）

- ●見やすくグレードの高い、臨場感満点のシート（カテゴリー1）でのご観戦。
- ●各種サービスが受けられるプレステージプログラムのお客様専用のホスピタリティスペースをご用意。
- ●ドリンク付きのお料理がお楽しみいただけるシッティングビュッフェ（着席式）。
- ●マッチプログラムを進呈。
- ●プレステージプログラムのお客様のための特別限定オリジナルギフトをご用意。
- ●スタジアム近くの専用駐車場が無料でご利用いただけるパーキングチケットを同一パッケージ4セットにつき各試合ごとに1枚進呈。

### ステータス感はそのまま、お求めやすいプログラム

**シルバー**　Prestige Program "Silver"（全会場）

- ●見やすくグレードの高い、臨場感満点のシート（カテゴリー1）でのご観戦。
- ●試合をご覧になりながらお召し上がりいただけるランチボックスないしディナーボックス。
- ●マッチプログラムを進呈。
- ●プレステージプログラムのお客様のための特別限定オリジナルギフトをご用意。

※お申し込みについての詳細は、申込ガイドをご覧ください。

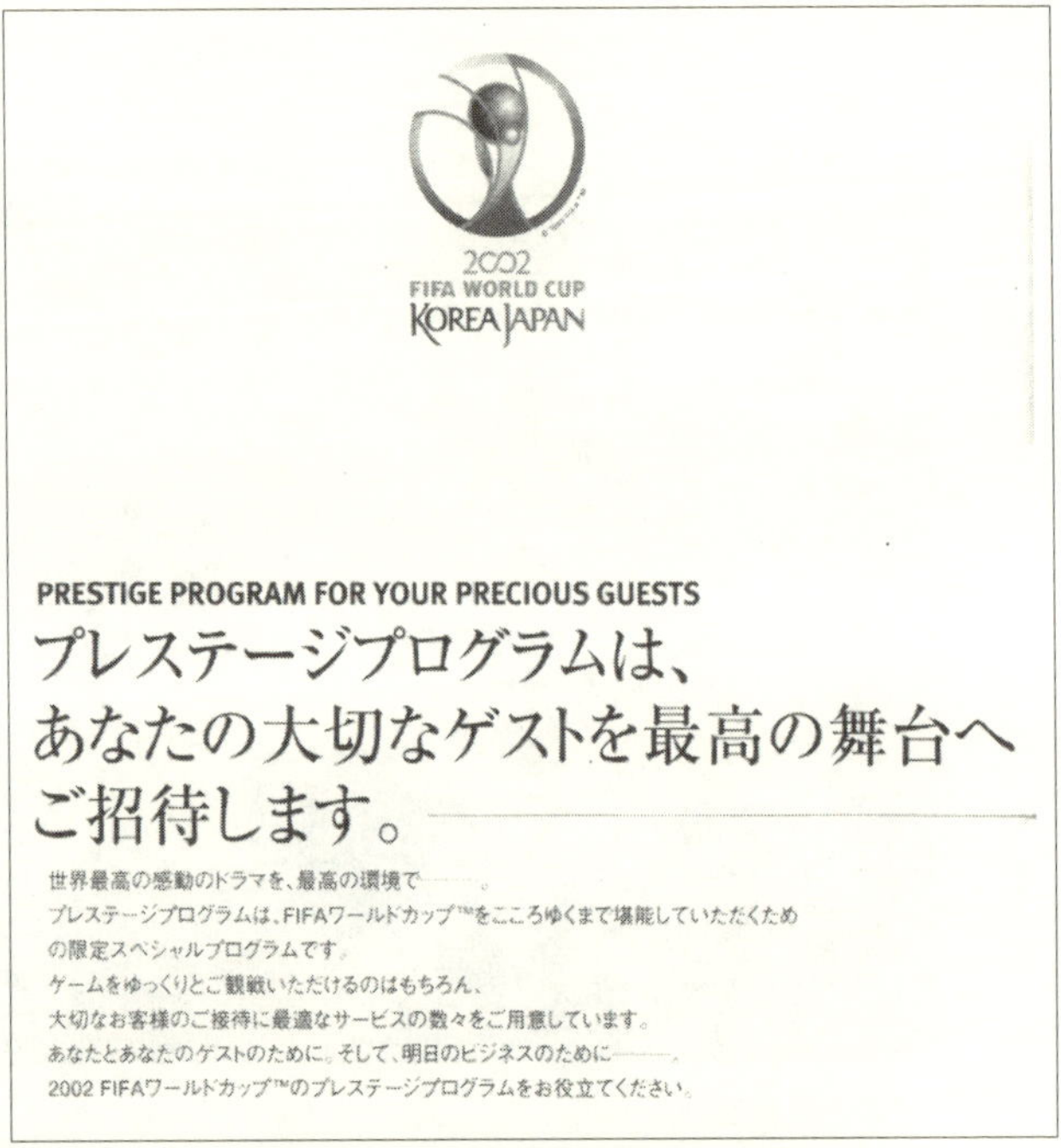

PRESTIGE PROGRAM FOR YOUR PRECIOUS GUESTS
プレステージプログラムは、
あなたの大切なゲストを最高の舞台へ
ご招待します。
世界最高の感動のドラマを、最高の環境で――。
プレステージプログラムは、FIFAワールドカップ™をこころゆくまで堪能していただくための限定スペシャルプログラムです。
ゲームをゆっくりとご観戦いただけるのはもちろん、
大切なお客様のご接待に最適なサービスの数々をご用意しています。
あなたとあなたのゲストのために。そして、明日のビジネスのために――。
2002 FIFAワールドカップ™のプレステージプログラムをお役立てください。

5月31日ソウル　フランスサポーター

# 第三章　オレは大家だ。

【間違い劇場おまけ付】


ピン・ポン！

本文中の【間違い劇場】はフィクションであり、登場する人物、企業団体名等は全て架空のモノであり、実存するものではありません。

ピン・ポン・パン・ポン！

【2002FIFAワールドカップ・コリア・ジャパン】の大会期間中、あるスタジアムの入り口で「オレは大家だ！」と怒鳴った一人の男がいた。

その人の名とは、埼玉県現職知事の「ツッチー」こと土屋埼玉県知事であった。

彼は埼玉県知事にしてJAWOCの構成員というもう一つの肩書きを持つ。

なぜ彼が「ツッチー」と呼ばれるかと言えば、浦和駒場スタジアムで開催されたJリーグ浦和レッズが主管する公式戦の前に2002年ワールドカップ開催準備のイベントが開催された事がある。その時、式辞挨拶に立った当時埼玉県知事である土屋氏は突然、「私の事もツッチーと呼んで下さい」と言い出したのだ。埼玉県民としてはワールドカップというお祭りを前にしたとはいえ、この余りにも軽いノリにどうも喜んでいいのやら、情けないやらでとても付いて行けないというのが本音だった。彼は何故唐突にこんな事を言いだしたのか？

当時の浦和レッズにはベテランで人気の高い正ゴールキーパー「土田選手」がいて、彼は浦和レッズサポーターから「ツッチー」という愛称で親しまれスタンドからは絶えず若い女の子達から「ツッチー！」と黄色い声援が送られていた。土屋埼玉県知事はそれがよっぽど羨ましかったのだろうか？

埼玉県民である私達にとっては頭の痛い事である。

その後「ツッチー」土屋知事は時として何か周りとテンポが合わず、何としてもワンテンポずつズレたり、時として突拍子もない言動を口にする事が目に付くようになって行くのである。

しかし県民から見ると困った問題児君（問題知事）であるが、何か憎めない人柄を感じる部分もあり、知事が問題児ぶりを発揮した時に、いつしか人は彼の事を土屋知事本人が望んでいるように親しみを込めて「ツッチー」と呼ぶようになった。

【2002FIFAワールドカップ・コリア・ジャパン】の埼玉会場である【埼玉スタジアム2002】は、63、000人余りを収容出来るアジア最大級の規模を誇るサッカー専用スタジアム（竣工からソウルワールドカップスタジアムの完成する数カ月間はアジアの専用スタジアムでは最大規模のものであったが、現在はその座をソウルワールドカップスタジアムに譲っている）で、専用スタジアムとしてはもちろん日本一の規模を誇るものであり、世界的に見ても有数の規模を誇るスタジアムである事は間違いない。

専用スタジアムとは、いわゆる球技場で、ピッチの周りに陸上トラックを持ち合わせない構造で、サッカーの他にラグビーやアメリカンフットボールの使用を主な目的としている。そして将来的にコンサートやイベント会場としても使用される予定で、実質的にはトラックを持ち合わせない多目的スタジアムとしての要素が大きい、そんな大型の総合スタジアムである。

こうした【埼玉スタジアム2002】であるが【2002FIFAワールドカップ・コリア・ジャパン】の時は6月2日に死のF組と言われた「イングランドVSスエーデン戦」を皮切りに6月4日に開催された今大会での日本代表初戦となった「日本VSベルギー戦」、6月6日「カメルーンVSサウジアラビア戦」、そして6月26日の「準決勝」と今回のワールドカップの中でも好カードと言われる試合を揃えていた。もちろん人気が高いこれらの試合のチケットとなればなかなか入手も困難な状態にあった事は言うまでもない。

バイロム社のチケットの印刷問題等によるトラブルが開催前から発生していた【2002FIFAワールドカップ・コリア・ジャパン】も、6月1日に新潟ビッグスワンで行われた「カメルーンVSアイルランド戦」、続いて札幌ドームで行われた「ドイツVSサウジアラビア戦」を皮切りに遂に日本でも開幕された。しかし、6月1日に試合が行われた新潟、札幌の両会場では関係者にすら知らされていなかった予想だにしない問題が遂に発覚してしまった。

チケットの売れ残り問題である。

今大会のチケットは既に全ての試合、全ての座席について完売されていると伝えられていた。しかし大会の蓋を開けてみると、6月1日新潟の「カメルーンVSアイルランド戦」の試合が始まってテレビに写し出されるスタンドには多数の空席が目に付いた。続いて夜、札幌ドームの「ドイツVSサウジアラビア戦」では、バックスタンド前方中央部にある大変条件の良い席が大量に空いていたのであった。この日新潟では、約3、000とも7、000席とも言われる空席が発生していた。同じく同日の札幌ドームでの試合もやはり約7、000とも10、000席とも言われる空席が同時に発生した。

これはFIFAのチケット販売代行者であるバイロムコンサルタンツ社の配席ミスによるものとされている。調査の結果6月2日以降に日本国内での試合に於いても全ての試合で、完売とされていたチケットであったが、大量の売れ残りが発生している事が判明した。これが報じられると大会期間中を通してテレビやラジオ等では毎日試合以上に取り上げられるような社会的な大問題となった。結局【2002FIFAワールドカップ・コリア・ジャパン】の開催期間中は終始このチケット問題に日本中、いや世界中が振り回される結果を招いたのだ。

こうした中、最も前人気が高いと言われていた、6月4日に【埼玉スタジアム2002】で開催された日本代表の初戦となる試合会場に訪れた土屋埼玉県知事は、当日試合終了後に開催自治体の長、そしてJAWOCの構成メンバーという立場でチケット問題について異例の緊急記者会見を行った。

問題はここからで、その内容にある。

まず日本中が目を疑い注目している空席問題について、土屋知事は淡々と意見を述べた。

「国民の多くが購入を希望しながら、早期完売を理由に多くの人々がワールドカップのチケットを入手出来なかった。しかし今日このスタジアムに来てみると、非常に多くの空席が目立っていた。このような状態で空席を作る事は、国民感情から言って許される事ではない。また、JAWOCを構成する開催自治体としてこのような事で空席を作り、最終的に赤字を計上する事となれば、その負担は開催自治体にとって県民の血税で補填して賄わなければならない。私としてはこうした話は許される話ではないと思う。空席問題について、FIFA、JAWOC、バイロムの三者に早急な改善を求めるが、もし事態が改善されなければFIFAに対し損害賠償も辞さない考えである」と表明した。

「さすがツッチー、たまにはいい事言うじゃん！」と、ここまでは我々も理解し頷ける。

しかしツッチー、その席上でとんでもない事まで言い出したのである。

これが例の問題「オレは大家だ！」発言である。

土屋埼玉県知事は6月4日に10名程度のチケットを持たないお客さん達を【埼玉スタジアム2002】の「日本VSベルギー戦」へ招待し同行させたらしい。

ツッチーは続ける。

「私が10名位のお客さんを連れてこの埼玉スタジアムへ来たんですわ。そのお客さん達を一緒に連れて入ろうとしたら玄関の入り口の所で、JAWOCの連中が来て、ワシに向かって、『チケットを持ってない人達は中に入れる事が出来ない』って、そんなバカな事を言いだすんですわ。

あいつらワシを誰だと思ってやがんのか、知らないけど、『いくらこの人達がチケット持ってないからっていって、こんなに空席作っとるのに、何をバカな事いってるんだ』と言ってやったんだが、『そうしたら決まりになっているから通せません』ってバカに頑張るんですわ。だからワシも相当頭に来たから言うてやったんですわ。『あんた誰に対してそういう事を言っとるんだ』と。『だいたいここは埼玉県営の埼玉スタジアムでオレは大家だぞ！』って怒鳴りつけてやりましたが」と「ハッハッハッ！」と笑いながらツッチーは自慢げに続ける。「『あんた大家に対し入れられるとか、入れられないとかって何を訳の判らない事を言っておるんだ。責任者を出しなさい』と言ったら、そうしたらやっと『しばらく待って下さい』と言って、いい加減待たされてから、今度は『お席が用意出来ました』と言って結局ワシの連れ全員を案内してもらったんだよ。最初からやりゃあ出来るんだよ。あんなに空席あるんだからさあ」って得意げに【ツッチー節】が炸裂した。

ああっ！　「ツッチー」よ、困ったもんだ。

【プラチナ・チケット】とまで言われたワールドカップに、こんなに沢山の空席があるんじゃ、「ツッチー」じゃなくても頭にくる。しかし立場を考えてもらいたい。あなたは埼玉県知事であり【2002FIFAワールドカップ・コリア・ジャパン埼玉組織委員会】の長である「ツッチー」ですよ。あなたが頭に来ていたのは痛い程よく分かるが、でも、ちょっと待って下さいよ。あなたが言った事、そしてやっちゃった事は、埼玉県知事としてはちょっとばかりマズイッんじゃないんすっか？

ツッチーはチケット持たないお客さん連れて行ったって言ってたけど、公務であったらどうして事前に正規の然るべき手続きを執っていないの？

それとも公式な御招待客に出来ない、何かあー……「トックッべつな、事情」でもあるの？

そうでなければ「ツッチー」の個人的な10人もの大勢の人がお客さんって、「おかしいんじゃないの？」もし、そうだったら公私混同もいいところだし、知事としても政治家としても「モラル」が問われる重要な問題でしょ？

ねえっツッチー、ハッキリしてよ！

そして極めつけがこの言葉。

「オレは大家だあ！」って

それ言っちゃっ、おしまいでしょ？

それで10人全員に招待席用意させてスタジアムに入って観戦できちゃたんだって、これはヤバイっしょ！

ここで皆さんにはツッチーが「オレは大家だあ！」と言って「中に入れんかあー」「そこをどかんかあー」ってやっちゃった事がどのくらい非常識なのか、そしてどのくらいとんでもない事なのか解りやすくシュミレーション・ドラマ風の【間違い劇場】を使って説明したいと思う。

あなたは、ここに出てくる主人公になったつもりで考えてみて下さい。

それではお待ちかねの【間違い劇場】「オレは大家だ」をお楽しみ下さい。

## 【間違い劇場・その1】
## 「オレは大家だの巻」

これはあるワンルームマンションでの出来事です。

賃借人である「あなた」は部屋を借りた人。

そして賃貸人「ツッチャー」は、いわゆる大家さんで「ツッチャー大家さん」のお話なのです。

ここであなたは、田舎から出てきた若いＯＬ、若しくは親元を離れ慣れない都会で一人暮らしをしている女子大生としてみましょう。

ツッチャーは、埼玉のとある田舎町に住んでいて、年の頃なら５０才はとっくに超えて、頭も光り輝く、いいおやじであるがどこか憎めないキャラクターの持ち主で、東京都心のベイエリアなどに賃貸用のワンルームマンション等を持ついわゆる普通の大家さんである。

あなたは、都心に程近く今流行りのベイエリアにある夜景がとってもきれいで、環境も抜群に良くでオシャレな18平方メートル位のワンルームマンションを見つけた。しかもお家賃はとってもリーズナブルでまたとない夢のような物件であった。あなたはそのワンルームマンションがとても気に入って幸せな気分になったので、迷う事などある訳もなく、すぐに契約しました。

そのマンションは、その名も輝く「ツッチャー」所有の【ヴィラ・ツッチャー】。

当然、大家さんは、そうあの光り輝く「ツッチャー」だったのです。

契約の際に、あなたは一回だけ大家さんのツッチャーに会いましたが、その時の「ツッチャー」に対するあなたの印象は、「とても気さくで、親切だし、人のよさそうな、しかも陽気で明るい、いいおじさん」と一種の好印象を持つほどで、何だか信頼出来そうな頼もしい大家さんと感じていました。

それもそのハズ、この2ヶ月後にまさか「ツッチャー」があんな事をやらかしてくれるなんて、この時あなたは夢にも考えていなかったからです。

あなたはベイエリアに広がる96万ドル（デフレ不況はここにも影響している為に、100万ドルの夜景とまでいかない）の夜景が一望でき、お洒落でハイセンスの【ヴィラ・ツッチャー】での生活にもすっかり慣れ、憧れの一人暮らしを謳歌させとても幸せな気分を満喫する毎日を過ごしてきました。

そんな夢のような生活が続き、この夢空間に浸って絶頂の幸福感をあなたは独り占めしているかのように時は流れてきました。

そして【ヴィラ・ツッチャー】へ引っ越してきてから2ヶ月後の事である。

あなたの自宅がある東京ベイエリア地区【ヴィラ・ツッチャー】の近所に新しくビックな施設がオープンしました。それはあの北半球最大の宴会場【ＢＡＹｄｅＳｕＢＥＴＴＡ】です。

その【ＢＡＹｄｅＳｕＢＥＴＴＡ】では世界のエンターテイメントの頂点に立つ【ＦＩＭＯ　ＷＯＲＬＤ　ＣＡＰ（ふしぎに・インターナショナル・もっと・おもしろいワールド・キャップ）】という、まさに世界中を熱狂の渦に巻き込む世界最大級のイベントが開催される事になっていた。

そこには、卑屈なライオンの愛称で知られ、リーダーのパクリット・エンポカの率いるあのあなたの大好きなカメルーンの人気グループの「アイスＫＯＫＥＴＡ」が最終日とその前日の２日間出場する事になってました。

「アイスＫＯＫＥＴＡ」は１１人のスターティングメンバーで構成され、世界的にも人気の高いグループである。リーダーであるパクリット・エンポカはつい数年まで、日本の「がんばったか？」というグループに所属していた事もあって、日本でも絶大な人気を誇るグループなのです。しかし唯一彼らの欠点と言えば、彼ら卑屈なライオン「アイスＫＯＫＥＴＡ」のメンバー達の時間の流れは、世の中の普通の人々と比べれば、余りにもゆっくりとしたペースで進むという事であった。彼らの周りでは何事もスローな時間で進み、明るく陽気に、そして完全無欠なマイペースで時間が流れている事だった。

幸運の女神を味方につけているかのように、あなたはホントにラッキーな人だったかも知れない。なんとも運よくも「ＢＡＹ　ｄｅ　ＳｕＢＥＴＴＡ」での「ＦＩＭＯ　ＷＯＲＬＤ　ＣＡＰ」での卑屈なライオン「アイスＫＯＫＥＴＡ」が出場する最終日の公演チケットを、インターネットでゲットした。

あの超有名な世界の零細企業「バイバイ社」から、プラチナチケットとまで言われて日本中をも羨ましがらせる【FIMO　WORLD　CAP】のチケットをですよ。やっとの思いでゲットに成功したんです。何故私が興奮しているのかは判らないが、とにかくあなたは遂に【FIMO　WORLD　CAP】のチケットを「バイバイ社」から購入出来た。そう、もしかしたら奇跡だったのかもしれないけど……。「バイバイ社」といえば、エゲレス王国にある「ハイナ・バイバイ社長」が経営する世界的超有名なぁの超零細企業……。

まさしく世界中の中小零細企業の誇り？？？？？？？？
世界の中小零細企業の励み？？？？？？？？？？？
それとも世界の中小零細企業の驚異か？？？？？？？？？？
はたまた世界中の中小零細企業の生き神様なのか？？？？
とも言える存在で、社長の「ハイナ・バイバイ氏」とその家族で仕事をしている正真正銘の筋金入りの零細企業であった。

バイバイ社の「ハイナ・バイバイ氏」と、あのFIMOの「ブルッター会長」とは遠い親戚にあたり、いわば「バイバイ社」は「FIMOブルッター会長」の親族企業にあたると言っても過言ではない。

しかし、あなたにとって、そんな事はどうでもいい事です。

何しろみんなの「憧れの的」、生卑屈《なま》なライオン「アイスKOKETA」、そして何と言っても「生《なま》パクリット・エンポカ」が観られるという事に感激と興奮が交錯していた。

それは、ちょっとした優越感も混じったとてもワクワクするような、不思議な幸福感に包まれたとでも言うような、そしてあなたの生涯で今まで感じた事のない幸せな気分に浸り、今や遅しと公演日が来るのを待っていました。

なにしろ今回会場となる【ＢＡＹ　ｄｅ　ＳｕＢＥＴＴＡ】は、北半球一の規模を誇る超大型多目的宴会場であり、なんとあなたはそのすぐ近所に住んでいるのだから。

そしてあなたの街、しかも近所で、世界の人々みんなが憧れるあの【ＦＩＭＯ　ＷＯＲＬＤ　ＣＡＰ】が開催される。しかし、なんと幸運な事にそれが直接、それもみんなが羨む生《なま》で観られるのですからワクワクしない方がおかしい。

「バイバイ社」は【ＦＩＭＯ　ＷＯＬＲＤ　ＣＡＰ】の宿泊クーポン販売もほぼ独占的に扱っていたプロモーターでもある。世界各国から老若男女や人種、そして宗教すらにもとらわれず大勢の人々が遥々海を超えて、東の果て日出国《ひいずるくに》日本で開催される世界的大イベントを目指しやってくる。そして「バイバイ社」は大挙して訪れる外国人やファンを当てにして東京中のホテルというホテルの部屋を全ておさえた。
当然【ＢＡＹ　ｄｅ　ＳｕＢＥＴＴＡ】に近い【ヴィラ・ツッチャー】の近所に泊まれるホテルなんぞある訳がない。
【ＦＩＭＯ　ＷＯＬＲＤ　ＣＡＰ】開催期間中のホテルや旅館を、「バイバイ社」は全部独り占め状態で一般客に高く売ろうと考えていたのです。しかし、この世界の名だたる超有名な零細企業「バイバイ社」は、あろう事か何という、そして信じられない「ヘマ」をやらかしてくれたのです。その「ヘマ」とは、こうして苦労して東京中のホテルや旅館の部屋をせっかく買い付けたのに、全部売るのを、そう全部です。

「売り忘れた！」

あとになってから世界の超零細企業バイバイ社の［ハイナ・バイバイ社長］は記者会見で涙をボロボロと流して言い訳をした。

「ホテルの宿泊クーポンを印刷して、これを世界中の一般のお客さんに販売するハズだったのですが、ほかの仕事を先にやったら、遠い親戚に当たるＦＩＭＯのブルッター会長に頼まれていたこの仕事があった事をすっかり全部やるのを忘れちゃったんです。だから宿泊クーポンを販売する事だって全部やるのを忘れちゃたんです。ごめんなさい」

「皆さん、勘弁して下さい。お母ちゃん助けてぇ～！」

と、ワンワン泣きじゃくっていた［バイバイ氏］は突然、フッと泣くのを止めたかと思った次の瞬間、気を取り直したフリをして、

「でも、ＦＩＭＯは、この仕事について大変満足しています。エッヘン！」

と、淡々と話したあと記者会見は何事もなかったかのように終わった。


そういう事だからホテルはみんなガラガラなのです。でも実際に【ＢＡＹ ｄｅ ＳｕＢＥＴＴＡ】に来るお客さんはみんな、困った事に【ＦＩＭＯ ＷＯＲＬＤ ＣＡＰ】開催期間中はどのホテルにも「あいにく満室で御座います」といった具合で何処にも宿泊出来ないという異常な事態が発生した。当然人気の高い卑屈なライオン「アイスＫＯＫＥＴＡ」が出場する公演日には、東京中が混乱していた。

【FIMO WORLD CAP】での「アイスKOKETA」の公演は夜8時開演だが、何しろ卑屈なライオン「アイスKOKETA」のメンバーは時間の流れが、さっき説明したように普通の世の中で暮らしている我々と比べれば、余りにもゆっくりとした時間が明るく陽気に流れている。そのため数時間開演が遅れたり、公演自体がとてつもなく長引く事などはごく自然な流れと解釈しているから全然、全く、大丈夫、問題無し、当たり前、珍しくありません。

この夜8時という時間に開演するという事は、実際にコンサートが始まる時間は「アイスKOKETA時間」が適用されるので、早くても2時間遅れで、終わるのは夜1時を過ぎてしまう。

でも、あなたは本当にラッキーだった。何しろ【BAY de SuBETTA】までは歩いて行かれるのだから終電の心配だってしなくていい。

そしてあなたの親友である「ペケ子」は、東京郊外というか埼玉県に住んでいて「アイスKOKETA」の熱狂的なファンだった。そこで、どうしても【BAY de SuBETTA】での東京公演を観に行きたい。しかし埼玉地方へ帰る終電車の時間は、夜10時が最後だし東京都内のホテルは「バイバイ」の買い占めにより空室があっても宿泊出来ない状態である。そんな事だから「ペケ子」は一度は諦めようとしていたのだが、それを見てたあなたは何だか可哀想になった。

そしてあなたは親切だから、ペケ子に「女の子同士なのだから雑魚寝でいいよね。狭いけど一人ぐらいなら何とかウチに泊れるよ」っていうぐあいに、公演の前日から翌日までの2泊3日「ペケ子」をあなたの【ヴィラ・ツッチャー】にあるご自慢のお部屋に泊めてあげる事にしたのだ。

あなたと［ペケ子］は前夜、明日の「アイスKOKETA」の公演の事を考えると布団に入ったもののなかなか寝付かれずにいました。

そんな状態で午前1時を回っちゃったところです。

突然、玄関のチャイムが「ピンッ・ポン！」と鳴りました。

「こんなに夜遅くいったい誰だろうね」とあなたとペケ子の2人は「怖い人だとやだねえ！」なんて言いながら、恐る恐る玄関に行ってみると、玄関の外には……。

なんと大家の「ツッチャー」とその連れの2人がにっこり笑って、しかも、すっごく、機嫌よさそうに立っていました。


あなたは一時的にせよ、「変な人でなくってよかった」とやや安心出来た。しかし、それはつかの間の安堵感《あんどかん》であったとは、わかるはずもなく、仕方なく？……

あなたは親切にも「こんなに夜遅く大家さんどうしたんですか？」と聞きながらドアを少しだけ開けてしまった。これが遂にこのドラマの扉を自らの手で開いてしまう事となったのです。

よーおっ、待ってました！

大家さんのツッチャー・ただいま見参！

「いや、いや、いや、いやあ、まいったねえーー、夜分遅くにすいません！」とツッチャーはここぞとばかりに自分の世界へ入って行く。

「もうっ、寝てた？　寝ちゃいないよね！　だってあんたそこに立ってるんだからね！　ヒッ、ヒッ、ヒッ！」とあとはこっちのモノという顔でツッチャー・ショーの始まりである。

「実は、実は、実はね、私ね、アイスKOKETAの大の大ファンでしてね、大のおーね！、そんでもってね、これはぜえーーーたい！

【FIMO WORLD CAP】を観に【BAY de SuBETTA】に行くべしと、埼玉から出てきちゃった訳なのよ。そんでもって、こいつと［生《なま》卑屈なライオンアイスKOKETA］見に来ちゃたん訳！」

あなたはきっと心の中では、

［こんな夜中にオヤジ何しにきたんだよ。でっ、それが何かあ、あたしに関係ある訳？］

と、ブツブツと声に出さず言っていたに違いない。

しかし、あなたは偉い、なんて言ったって人間が出来てるし、素晴らしい立派な人だから、ジッと我慢の子であったと、この段階では我慢して「ツッチャー」の話を聞いて、ツッチャーモードのスイッチが「ON」入る事もなく、かと言って「プッツン！」と切れてしまう事もなく、ただ、ただイライラしているだけで不愉快を20％パーセント位しか顔にも出さずに、創り笑顔で応対していた。

ツッチャーは完全無欠の独自の世界で知らん顔してツッチャー節を続ける。

「でねっ、埼玉まで遠いから、ほら、夜遅いから帰れなくなっちゃた訳、んってね。ですけど、あの、ほら、ホテルはね、例のポイポイって奴に全部とられているから泊れないんだって。そんな冷たい事言われてすっかり冬眠からさめちゃった訳……」と続けるが、そこであなたは何故かあなたにとってどう

でもいい事なのだが、何となく訂正の指摘をしなくてはいられなくなってしまい、つい、ついいって、やつで何となくね、

「あのー、ポイポイじゃなくってバイバイですよね？　あっ、あっはっはあ！」と言ってしまうと、ツッチャーも、

「いやー、参った。よく御存知じゃないの。わっはっ、はっ、はあー！　あっぱれ！　あっぱれね」って、何が「あっぱれ！」だか意味不明ではあるが、とにかくその場の雰囲気は一瞬にして一気に和やかな笑いに包まれた。そこで一端、話は途切れるものの、ここであなたも知らず知らずの間に、徐々にツッチャーモードに巻き込まれていっている事を不覚にもまだ気がついてはいないのだ。

それでも、それでもまだ、幸いの事に肝心な事を思い出す僅かな隙間が少し残っていた。その肝心な事を思い出す事に成功したあなたは、幸運にも瞬時にして我に返る事に成功した。

そしてあなたは、すかさずそのままツッチャーに問いかける。

「でっ、それで大家さんが、どうして今頃の時間にウチに来たんですか？」と訪ねる。

するとツッチャーは、待ってましたとばかりに、

「やあ、参った、まいった、まいった、もうひとつおまけに参っちゃった。なにしろ慌てて電車で帰ろうと思ったんだけど、埼玉に帰る終電に乗り遅れちゃったわけえーっ！

んっで私ね、その時ね、偉いねえー、突然良い事をひらめいちっ た訳えー！」

その時あなたは「おいおい、オ・ヤ・ジ、いやな予感！、突然ひらめくなようっー！」って心の中で叫んでいた。

その予感は見事に「ピンポン！」正解でした。

ツッチャーは言う。

「私ね、ここのお部屋の大家でね、オーナーなの」

そこで再びあなたは思った［判ってるよオヤジそんな事は。『だ・か・ら』、何が言いたいんだよ、このハゲオヤジ！」

と、あなたが思っているともいざ知らず、ツッチャーは続ける。

「あなたの住んでいる私のこの部屋、あなたのお部屋は私のお部屋、私のお部屋があなたのお部屋ってワケで、今晩泊まろうと思って……」

あなたとツッチャーは見つめ合う。それは沈黙となり、光が煌めく深夜の東京ＢＡＹエリアに染み込んで行く。

ツッチャーは暫くすると、

「今晩ここへ泊めて！」

とにっこり笑っている。その笑顔が妙にカワイイ！

しかし、そんな事思ってる場合じゃないんですよ。

心は知らないが身体は自然に我に返りたがっている。

［何言ってるんだよ、ワケ分かんない事ばっかり言うんじゃねえよ！」

と心の中で叫んでいるあなたの事はしり目に、ツッチャーは続ける。

「だからね、ツッチャーはここに泊まるぞって、それでここに来たんですよ」

と言うと鞄からパジャマを取り出し寝る支度をしだした。
「ウッソオー！」って、
あなたが叫ぶと、
ツッチャーも「うっそおー！」と叫ぶ、
すかさずあなたはもう一度、「ウッソオー！　うっそおー！　ウッソオーでしょ！」と叫ぶと、
ツッチャーは「うっそー！　ウッソオー！　うっそおー！　みたいだけどホント！」と返してきた。
それは当然あなたにとって許されるはずがない事。

再び訪れた沈黙は、周囲の状況と無関係なようにまで感じられた。

自縛が解けたかのように我に返ったあなたはきっと、

「こぉっ、こぉっ、困ります。かぁっ、かぁっ、かぁっ帰って下さい。今すぐっ！　今すぐっ！出てって！　ぐずぐずしないでさっさと出て行けって言っているのが聞こえないんですか！」

と激しい剣幕でまくしたてているに違いない。


にっこり笑ったえくぼが可愛いツッチャーの笑顔と、怒り浸透に達し激怒の表情を浮かべるあなたの顔が向かい合った姿は対照的で、それはお互いの立場や価値観の違いを表しているモノだった。そのましばらく互いの顔の見つめ合いが続いていた。

あなたはしばらくしてから、ツッチャーにもう一人連れがいる事に気が付いた。

そしてツッチャーに聞いた。

「それでこの人は何なんですか？」

するとツッチャーは快く教えてくれた。

「ああっ、そう、そう、そう、そうよく気がつきましたね」と待ってましたとばかりに話し始めた。

「あっ、そう、これ、これ、これっ！　ね、私の大事なお客さん！」

ツッチャーは後ろにいた連れの背中を押し、一歩前に出させた。

「この人ね、私の住む町内会の中にはね、いくつかの班に分かれているんだが、私はね、三足《みつあし》カラス班という班にいるんですけどね、そこでね、今度、班長選挙をやる事になった訳。

そんでもってね、ウチの班は6世帯6軒で5人家族の家が1軒、4人家族の家は無くて、3人家族の家が2軒で2人家族が1軒、そんでもって一人暮らしが私だけ。

そして残りがこの人の家族。あんた、この人の家何人家族だと思う？」

ツッチャーの独演会の合間に、謎かけのような事を持ちかけられたあなたは、余り機嫌良さそうにも出来ずに「そんなの知りませんよ」って答えるでしょう。

すると、突然大きな声でツッチャーは、

「ジャジャジャジャジャーーーーン、正解は13人家族でした」

あなたは急に大きな声を出された事に、たぶんムッとしたに違いない。

「それが私と何か関係あるんですか」と不機嫌そうに問いかけるあなたと、楽しく遊んでいるかのようにツッチャーは得意気に続ける。

「あるもないも、大ありのコンコンチキ。だって、選挙の有権者は全部で25人、過半数取れば私の当選が決まる訳、ねっ、ねっ、ねっ、そうでしょ？」と言われあなたは面倒くさそうに、

「そうなんですか？」という。

「そうそうそういう事で……」

とツッチャーが喋っているのに迂闊《うかつ》にも口を挟んでしまった。

「そうだったんですか」という具合に。ああーあ、また長くなってしまった。

ツッチャー節はまだまだ続く。

「そうだったんです。そんでもって、だ・か・ら、この人、私の大切な1じゃなくっていやー、13票さんじゃなくて、大事なお客さん」

首を傾げあなたは「どういう事？？？？？」……、
ツッチャーは握り拳を口に当て「エッヘン！」と言い、偉そうに「私はこの人に親切にする。私のお部屋にいるあなたも、この人に親切にする、みんないい人、よかった、よかった、って、訳でぇー、接待大成功って訳！」

ツッチャーはあまり声を小さくせずに、

「大きな声じゃ言えないですけど」とさらに大きな声を張り上げて、「人間親切にされれば恩は返さなきゃいけないと思いますよね？」「ねっ？　ねっ？、ねっ？」と同意を求められ、「私は全然思わないけど」とあなたがいうと、ツッチャーは怒っちゃったかもしれない様子で「そういうもんなの！　だって

この人の家13人家族だから、全員が私に対して家族が親切にされたからって、この人の恩義は家族の恩義っていう訳で、みんなして私に恩義を票で返してくれるかも知れない？　しぃ〜！」

あなたは、ムッとした表情で「感じなかったら、どうすんのよ？」と、なぜかあなたに関係ないにも関わらず聞いてしまった。

ツッチャーは、「まあ、細かい事は後から考えましょうよ。とにかくこの人は、私の大事な、大事なお客さんで13票も持っているかもしれないのよ。そんだもんでね。これで私の当選も確実って訳！」

そしてにっこり笑顔のツッチャーは得意げに、

「ワシって、あったまイイ〜！」

？？？？？？？？？

呆れたあなたは、天井を一旦見上げた後に、

「それって買収ジャン！」

一瞬シーンと静まりかえるが、再びあなたは続ける。

「買収ジャン、買収ジャン、それともワイローってやつ！……、ツッチャーきったなあ〜い！」

と夜中である事を忘れ元気な声をついつい張り上げてしまった。

するとツッチャー大きな小声で、

「シィッ〜！　シィッ〜！　声が大きい、でもワシは、この人にワシに投票して下さいとか、ワシに票を取りまとめてくれなんか一言だって言ってないけど、この人だってワシの親切を分かってくれているかも知れないし、それに対して恩義を感じてくれるに違いないしぃ〜、感じてくれなきゃ困るけど、みんな

に大きな声で、この人、ツッチャーの事イジメるんですよぉ〜！　って言いふらしちゃうんだからぁ！」

これを聞いたあなたは、ほんの少しだけ納得したような、納得しないような気分はしたものの、現在おかれている立場で少し冷静さを取り戻したのか、

「なんだか知らないけど、イッ・イ〜……？　ツッチャー大家さん、私の話をよぉーく、聞いてよぉっ！　んっんっん〜ん……！」

「ここは〜……、私がお金を払って借りた私のお部屋だし、今日はね、このペケ子も来ていて狭くてとても大家さんなんて泊める事なんて、出来ないんです。とにかく帰って下さい。解りましたね！」と丁重にお断りするつもりで出て行ってもらおうとしたが、ツッチャーモードのスイッチ・オン状態で時間の流れが違うツッチャーは、

「大丈夫、だ・い・じょ・う・ぶ！　アンタはな〜んも気にせんでもいいから、気にしないで下さい。」

？？？？？？？　状態のあなたをしり目に
「その辺で構いませんから。私だってお客さん連れてきたので泊れないと困るんです」

と淡々と独自の世界を形成するツッチャー。

そこであなたは遂にキレた。そうキレてしまったのですね。

「出て行けって言ってんのが、聞こえないのか、このハゲオヤジ！、モタモタしないでサッサと出て行け、モタクリすると警察呼ぶわよ！」と、あぁっあーキレちゃった。

そうしたあなたの怒りに一向に動じないのが「ツッチャー」のいいところ。

特に悪びれた様子もなく、

「アンタね。何を言っているんですか」

ツッチャーは偉そうな顔をして、

「オレは大家だ！」

「オレが大家だ！」

胸を張ったツッチャー、「いいから、オレは大家なんだから、オレが今日は、ここに泊まると決めたんだから早く部屋の中に案内しなさい。さっさと入れなさい」やけに頑張るのである。


読者の皆さん。もし、今、あなたの部屋にも大家さんが「オレは大家だ」「一緒に泊めんかー！」と言って来たらどうしますか。

「オレは大家だ！」

この決めの台詞。


ツッチャー決まったぜ、このセリフ！

「オレは大家だ！」


ツッチャーって、カッコ！　ユウーイ！

ツッチャーが格好いいがってる場合じゃないんだよ。

さあ、あなたはこの後どうしますか？

ここであなたの選択肢は次の3つ。

1、警察を呼ぶ

2、ケリを入れる。

3、ツッチャーの言う事に納得してしまう。

「納得できるわけねぇーだろ！」って、あなたは当然言いますよね？

じゃんじゃん！

完。

この【間違い劇場】はフィクションであり、登場する人物、団体、企業名等はすべて架空のもので実存するものではありません（？）

この【間違い劇場】「オレは大家だ！　の巻」を見てもお判り頂けたと思うが、この「オレは大家だ！」の一言は余りにも非常識で社会一般には通らないでしょ。その事がよく理解してもらえたと思うが、世間には、まだまだ、いい例はいくらでもある。

簡単に幾つか挙げると、

例えば旅行先でレンタカーを借りた。

これから始まる彼女とのドライブに胸を弾ませるあなた。その前に立ちはだかるのは空港に届けられた真っ赤なスポーツカー。そのドアを颯爽と開けるとリアシートに、にっこり笑った白髪のじいさんが、

「お世話様でーす。お先にお邪魔してまーす。今日から3日間一緒にお供しま～す」

という状況、当然あなたはどうします？

「あなた誰ですか？？？？？？」

「何でここにいるんですか？」と聞くと、その爺さんは、

「私ね。実はこのレンタカー会社の社長で、つまりこの車のオーナーですよ」

彼女との楽しいドライブのレンタカーに変な爺さんまで付いてくる悪夢のドライブって、あなたにとって許せる事ですか？？？？？


まだ、まだ、まだある次の例である。

新婚ホヤホヤ、2時間前に結婚したてのカップル。これから始まる2人だけのスウィートな新婚旅行。そして2人は愛のハネムーンに向かう機内へと足を踏み入れる。その時あなたの目の前に広がる光景はなんか見覚えがある。それを見たあなたはその現実に足が止まった。

「やあやあ、みんなでお待ちしていました」

とお嫁さんの両親を先頭に、親戚の一団が待ち構えていた。

「お父さん達、もっ、もっ、もしかして一緒に来るんですか？」

と、あなたが聞くと、

「なんか文句があるのか？　オレはこいつの親だし、お前の親にもなったんだぞ」

と逆に捲し立てられるようにお父さんに論じられれば、

あなたは、「ウッソオー！……聞いてねえよー！」ってなるに違いない。

話を本題に戻そう。

「ツッチー」こと土屋埼玉県知事の記者会見で明らかになった問題点を、ここでもう一度整理して考えてみよう。

1つは、空席問題である。これは知事が言っているように、日本中が欲しがっていた【ワールドカップチケット】、しかも人気の日本戦に至るまで【とてもよい席】が空席となり残っていた問題である。JAWOC、FIFA、バイロムの三者の行為が、日本国民の気持ちを玩《もてあそ》んだものとして許されざる行為である事は言うまでもない。

2つ目の問題は、埼玉県知事という立場にある土屋氏が、6月4日の超人気カードである「日本の初戦」に約10名もの大勢のお客さんをチケットも持たせず同伴させたという事である。

これは非常に大きい問題で、この時、土屋知事はどの様な立場で、10名にも及ぶこれ程大勢の人々を招待したのか？　これには疑問符が付く。

この招待は埼玉県知事としての公人の立場でのものなのか？

それともＪＡＷＯＣ埼玉の会長という立場の招待であるのか？

はたまた土屋氏個人の立場でなした事なのか？

それとも政治家の土屋氏の立場であるのか？

いずれにしても土屋知事は立場を明確にした上で、政治家として、また埼玉県知事として、ＪＡＷＯＣ埼玉の会長として説明する【説明責任】がある。

では今回の土屋埼玉県知事の、十数名ものお客さんをワールドカップに招待するという【接待行為】について、それぞれの立場で考えられる正当性について検証してみよう。


まず招待券についての外枠である。

土屋知事が言うように、ワールドカップでメインスタンドの正面玄関を利用出来る観客は、特別に用意されたご招待席を利用するごく限られた特別な人間である。ここにＶＩＰ並みの扱いで十数名もの人間を招待するとなれば、予算的にも当然バカにならない。なぜなら今回のワールドカップで使用したＶ

IP席といわれるメインスタンド中央の御招待席には、プレステージプログラム・ゴールドやスカイボックスのお客さん同様、若しくはそれ以上の付加サービスが観戦チケットと一緒に提供されている。

その内容とは、特別に用意されたレセプションルームでの豪華なお食事や、コンパニオンによって振る舞われるアルコール類、会場によっては生バンド演奏などのエンターテイメントも行われ、プレステージプログラムとは一線を画したゴージャスな記念品も各自に進呈されていた。

こうして考えれば、御食事代だけでも1名当たり3万円相当（プレステージプログラム・ゴールドの場合）と言われている。

内容がこれより劣るプレステージプログラムのチケット価格から推測してみても、日本代表戦の場合、¥20万は下らない価値があると言える。

【2002FIFAワールドカップ・コリア・ジャパン】では、スポンサー等の関係企業が自社の顧客を接待目的で使用する招待券についても、それぞれの企業に対し買い取りが求められていた。その為にオフィシャル・パートナーやオフィシャル・スポンサー向け特別優先購入枠なるものが設けられている程であった。そうした事から考えても、土屋知事だけに無償提供されたとは考え難いというのが一般的な判断となる。

これを基準に、会見で「大体10人位」と土屋知事が使った表現から十数名の招待枠を要求した場合、それらに関わる経費はザッと見積もっても¥200万は超えるものと推測できる。

その経費は、取扱い次第では当然大きく問題視されなければならない。

またそれ程の大掛かりの接待を要する程の要人を接待したのであれば、「なぜ事前に招待券を用意させなかったのか、また、なぜ事前に関係部署へ連絡の上で承諾を求められなかったのか」と聊《いささ》か理解しづらいものがある。

事前に承諾を取れないだけの理由が他にあったのではという、疑惑の念を抱くのも当たり前と言えよう。


まず土屋氏が埼玉県の知事という公務の立場として接待していた場合の問題点。

立場が埼玉県知事であれば、この接待により埼玉県民、及び埼玉県政にとって某かの利益をもたらす事が前提でなければならない。埼玉県知事としてどうしても接待しなければいけないお客さんだとした場合、当然土屋氏の立場は土屋埼玉県知事という公人であり、御招待に使う費用は埼玉県予算、いわゆる公費支出になってくる。そうした接待であっても相手の関わっている事業内容により会計が一般歳出予算なのか、若しくは知事交際費なのかという問題も少なからず公に出てくる。そして、それが埼玉県政にとって必要なものであったのかという事にもなり、いずれにしても埼玉県や県民にとってどのような利益につながるのかという事を明確に示す義務が発生する。

また、もし、これが公務の一環、すなわち公人の埼玉県知事としての招待で、費用を埼玉県から支出されているならば、当然の事であるが県にはこれらを示す書類が残されているハズである。

その様に解釈した場合、埼玉県知事としてこれ程の大きな人数を緊急に接待するという行為は、余りにも計画性が無く、必要性から考えてみても常識としては考え難いものである。

公人の立場で公賓接待をしたとして、万一入場が出来なかった場合どうなるのかという問題も浮上してくるのだ。そうなれば必然的に相手に対して埼玉県としての信用問題となり、県の信用そのものが失われる事になるから非常にリスクが高く、県知事としてあるまじき行為となる。そうなれば当然その責任が追求されるべき種の事件となる。

次にＪＡＷＯＣ役員としての立場で接待している場合も考えてみよう。

土屋氏にはＪＡＷＯＣ役員というもう一つ肩書きもある。ＪＡＷＯＣ埼玉の会長という立場で招待客を同行させた場合ではどうなるだろう。このケースでは何も玄関ホールに於いて、もめる必要などあり得ないし、職員に腹をたてるような事は起き得ない。なぜならば役員でもある土屋氏が、ＪＡＷＯＣやＦＩＦＡに内緒で接待しなければならない理由など何処を探してもあり得ないからである。もし役員としてどうしても必要に迫られ、事務連絡をしないままに同行させてしまったのであれば、その連絡ミスには土屋氏自身の責任も否定出来ず、自分の怠慢から起したトラブルに他ならないものである。しかし、この時の知事会見での口調からしてもこれは一番考え難いケースである。

最後に残ったのは、知事やＪＡＷＯＣを離れ一個人としての土屋氏、若しくは一政治家として接待した場合である。

埼玉県知事やＪＡＷＯＣ埼玉の会長等といった公人の立場を離れた関係のお客さんを同行接待させている場合に於いては、当然だが土屋氏が個人的な関係でお客さんを接待する事になる。

本件については幾つかのポイントになるべき問題点がある。

それは、まず、接待に掛かる経費（この場合招待券とそれに付帯するサービス記念品等をいう）は、どこが負担するかという問題が一つ目のポイント。

「お客さんを連れて行ったんだが……、チケットを持っていない方はお入れできませんと言われた」と、敢えて土屋氏自らの口で表現しているように、ここに金銭の授受を前提としたチケットの売買交渉があったとは考えられない。

そして二つ目のポイントは、仮にその経費を土屋氏が自らのポケットマネーで賄ったとしても「それが適切であったか？」と言えば、必ずしも全く問題がない訳ではない。土屋氏の埼玉県知事という立場は、埼玉県という自治体の長であると同時に、選挙を戦い抜き有権者から選ばれた一政治家でもある。その一政治家がこれだけ日本中をも注目させているワールドカップ、しかも人気が高い日本代表戦という金銭的価値及び付加価値の高いものを、一定の個人に対して供与する事はそれこそ問題がある。それらに対し、土屋氏自身が口にしているように国民感情を何とも考えなかったのだろうか。

自らは政治家として幾分かのモラルの欠如も感じなかったのであろうか。

また現在の社会的な時流から【政治と金】の問題と捉えられなくもなく、昨今、儀礼的な季節の挨拶ですらも厳しく制限されている政治家にとって、公職選挙法をも視野に入れなければならない複雑な問題である。

3つ目のポイントであるが、2つ目のポイントでも触れたように社会的に見てこれは非常に価値の高い接待である。その接待相手にそれだけの価値を提供する事に対して、整合性が認められるかという事である。仮に整合性が確認出来たとしても、まだまだ問題点が残る。最後に残った問題点とは、多くの国民が入手を希望しながら、完売という事で手に出来なかった【２００２ＦＩＦＡワールドカップ・コリア・ジャパンのチケット】であったという事である。

それがいやしくも開催自治体の知事という公職の立場を不等に利用し（？）、強引に十数名分もの招待券に準じる権利を入手した事だけは、どんなに言い逃れをしようとも許されない行為であるのは明確だ。まして土屋知事の発してしまった「オレは大家だ！」という言動。これにどれ程社会性が無いかという事は、皆さんは、既に【間違い劇場その一】「オレは大家だ！　の巻」を読んでいるのでお判り頂いているると思う。

それにしても土屋氏の言動は我々埼玉県民から見て何とも情けなく、余りにも傲慢《ごうまん》と言わざるを得ず、こういう事を一般庶民は「職権乱用」と呼んでいる。

そしてもっと情けないのは、土屋知事の記者会見に同席したマスコミの記者達なのだ。どうして誰もこの「ツッチー」こと土屋知事会見場に居ながら、生の話を聞いていたにも関わらず、誰一人として何の疑問も持たなかったのであろうか？

情けない限りである。

たとえば１０人位のお客さんを連れて行った事。

たとえば「オレは大家だ！」といった事。

たとえば入場できた後で「やればできるじゃないか」といった事などで、職権や地位を不等に使ったのではなかろうかという疑問が生じなかったのだろうか。

たとえば「知事が突然連絡も無しに連れて行ったお客さんとはどんな人だろうか」とか。

たとえば「知事の行動は会見の内容に相反して国民感情にそぐわないものではないか」とか。

どうして誰一人疑問に感じず、質問すらしなかったのであろうか。

日本という国はここまで情けない国なのか??????


まして、この6月4日埼玉スタジアム2002の「日本VSベルギー戦」の観戦チケットをめぐり、試合当日のこの日、既にある事件が発生していた事を土屋知事が知らないハズはあり得ない。さいたま市内の大宮ソニックシティー内にある【FIFA・チケットビューロ】で午後2時過ぎに一種の暴動が起こり、その事件で日本人男性サポーター一人が逮捕される事態まで発生している。

今大会で日本人サポーターの逮捕者はこれが初めてであった。


空席問題が世論の反発を受けた事から、バイロム社が「ラスト・ミニッツ・セールス」というインターネットを使った販売方法で販売を始めていた。このインターネット上で実際にチケットを購入出来た人が引き取る窓口が、日韓両国計20ヶ所の【FIFA・チケットビューロ】であったが、大宮にある窓口もバイロム社がインターネットで販売したチケットの引き取り窓口に指定されていた。

しかしバイロム社のインターネットによる販売では、実際にチケットが余っているにも拘らず、非常に大勢の人がバイロム社の「ラスト・ミニッツ・セールス」のサイトへ殺到し、なかなか繋がらなかった。また繋がったとしても、接続が不安定だったり時間がかかり過ぎて（人によっては一試合のチケットの予約をするのに一旦接続してから20時間以上かかったというケースもあった）予約手続きを最後まで到達出来ずに予約が成立しない等のケースも多発していた。こうした単なる事務的な混乱もあり、試合当日までにチケットを捌《さば》けないといった状態がずっと続いていた。

そこに来て「同チケットビューロで日本戦のチケットが販売されるかも知れない」という噂《うわさ》が流れた。このため朝早くからここには沢山の人達が並んでいた。しかし、たとえ売れ残りのチケットが出たとしても、「混乱を招く恐れがあるので、原則チケットの窓口での直接販売、特に当日の直接販売はしない」と決まっていた。それにも関わらず、午前中ある心ないＪＡＷＯＣ関係職員の一人が、「午後2時頃になってチケットが余っていたら、ここで販売してもらえるように交渉できるかも知れない」と確証のないままサポーターの気持ちを玩《もてあそ》ぶかの様な言動をとった。

そして当たり前の事だが実際にはそんな当ても無く、チケットが販売される事などあろうハズがなかった。

やはり案の定、約束の時間を過ぎても当然チケットが販売される事はなかった。それを知った何人かのサポーターが激怒し、ＪＡＷＯＣ職員と口論となりその中で興奮した一人の男性サポーターがＪＡＷＯＣの職員を突き飛ばし、ドアのガラスにぶつかりガラスは割れた。

それにより同職員が怪我をしたために、そのサポーターが傷害と器物損壊で、その場で現行犯逮捕される事件が埼玉県内で起きていたのだ。

報道を通じ試合前に「この『日本VSベルギー戦』のチケットは完売しています」と何回も発表されたが、試合終了後に実際には500席を超える空席があった事も判明している。

それらを全部ふまえて考えた場合、私には埼玉スタジアム2002で土屋知事のとった言動は、それらの事を全てあざ笑うかのようにさえ見えてならなかった。


私はここで聞きたい。

土屋埼玉県知事「ツッチー」。あなたにとって【2002FIFAワールドカップ・コリア・ジャパン】というものは何であったのか?

土屋知事はワールドカップを何かに利用しようという考えを持っていたのではないか?

また、そうではないとしたら、今からでは遅いが「埼玉県民は『ツッチー』に頼めばみんなワールドカップに入れたのでない?」等と、そういう風に感じ、人々にそう捉えられても仕方のない行動を土屋知事はしてしまったのでないかと思う。

「ツッチー」にとってワールドカップとはどんな存在で、どんな価値をもっていたのか?

# 第四章　夢で見ちゃったスケッチブック？

## 【間違い劇場　ドラマバレバレのWおまけ付】

【間違い劇場その二】「もし試合途中でルールが変わったら？　の巻」
【ドラマ・バレバレ】「夢にまで見たスケッチブック」

ピン・ポン！　本文中の【間違い劇場】【ドラマ・バレバレ】はフィクションであり、登場する人物、企業団体名等は全て架空のモノであり実存するものではありません。
ピン・ポン・パン・ポン！

【バーチャルスタジアム構想】

日本代表にとって【2002FIFAワールドカップ・コリア・ジャパン】での初戦は6月4日、63000人収容の「埼玉スタジアム2002」で行われたVSベルギー戦であった。今回、ワールドカップのチケットはプラチナチケットと呼ばれるほどの人気で、特にそれが日本代表絡みの試合となれば、一般のサポーターにとってチケット入手は困難を極めていた。そのため多くの人々が無念の唾《つば》を飲まされていた。

そんなサポーター達のために「ワールドカップをよりスタジアムに近い雰囲気」で味わってもらいたいと、日本全国各地で【パブリック・ビューイング】と言われる催し物が数多く開催された。

これは試合が開催されていないスタジアムや体育館、広場、公民館といった施設に、大型ビジョンに生中継で映し出されるテレビ映像を使って集団で観戦し、一緒に応援してもらおうという考えから実現したものである。

これに関しては放映権料や肖像権といった問題で、映像製作、及び放映権利者であるキルヒ・スポーツやFIFAや、JAWOC、また開催自治体などのイベント主催者の間で数々の思惑が交錯し、調整には困難を極めた。しかしやっとサポーターの熱い想いが届いたのか、相当数の【パブリック・ビューイング】が実現する運びとなった。

そんな中でも6月4日・東京信濃町の国立霞ヶ丘競技場（以下、国立競技場と呼ぶ）で初めて行われた【パブリック・ビューイング：日本VSベルギー戦】には50、000人を超える大観衆が詰めかけた。

国立競技場での【パブリック・ビューイング】を説明すると、スタジアムの北サイドスタンドに設置されているオーロラビジョン（国立競技場の常設のスコアボード兼大型テレビ画面）に生中継されている映像が映し出される。その画面をみんなで観て、一緒に日本代表を応援しながら観戦しようといった企画であった。また、試合開始前にはミニコンサート等も開催され、入場料は一律、大人一人￥230０を徴集した。この国立競技場での【パブリック・ビューイング】は日本代表が出場した4試合と韓国代表の準決勝などの数試合で実施された。

熱心なサポーターの方々にはかなりのお叱りを受けると思うが、個人的に言わせてもらえば私には理解出来ない事である。何故ならこの【パブリック・ビューイング】では座る席の角度によっては画面がよく見えない所もあれば、首が痛くなる席だってあるのだ。それに遠すぎて家庭で観るテレビ画面よりずっと小さくしか見えない席だってあるではないか。それに家族4人で行けば、交通費を入れて軽く￥10、000は超える費用がかかり馬鹿に出来る金額ではない。それなのに何が悲しくて一人￥2３00もの大金を払って、国立競技場へみんなで普通のテレビを見に行かなければならないのか？　ただ唯一、良いところと言えば、みんなで声を合わせて応援できる事ぐらいだが、これがたまらないという人達にとっては物凄く価値のある魅力的なものに見えたに違いない。

もっとも最近の日本社会に暮らす人々にとって、「みんなで何か一つの事を何の利益も追求せずに心を合わせてやり遂げる」という事自体が貴重な体験になってきているのだから、こういった【パブリック・ビューイング】に人々の心が引き寄せられる事も不思議ではないのかも知れない。

ところで私は、この【パブリック・ビューイング】を見ていて一つの疑問を感じた。それは、すっかり忘れ去られた【2002ワールドカップ・バーチャルスタジアム構想】の事である。みなさんの中で、この【2002ワールドカップ・バーチャルスタジアム構想】という言葉を覚えている方は何人居られるだろうか？

これは日本が【2002FIFAワールドカップの単独開催】を目指していた1995年頃から1996年5月31日までにかけて、ワールドカップ日本招致委員会が単独招致の秘策として持て囃されてきた超目玉企画であり、恐らくみなさんも何回かは耳にした事のある言葉だと思う。

この【2002ワールドカップ・バーチャルスタジアム構想】とは何か。たとえば2002年のワールドカップが日本で開催された場合に、一つの試合がAスタジアムというあるスタジアムで行われていたとする。その同じ日の同じ時間に、日本国内に点在するワールドカップが開催される他のBスタジアムやCスタジアムでも、今Aスタジアムで繰り広げられている試合をリアルに楽しむ事が出来る。BスタジアムやCスタジアムのピッチの上には、浮き上がる様にAスタジアムの様子が三次元映像として写し出され、BスタジアムやCスタジアムにいる観客がまるで、Aスタジアムで生の試合を観ているかのような体験をさせる事が出来る。この画期的なシステムを実現するのが【バーチャルスタジアム構想】である。

【2002ワールドカップ・バーチャルスタジアム構想】では、他会場のスタジアムにあるピッチ上に、ピッチの長さを上回る直径（これが底辺となる）を持つ半楕円形の半透明な特種スクリーンを張り、そこに3D超ハイテク三次元立体映像を駆使して、等身大プレーヤーの映像により、試合を浮き上がらせ

る形で再現するといった特殊な生中継をしてしまおうというハイテク最新技術を満載した夢の企画である。

これが実現すれば観客は他のスタジアムに居ながらにして、その時実際に行われている試合を見ているのと何も変わらないという。驚異の臨場感をリアルタイムで味わえる『夢のビックプロジェクト』だと、当時の日本サッカー協会やワールドカップ日本招致委員会は説明していた。

そして一部あたり¥6、000万もの巨費を投じ、この【2002ワールドカップ・ジャパン・バーチャルスタジアム構想】をVTR等でも説明した【2002ワールドカップ・ジャパンの招致をPRする超豪華パンフレット】を、当時のワールドカップ日本招致委員会は僅か3部だけ制作した。これらのVTR付き超豪華パンフレットは、1996年5月31日の2002年のFIFAワールドカップの開催地を決定する、FIFA理事会やFIFA総会のプレゼンテーション用の資料として用いられた。

2002年のFIFAワールドカップ開催招致には、お隣の韓国も名乗りを挙げていた。しかし当時、韓国国内の状況は深刻な経済難であるのに加えて、南米各国に影響力のある当時のFIFA会長「アベランジェ」氏が日本開催に前向きな姿勢を示していた事もあり、韓国一国で単独でのFIFAワールドカップの開催は無理ではないかとの声も聞かれた。一方で、韓国サッカー協会会長の「チョ・モンジュ」氏は当時現職のFIFA副会長であり、また欧州サッカー連盟会長でやはり同じく当時のFIFA副会長の「ヨハンソン」氏と親密な関係にあった。また「ヨハンソン」氏は当時次期FIFA会長として最も有力な候補者のひとりでもあり、ヨーロッパ各国の票に対し絶大な影響力を持っているとされていた。

その「ヨハンソン」氏は韓国での開催を強く押していた。

また2002ワールドカップの開催を決定する理事会の直前になり、「チョ・モンジュ」「ヨハンソン」の両氏はアフリカ大陸の連盟に対し援助等をちらつかせる等して、アフリカ諸国の韓国開催への支持の取込みも既に成功したとされていた。

そうした中で1996年5月30日、事態は急転直下の誰もが考えなかった方向に進んで行った。

それまで「FIFAワールドカップは一カ国のみで開催するものとする」とFIFAの規定により定められていた。しかし5月30日にジュネーブで開催されていた理事会が終了したあと、「FIFAワールドカップ・コリア・ジャパン」の基礎となった日本と韓国の2ヶ国共同開催という案が急浮上した。これまでやって来た招致活動のルールに存在しない形の「日韓共催案」が浮上した事により、FIFAは深夜になってから日本サッカー協会会長（当時）長沼健氏や副会長（当時）川淵三郎氏ら、一部の協会関係者や日本招致委員会の関係者が宿泊するホテルに「日韓共催案」について打診をした。しかし、その時点で韓国は既に「2ヶ国共同開催案」を承諾していたとされている。

この知らせを宿泊するホテルで聞いた長沼健氏や川淵三郎氏らを始めとする日本協会は一様に動揺を隠せなかった。

だが、時間的な制約もあり日本本国にこの話を持ち帰る事も出来ず、この無謀とも言える「FIFAワールドカップ・日韓2ヶ国共催案」を日本サッカー協会と日本招致委員会の一部の関係者だけで、わずか数時間の後にはFIFAに対して受け入れを承諾してしまったのである。

やはり今から思えば、これは本則ではなかったと思う。結論が先送りされたとしてもこの新提案は一日本国に持ち帰るのが筋であろう。当時現地にいた役員等に、果たしてそこまでの権限は与えられていたのか疑問である。

とにかく、この歴史に残る前代未聞の2ヶ国による共催【FIFAワールドカップ・コリア・ジャパン大会】は、言い換えれば一部の関係者だけの密室協議で決めてしまったという事なのだ。

こうして2002年のワールドカップ【日韓2ヶ国共同開催案】は、この翌日である1996年5月31日のFIFA理事会で正式に承認され、【2002FIFAワールドカップ・コリア・ジャパン】としての開催が決定され、日韓両国を始めとする世界各国にたちまち衝撃として広がったのであった。

この決定をもたらした経緯は、ワールドカップ単独招致という事で支援してきた我々にとっても誠にもって許されるべき事ではないと思う。

でも、何となく判りづらいという人のために、「お待たせいたしました」。

それでは、また御得意の【間違い劇場!】で御説明しましょう。

**大好評【間違い劇場その2】**

**「もし試合途中でルールが変わったら？　の巻」**

遠い東の果てニチニチ諸島にあるニチニチ王国には、【ブッチー主将】率いる青い戦士と呼ばれるニチニチ王国代表チームがあり、このチームは国際的にもまだまだこれからで元気なだけが取り得と言われていました。ニチニチ王国から海を越えたカンカン半島には隣国のカンカン共和国があり、【悪の赤い天使】と呼ばれる【チョモンキー主将】率いるカンカン共和国代表チームがあり、ニチニチ王国チームよりほんの少しだけ強くていつも威張っていました。

時は西暦3003年、この両チームはカンカン共和国の首都、「そうなんだぁ！」にある【そうなんだぁ！ スタジアム】で、サッカーのあの有名な【国際因縁マッチ】いわゆる【国際Q？ マッチ】を華々しくやる事になりました。試合は「前後半45分ハーフの90分間延長無し、引き分けも無し、もし90分間戦っても、90分間遊んでいても決着の着かない時は、審判が独断で……、勝手に勝利チームを決めて、そう勝手に決めて良いんです。審判は負けたチームのキャプテンに向かって『アンタの負け！』と言ってゲームセットにして良い」とルールが取り決められていました。

各チーム登録は選手14名で、スターティングイレブンのほかに3名が交代要員としてベンチ入りする事ができる。一見するとごく当たり前のサッカーの試合にも見えますが、ただ一つだけ他の国のサッカーと違っていたところは……。

両国の選手は水に濡れると溶けてしまうかもしれないという事でした。

アウェイとして乗り込んできた【ブッチー】のニチニチ王国代表チームは、予算とかねてからの人手不足と、それに国際大会であるから、水に溶けにくい頼りの外国人労働者を連れて行く訳にもいかないので困っていました。一端は水に溶けにくい外国人労働者も集めたのですが、みんながみんな「ニチニチ王国に残って実況紙芝居で応援したい」と言って聞かないので、【ブッチー】は少し考えましたが「どうせ試合に出られるのは……、交代要員をフルに使ったとしても、登録できる14名以上は出られないのだから……」、「それに水に濡れなければ関係ないや！」と甘い考えで解けにくい外国人労働者の選手達には紙芝居で応援してもらう事に決めました。

「いざ！　宿敵！　カンカン共和国へ行くべし！」と、船で3日間もかかるカンカン共和国の首都「そうなんだあ！」へ向けて、溶けやすい国内の選手だけで遠征に向かいました。

幸いな事に試合当日は澄みきった青空が広がり絶好のコンディションの中で、ひっそりとヒソヒソ声で行われた暗い雰囲気の開会式に引き続き、遂に待望の【国際因縁マッチ（国際Qマッチ）「ニチニチ王国VSカンカン共和国」】の90分に亘るかもしれない死闘が、まさに今、キック・オフされました。

まず、先制したのは、前半20分カンカンチーム、右サイドからDF【ホン・ヨイショ】の上げたセンタリングに走り込んできたFW【ファン・ソンシタ】が顔面で合わせて見事なゴールで1点のリードを奪う。

やられたニチニチチームだって反撃開始。前半35分にペナルティーエリアに一人でドリブルで持ち込んだのは、MFの【稲刈モット・ジョウズ】。

【稲刈モット・ジョウズ】はカンカンチームの【アン・チョ・クダ】にエリア内で倒されPK。これをFW【ゴッツンと中ノ山】が鼻できっちり決めて1―1の同点とする。ここまで試合の流れは順調に進んでいるかのごとく、誰の目にもそう移っていた。

しかし思い返せば悪魔の……、じゃなくって悪夢の前半42分での出来事である。

その時、たまたま【そうなんだあ！　スタジアム】の上空に大きな、大きな、それは、それは、超格好いい、機長【ジィー・ジ】が運転する超大型低速旅客機【おおらか号】（定員１２００名）が飛んできた。

この頃、超大型低速旅客機【おおらか号】の機内ではお客様に対してちょうどドリンクサービスの真っ最中であった。悪い事は重なるものだ。天気もいいのでほとんどのお客さん達は窓側のシートに座り窓を開けて眼下に広がる景色を楽しんでいた。そう、【そうなんだぁ！　スタジアム】でやっているサッカーの試合等を観ていたのである。そして超大型低速旅客機【おおらか号】がちょうど【そうなんだぁ！　スタジアム】の真上に差しかかった時の事である。

カンカン共和国では、世界各地で多発している同時多発テロの特別警戒が全土にわたり繰り広げられていた。この国際因縁試合（国際Qマッチ）の行われている【そうなんだぁ！　スタジアム】の上空は飛行禁止区域とされていたが、この超大型低速旅客機【おおらか号】の機長【ジィー・ジ】は「そんな事はお構いなし！」とばかりに、何にも知らずに優々と飛行を楽しんでいた。しかしこれを地上で監視していた国防省では【それ行け何も心配ないぜ！　軍】に「よおーいドン作戦」の指令が下された。

国防省の指令を受けた【それ行け何も心配ないぜ！　軍】では、飛行禁止区域に入り込んだ超大型低速旅客機【おおらか号】に対する緊急配備が敷かれ、水鉄砲や水風船、花火、蚊取り線香まで用意して、万が一にも備え、最強・無敵かも知れない警戒態勢を敷いた。そして取り敢えずではあるが花火を使ってこの正体不明な飛行物体、超大型低速旅客機【おおらか号】に対してコース変更を促す事にした。

とにかく【そうなんだぁ！　スタジアム】の上空に来た【ジィー・ジ】が運転する超大型低速旅客機【おおらか号】に対し「ここへ入っちゃダメ！」と書いた紙を、運転席の前にある窓のところへパラシュートで落とす事にした。【それ行け何も心配ないぜ！　軍】にはカンカン共和国が世界に誇る最新技術を駆使した花火の打ち上げ命令が遂に発令され、花火の導火線に点火され「ボッンッ！」っていう大きくてビックリするような音がした。

確かに【それ行け何も心配ないぜ！　軍】が誇る史上最強の作戦は凄かった。窓を開けて鼻歌を歌いながら運転していた機長【ジィー・ジ】は、その大きな音に驚くやらビックリするやらで、あろう事か操縦桿に頭をぶつけてしまった。

何という事だろう。つぎの瞬間、超大型低速旅客機【おおらか号】は大きく傾き、それが原因でドリンクサービス中のジュースを全部【そうなんだぁ！　スタジアム】のピッチの上にこぼしてしまったのです。

この時一番ビックリしたのは国防大臣の【ブー・ブ・ジュ】であんまりの出来事だったから、あくびと同時にくしゃみまで出てしまったほどだった。

次の瞬間、超大型低速旅客機【おおらか号】の正面の上空で「パァッーン！　ポンポン！」「タンタカタン・タン・タン・タッタ・タンタカターーーン！」といった具合に超特大かも知れない綺麗な花火が、色鮮やかにたからかに打ち上げられ花開いた。

そしてそこから一緒に打ち上げられた一つのくす玉が割れ、パッと開くと中からパラシュートが落ちてきた。それに吊るされた金の縁が付けられた七色の紙には「ここに入っちゃダメ！」と書かれ、【ジィー・ジ】機長の前に落ちてきた。

元々あんまり物事をよく考える事が苦手だった【ジィー・ジ】だし、全然最初から悪気なんかある訳ない。だから、何となくオモシロそうなのでただ覗いただけの【ジィー・ジ】だったから「なんだ、早く言ってくれればいいじゃない」っていう具合に、とても悪い事をしたなあと思っていました。

このあと超大型低速旅客機【おおらか号】は、「ここは入っちゃダメなとこだったんだ」と【ジィー・ジ】がいち早く気付いたので大事に至る事もなく、元気に飛び去って行ったのです。

それでも、大変な事になってしまったのは、下にいた【そうなんだぁ！　スタジアム】のピッチに立っていた選手達です。

何しろ全部の選手が水に溶けやすいときている。そこへきて超大型低速旅客機【おおらか号】が零していった1200人分もの大量のジュースが一度に空から降ってきたのですから、大変も大変なんて沙汰じゃない大変さです。

【そうなんだぁ！　スタジアム】では、空の上からジュースの豪雨に見舞われ、屋根のないピッチの上でプレーしていた選手達は全員ビショビショに濡れてしまいました。

そうしたらもう大変、なんと、どんどん溶け出す選手が続々と出てきてしまったのです。

【そうなんだぁ！　スタジアム】は騒然とした雰囲気に包まれあちらこちらで「オーイ・ドライヤーは何処に隠してあるんだ？」とか「アイロンを持っているヤツはいないか？」などの声が響き渡った。しかし不幸中の幸いか両チームのベンチには屋根があったので、その中でサボっていた控えの選手達だけは濡れないで無事だった。

サボってた選手は全然大丈夫！

パリパリに乾いていて至って元気・元気で暢気《のんき》です。

予想もしない事態に慌てた両チームの首脳陣は、すかさず一番元気のない選手から選んで交代枠一杯の3名ずつの選手を急きょ交代させた。

そしてルールで交代できなかった残りの濡れた選手達は、あっちへヒョロヒョロ、こっちにベチャベチャとピッチの上をまるで彷徨《さまよ》っているかのように、ウロウロとそして辛うじて生きているような状態だが、それでも必死に頑張っていた。

ニチニチチームの【ブッチー】は「早く全員交代させないと選手の命が危ない」と焦りました。

そして「あと2分でハーフタイムだ。ハーフタイムにオレがどうにかするから、だから信じる紙は救われるって言うだろ。だから紙は乾くか溶けるかどっちかだから、みんな何とかガンバッテくれ!……あと燃えるという選択肢もあるが、それは濡れているからこれはないぞ、大丈夫だぞ! 問題あるねえ～」と叫び続けました。

そして、こんな【ブッチー】の思いが通じたかどうか知らないが、何とかハーフタイムを無事ではないけど迎える事が出来ました。

選手に危険が迫っているのは、カンカンチームだって同じでした。

ハーフタイムに選手をみんな集めドライヤーやら、卓上コンロで必死に乾かそうとしました。

しかし、そうはしたものの選手のダメージは大きく、やはり少し溶けたり、ふやけたり、シミになったり、破けたり、焦げたりで、もうボロボロの状態でした。それでも、かろうじてそこまで行っていなかった選手でも、シワによる疲労などで状態は思ったより深刻でした。そんな事をしている間にハーフタイムは終わろうとしていました。

両チームとも超大型低速旅客機【おおらか号】の被害にあった選手達は、もうこれ以上とても後半戦を戦える状態でなかった。

カンカンチームの主将【チョ・モンキー】は、マッチコミッサリーの【リコールさん】と審判団に対して「登録選手以外の選手や外国人労働者も、この試合で使える様にして欲しい」とルールの変更の申し入れを行った。

【チョ・モンキー】の申し入れを受けたマッチコミッサリーの【リコールさん】と審判団は、すぐに緊急の協議を実施しました。その結果、快く「ルールを変更して使えなくなった選手を全部代えてもいいよ。チームを救うために登録選手以外の選手でも、なんでもチームの好きなだけ使っていいです」との緊急なルール改正を急きょ取り決めた。

そしてこれは即時実施されると全世界に宣言されたので、当然【そうなんだぁスタジアム】でやっている国際Qマッチ？　でも後半戦から新しいルールの元で試合が行われる事となった。


これに怒ったのは【ブッチー】だった。

「なんて事だ」とウジウジしながら考えても、「13名の選手以外、ルールで使えないというのは当然の事だから」と、ルールに基づいてそれ以外の選手や、頼りの助っ人外国人労働者を母国で紙芝居観戦としたニチニチチームにとって、納得の行くものではなかった。濡れた紙が膨らむぐらいに不満が込み上げ、一気に爆発する寸前であった。

【ブッチー】はピチャラ・ピチャラ・ピッチャラと勇み足でマッチコミッサリーの【リコールさん】の処へ向かった。

「最初からこういうルールになっていると判っていたら、ニチニチチームだってズルできたのにどういう事なんだ。防水を施した船来交代要員を沢山連れてきたのに、今から……、しかも……、試合途中にルールを変更するとは民主主義のルールに反するじゃないか。フェアプレー精神の風上《かざかみ》にも置けない」と【ブッチー】達は猛抗議を行った。

しかし、そこはマッチコミッサリーの【リコールさん】、この抗議には耳も、髪の毛も、首だって傾けず【ブッチー】にこう言った。。

「【ブッチー】、アンタの気持ちは判るよ。でも、ここでは民主主義なんて全然関係ないし、それに新しいルールに従えば【それがフェアプレー】だ」

【リコールさん】は、まだまだ続ける。

「それに【ブッチー】、よおーく、聞けよ。今そうやって抗議しているアンタは【異議申し立て】って事になるよ。それがルールでしょ。ちゃんと判っているの？……」

マッチコミッサリーの【リコールさん】と審判部長は勝ち誇ったような顔をして、

「それに、、もうこの事は一回決めたんだからね。アンタも知っていると思うけど、この世界で、一度出た判定に【異議を申し立て】をしても判定が覆った事などは、あんまり聞いた事ないでしょ？」

「ねっ？　ねっ？　ねっ？」

「ずーっと昔の20世紀とか21世紀からそういう事になってるんだ。もたくりしないで、ねっ、ねっ、ねっ」と捲し立てる。

【ブッチー】は解ったような解んないような顔で立っていた。

【リコールさん】はまだまだ喋る。

どうもこの人、家に帰っても家族にあまり会話をしてもらっていない人のようだった。

そういった悲しさとは、こういうところで普段の生活が出てしまうものかもしれない。

「ほらあの有名だったワールドなんとかってやつだって、誰が観てもゴールだって判った試合でも、ノーゴールだったでしょ？」

「ねっ？　ねっ？　ねっ？」と周囲に同意を求める。

ウン・ウン・ウン・ウン・ウン・ウン・ウン・ウン・ウン！

スタジアムのいる人みんなが何故か頷く。

調子に乗った【リコールさん】は何故か嬉しそう。そして得意気に「21世紀の最初にあった事を覚えてるだ？」と言う。

周りの人は「覚えてる！　覚えてる！　覚えてる！」と声を揃える。

「ほーらね、っと、一度ノーゴールだって判定されれば、あそこの国の選手達も役員もあんなに抗議して、抗議して、沢山抗議して、山ほどこうぎして……、」フーとため息を一回つくがまだ続ける。「それでも試合の後でもまだ、まだ、まだ、まだ抗議してどうなった？」

【ブッチー】は「そんなの昔の事だから覚えてませんよ」と言う。

すると、またまたマッチコミッサリー【リコールさん】は、またまた得意気に続ける。

「だから……、そうしたら審判達は［やっぱ間違えでした。きっとあれはゴールだったんですよね］って認めたけど、それでも審判は絶対だから……、一度［ノーゴールあんたの負け］って出たら、判定は二度と覆《くつがえ》る事なんて……、絶っえーー対！……」

「えっ！」とつまずくが、

「この世界ではないんですよ」と厳しい口調で、

「【ブッチー】さん判りましたか？……」だって！

【ブッチー】は不服だった。

そして【ブッチー】は身を溶かしながら泣いた。

だってニチニチ王国の国民の期待と、それに各選手は自治体やサポーター、そしてストーカーの支援と応援だって受けてここまでやってきたのにと泣いて、また泣いた。

それが試合途中で……。こんな形で、負けると判っているルールに突然変えられてしまうなんてどうすりゃいいんだ。これじゃあ母国の国民や自治体やサポーター、そしてストーカー達の意志を全く無視するなんて許される事ではない。

「ボクの立場ってものもあるし、こんな事になったら……、斯くなる上は、泣いてお詫びをするしか他に方法はないいんじゃないか」

【ブッチー】は誰にも聞こえない小声でボソボソ言った。

するとマッチコミッサリーの【リコールさん】は、

「まだ、もそもそと言っているんですか？　もそもそ言っているんだったら出場停止125年を言い渡しますよ」

と言い、【ブッチー】は泣きべそをかきながらロッカールームへ戻って行った。

そして【ブッチー】は、みんなにこの事情を説明した。

ニチニチチームは選手の安全には替えられないと、サボってたので濡れてなかった3名の選手だけで後半45分を戦う事にした。

対する憎っくき敵、カンカンチームは、やはり濡れた選手11名を全員ベンチに下げた。そして換わりに控えの3名の選手、そして新たに【そうなんだぁ！　スタジアム】のその辺で応援していた登録外の選手と外国人労働選手など8名を集めた。「チョ・モンキー」は集めた選手達に急いで色を塗ってピッチに送りだし、11名の選手達で後半戦に臨んだ。

この辺はやはり【ホーム・カントリー】の強みであろう。

もしそうでないとしたら【リコールさん】と友達関係にあったのか？

こうして3名VS11名のハンディキャップマッチが、45分繰り広げられる事となった。カンカンチームの戦術は、相手陣地にあるゴールポストの両側に2名のニチニチチームの選手を別々に呼び出す。そして1人だけ残ったニチニチチームの選手を、4名のカンカンチームの選手でぐるっと取り囲み動きを封じる。あと残り1人の選手は、キーパーだからしょうがないので放っておく。

完璧な作戦であった。過去の歴史を紐解いて見ても、これほど高度な戦術は見た事がない。

カンカンチームにはディフェンスにあたっている8名の他に、まだまだ3名の選手だって残っている。でもその人はキーパーだから、もし相手のキーパーが攻めてきた時の為にゴールを守る。

そして最後に残った2名は、ただひたすら攻撃を続ける。

さらにカンカンチームのディフェンス陣は、なぜ相手のゴールエリアの隅に呼び出したかといえば、たとえばカンカンチームがプレーしている際にオフサイドを取られない様にする為である。

やったね【チョ・モンキー】！！！

こうしてカンカンチームの【チョ・モンキー】主将の考えた作戦は見事に当たった。しかも1分あたり2つずつのゴールを量産してカンカンチームVSニチニチチームの試合は91—1で実に90点もの大差をつけてカンカンチームに勝利の女神が爆睡した。【チョ・モンキー】主将はカンカン共和国の国民の一部にその勇気を時々讃えられたのである。

試合が終了すると【ブッチー】は涙、なみだの記者会見を開いた。

「もし途中でルールが変わらなければ、負けなかったかもしれない」

「もし、新しいルールを母国ニチニチ王国を出発する前に判っていれば、きっと我々だって沢山の選手を連れていったのに」とマイクで歯軋《はぎし》りしながら悔しがった。

【ブッチー】の会見が終わるとカンカンチームのチョ・モンキー主将がやってきて【ブッチー】に握手を求めながら「【ブッチー】君、キミ達運が悪かったたね！」と笑い飛ばした。

哀れ悲しやの、ニチニチチームと【ブッチー】の「もし、試合途中でルールが変わったら？」のお話でした。

【おしまい】

もう【間違い劇場その二】「もし試合途中でルールが変わったら？　の巻」で判っていただけたと思うが、こんな例をあげればきりがない。

例えば選挙の公示日、選管の事務所には定員15名に対して徹夜組1組みを含む39名の立候補者が朝早くから訪れていた。なにも受付順位が早いからといって、一般的に選挙というものは有権者の票が沢山集められなければ勝てるものではない。

各候補者はそれぞれ立候補の手続きを済ませ、約1ヶ月間の選挙活動に一生懸命、体力もお金も沢山かけて明け暮れていた。

そして迎えた投票日、各候補者とも精一杯の選挙を戦った充実感で満ちあふれていた。

特段のトラブルも無く、投票は無事終了し3日後の開票を、期待を胸に待つ事となった。

しかし投票の翌日に選管から、緊急の決定が発表された。

「今回の選挙は今までの公職選挙法に基づいてやってきました。しかし今日、選管の会議をした結果、今から公職選挙法を改定しました。新しい公職選挙法によると、当選者の決定は選挙の立候補受付順により当落が決まります。すなわち先着順で決定する事となったのです。要するに立候補する人達が公示日に朝並んでいた順番。そう先着で15番目までにいた人は得票数に関係無しに新しい公職選挙法によって当選とする事になりました」

もし、こんな事を言われれば、16番目以降に手続きした候補者は怒る事間違いない。だって「途中で規則を変更するなんて考えられるものでない。そもそも最初から先着順って分かっていたら徹夜だって何だってしても、学生やフリーター、放浪者などの日雇い労働者を雇っても早く並んだのに！」と悔しがる。

要するに試合の途中でルールが変わったり、選挙の途中で公職選挙法が変わるって事は、皆さんにとっても、常識では考えられない事であるとお判り頂けたのではないかと思う。

これはワールドカップの招致活動だって同じ事なのだ。

ワールドカップの開催に必要となるさまざまな条件をまとめ、ＦＩＦＡは加盟各国に対し【ワールドカップ開催規定】としてこれを通達する。

そうした規定の中身には、開催スタジアムの計画、交通・通信網の整備、宿泊施設の確保などのインフラ整備に関わる問題。このほか出場選手、関係者やメディア、サポーター等の出入国、また大会や要人の警備といったセキュリティーに関わるものから、税制優遇等に関わる国家保証等といった様々な問題が細かく定義づけられている。この規定は招致委員会のみならず開催国が国家として誓約する事も同時に求められている。

そうした【ワールドカップ開催規定】なるもの、これがワールドカップ招致合戦のいわば『ルールブック』だ。

開催を希望する国はこれをベースに【ワールドカップ開催規定】に記載されている事をクリア出来るか、自国開催が可能なのか等といった事を検討する事になる。それが【ワールドカップ招致委員会】等といった組織の発足につながる。

そうして招致希望国の【ワールドカップ招致委員会】は慎重に開催の可否を検討し、また同時に開催自治体や国家保証といった問題についても調整する事になる。

こうした複雑な問題を全てクリアできて初めて、立候補とも言うべきワールドカップ招致表明をする事になる。当然だがこれらの準備は全て【ワールドカップ開催規定】というルールに基づき招致活動を行っていく事になる。何故ならそうしなければ【ワールドカップ開催は実現できない】とされていたからだ。

その準備段階の【ワールドカップ開催規定】では、従来通り「一ヶ国単独開催」が明確に記され「単独開催が出来る事」がこの規定では条件とまでなっている。

ワールドカップ日本招致委員会としては【ワールドカップ開催規定】を踏まえた上で、国家やスタジアムの運営団体である地方自治体、そして企業や個人からも数々の賛同や支援を各方面に幅広く求めてきた。

私も日本での単独開催を夢見て僅か￥1、000という数字であるがお金を払って【2002JAPAN】という黄色いカードとパッチを受け取り、支援した一人である。

当時、招致段階で最終的に開催を承諾していた自治体は札幌市・青森県・宮城県・茨木県・新潟県・千葉県・埼玉県・横浜市・静岡県・愛知県・大阪市・神戸市・広島市・大分県・東京都の15自治体である。それら自治体は、一大会64試合である事から、一開催地あたり4~5試合が実施できるという事で了承していた。

しかし、2002ワールドカップ開催国決定の直前になり、【ワールドカップ開催規定】の基本事項に全くそわない形での開催を、自治体や日本国政府にまで全くの無断の密室協議で決めてしまうとは誰が予測できたであろう。

招致活動の終了間際どさくさに紛れて……、言い換えれば試合途中で、しかもタイムアップ寸前にルール変更をしたとも言うべき事態は、支援していた人達にすれば「この上なく馬鹿げた事をしでかしてくれた」と感じたに違いない。

日本と韓国の間で2ヶ国共催を成功させるには、まだまだ国民感情の中に見えない歪《ゆが》みやひずみといった大きな壁が存在していた。まずこれを「どう解消出来るか」という事が一番大きな問題であった。それには両国が話を一日本国へ持ち帰り、政府や開催自治体、国民らといったワールドカップ招致の支持者に再検討させるべき問題であったと思う。それが民主主義のルールであろう。

なにしろ両国でワールドカップ招致をずっと後押ししていた支持者達は、2ヶ国共催等という前代未聞の規則にない開催決定がされる事など、夢にも考えてなかったからだ。

当然自国の単独開催を前提に支持し、あるものは金銭等の寄付を為していた。

2002ワールドカップ招致委員会は、ワールドカップの2ヶ国共催など全く視野に入れずに「単独開催ありき」で賛同者を募集し、また会員を募っていたのである。これは日本国内では民法にある「契約不履行」という解釈になる。ある意味、こういった「招致」の主旨そのものが根幹から揺るがされるような前代未聞の2ヶ国共催という大問題を一部の幹部が、しかも密室で協議し無断で了承してきたという事を、なぜ日本の関係者は疑問に思わなかったのだろうか。そしてこれがなぜ責任問題に発展しなかったのか不思議である。

「とにかく一部分だけでもワールドカップが日本に来れば、国としてのメンツなんてどうでも構わないし、まして応援している関係各諸機関や国民や多くの支援者から事前に託された気持ちなど無視してもいいや。理想や約束事なんかどうでもいいさ。気にする事もない」とでも思っていたのではないかと、そう思えてくるのは私だけなのか今さらながら疑問である。

恐らく「そういった事は、たいした問題じゃない！」という返事が返ってくるのだと思う。

ここでFIFAが日本と韓国に対して持ちかけてきた、ワールドカップ日韓2ヶ国共催案の提案経緯についてもう一度考えてもらいたい。先にも触れたように会長のアベランジェ、副会長のヨハンソン、同じく副会長のチョ・モンジュらとの間には、色々な思惑が交錯していた。その結果、FIFAは、内部分裂を避けるために「やむを得ない手段として2ヶ国共催という異例な決断がなされた」と言われている。しかし本当のところ、どうであったかは十分に疑ってみる価値はありそうだ。

それにしてもこの1996年5月31日に、ジュネーブで2002年のFIFAワールドカップを日本と韓国の二ヶ国で共催するとの異例な決定を下した背景には、まだまだ驚くべき事がたくさんある。FIFA国際サッカー連盟は、この「2ヶ国共催」という前代未聞の決定は、未だかつて誰も経験した事のない世界的大事業となる事や、この世紀の大イベントを二ヶ国で共催させる事は、技術的にも政治的にも、クリアしなければならない問題が山積されていた事、また経済活動の視点に立っても為替や通貨、税制といった大変難しいと言われている国家レベルや国際的な問題点について、何も考えていなかった。そればかりか、関係諸機関との折衝や意見聴取といった、絶対的に必要とされる重大事項をすら、何もかんも無視してやってしまった。

更に驚くべき事に、この杜撰《ずさん》な取り決めをした時点に於いて2ヶ国共催とは、「どのような大会を予想して企画発案したのか」といったものさえもなかったのだ。企画があれば当然そこには基本的理念や基本構想といった青写真、すなわち基礎的なビジョンが存在しなければならない。

しかもＦＩＦＡは何も明らかにする事が出来ないままというより、何にも考えず、自分達権力者が権力闘争を為したものの収拾する事が出来ず結局持って行きどころに困っていた。それを解消させるために見切り発車という形で決定させてしまった事は、惰性《だせい》とも言え、勢い余った杜撰な企画である事は誰の目からも明らかではある。

それでもこれだけでは、やや不自然で、且つ不可解な点も多々ある。

けれども今となってはこれもごく極限られた人達によって密室で取り決められた話であるのだから、明らかにする事はどうにもこうにも困難を極め、非常に難しい。また現実的に考えればこれを明らかにする事は出来ない話であるようにも感じられる。今さら「真実とは何であったのか」を明らかにしたところで何にもならないかもしれないと思われる。

それでも、私的《わたしてき》には、もっと別の裏の裏の事情とでも言おうか、表に出せなかった「確信の真実」とでも言える隠された意図か、若しくはそうせざるを得ない秘密裏に事を運ばなければならない理由といったものが、ＦＩＦＡ理事や各協会関係者の間で隠されていたのではないかと今更ながらしつっこく思うのである。

この問題はともかくとして、招致の際にあれだけ目玉とし、日本が自信を持っていた【バーチャルスタジアム構想】は、実際に開催された【2002FIFAワールドカップ・コリア・ジャパン】でなぜ実現出来なかったのであろうか？

いったい【バーチャルスタジアム構想】は何処へ消えてしまったのだろうか？

この3D技術を駆使したバーチャルスタジアム構想が、もし、技術的に本当に可能であったのなら、2002年のワールドカップが日韓2ヶ国共催という形であっても、日本でワールドカップが開催されるという事に変わりはないのだから、実現させる意義は十分にあったと思う。日本国民のためにも、そして世界へ向けて日本の技術をアピールするためにもバーチャルスタジアムを実現させるメリットはとても大きかったのではないか。また、FIFAとしても何故バーチャルスタジアムの実施を要請しなかったのであろうかといささかの疑念を払拭出来ないでいる。

もし、バーチャルスタジアムが実現していれば何が悲しくて、国立競技場のスコアボードに使用しているオーロラビジョンを、みんなで首を痛めてまで苦労して見つめていなければならなかったのかと考えると、今日もまた眠れない長い夜となる。

もしかすると日韓共催決定に纏《まつ》わり付くさまざまな事情、FIFAが共催に踏み切った真の理由がそこに隠されている気がする。何と言おうか、もっと別に秘められた裏の裏とでも言おうか、表に出せなかった核心に迫る真実とでもいえるものがそこにあると疑ってみたくなる。突然現れた【2002年ワールドカップ日韓共催構想】裏にはFIFA理事や各協会関係者の間に隠されたもっと他の意図か、そうせざるを得ない事情で秘密裏に事を運ばなければならなかった理由の存在が見え隠れしている。これはもしかしたら【バーチャルスタジアム構想】との何等かの因果関係が、否定できない状況にまできている。

そこで【2002年ワールドカップ日韓共催構想】が密室で秘密裏に決定された事と、この【バーチャルスタジアム構想】の因果関係との接点について、ある筋から一つの重要となる【未確認情報】とでもいうべき情報を得る事に成功した。そこで私は、この【未確認情報】を基にして【2002ワールドカップ日韓共催とこのバーチャルスタジアム構想の不可解な流れについて】真実に迫る一つの仮説を私なりに立ててみた。ここはあくまで仮説である事を了解して頂きたい。

【バーチャルスタジアム構想】について

日本にとって【バーチャルスタジアム構想】とはいったい何だったのだろうか？

日本で初めてFIFAワールドカップの招致という構想が具体案的な論議として持ち上がったのは、【2002FIFAワールドカップ・コリア・ジャパン】が決定されるちょうど10年前の1986年に、日本サッカー協会理事会で「FIFAワールドカップを日本へ呼ぼう！」と発案された事がきっかけである。

これが【2002FIFAワールドカップ・ジャパン】の招致を視野に入れた第一歩であったと言える。そして翌1987年には、正式に招致活動に向けて本格的な準備に入る事が決定された。それから1996年まで約10年間の歳月を掛けて、ワールドカップ日本招致の全貌が作り上げられた。

その中で大きなポイントは3つあったと言える。

1、プロサッカーリーグのJリーグの発足と定着。

2、21世紀に向けての最新設備を備えたスタジアム（全天候型天然芝を使用したドームスタジアムの建設で、1つは世界初完全クローズドサーキット型［札幌ドーム］、もう一つは開閉式バードルーフ型［大分ビックアイ］）の建設。

3、切札として最後に残された注目のバーチャルスタジアム構想であった。

正式立候補の段階に於いて1つ目と2つ目については何ら問題なしにクリア出来ていた。

まず、1つ目の問題【プロリーグの発足と定着】であるが、1992年には「社団法人日本プロサッカーリーグ」すなわち「Jリーグ」は既に設立され、1993年には本格的にリーグ戦が開幕されていた。また【2002FIFAワールドカップ・コリア・ジャパン】で実際に日本代表として戦ったメンバーの全員が海外組も含めて全てプロ選手であり、日本が誇るJリーグの経験者であった。

次に2つ目の【21世紀に向けての最新設備を備えたドームスタジアム建設】問題である。世界に誇れる最新技術を駆使したスタジアムについては、札幌ドーム、大分ビックアイの2つのスタジアムとも着々と準備が進められていた。札幌ドームはJ2リーグ・コンサドーレ札幌の、大分ビックアイはJ1

リーグ・大分トリニータ（いずれも2003シーズン現在）のホームスタジアムとしても使用されるスタジアムになった。これら2つを含めた最新式スタジアムが、日本国内10ヶ所に建設され、これについては世界中から一定の評価を得る事が出来た。今回の【2002FIFAワールドカップ・コリア・ジャパン】では、各スタジアムとも3試合乃至《ないし》4試合ずつ合計32試合が開催された。

そして最後に残されたのが3つ目となる問題の【バーチャルスタジアム構想】である。

これは【2002FIFAワールドカップ・コリア・ジャパン】では、遂に日の目を見る事はなかった。

1996年に使用された『ワールドカップ招致パンフレット』には堂々と【バーチャルスタジアム構想】は掲載されていた。しかし、果たしてあの当時に、これを本当に実現出来る見通しがあったのであろうか？

この【バーチャルスタジアム構想】は、なぜ【2002FIFAワールドカップ・コリア・ジャパン】で実現させられなかったのであろうか？

そしてなぜ私達は、国立競技場のオーロラビジョンの大画面に興奮を求めなければならなかったのであろうか？

こういった疑問に直面させられると、当時の日本には【バーチャルスタジアム構想】を確信させられるだけの『技術的な裏付け』と位置づけられるものが、本当に存在していたのであろうかという疑念を抱かざるを得ない。

【2002FIFAワールドカップ】が日韓共催とする決定があってしばらくした頃だったと思うが、日本サッカー協会の関係者がこう漏らしていたのを今でもハッキリと覚えている。

「日本の単独開催でなく、日韓共催なんてずるい事をやるんだったら【バーチャルスタジアム構想】なんて高い経費をかけてする必要はない。韓国の為なんかには絶対使わせない」と呟いていた。

【バーチャルスタジアム構想】。これはいったいどこが、どこの要請で、何に使う為に、何を目的として開発していたのであろうか。そしてこの技術の開発は実際の処は、どこまで進み、現在はどういう状況まで到達しているのであろうか。

【バーチャルスタジアム構想】そのものが、闇に隠されてしまっている部分が余りにも多いような気がする。

もし、日本サッカー協会や日本招致委員会の要請で、本当に何処かの企業が開発に着手していたとしよう。そうなれば研究コストも含め開発費は、恐らく天文学的な莫大な数字が弾き出されるに違いない。そんな巨額のコストを掛けて開発できる企業は、日本でも有数且つ日本を代表するような一流企業という事になり、数えるほどしかない。

しかし、そうした日本を代表するような一流企業が「ワールドカップ招致のパンフレット」という、いわば公の場で発表した「自社の技術を象徴させるような企画」をそんなに簡単に消滅させてしまう事ができるとは思えない。

こうした事が本当にあり得るのかいささか疑問である。技術的な裏付けとはそうした開発や経費に関わるバックブランドが存在して初めて成り立つものである。

唯一、当時の招致委員会や日本サッカー協会の説明によると「実際にスタジアムで行われている試合を、スタジアムに据え付けられた複数の固定カメラで映し、その映像をコンピューター処理して合成した上で転送するシステムだ」といった事だけだ。

では当時、一般の人々にとって【バーチャルスタジアム】とは、どの様なものだと捉えられていたのであろうか。これを言葉で表現する事は容易ではないが、簡単に言えば、『他のスタジアムで行われているハズの試合が、今いるスタジアムで実際に選手がプレーしている様に見えるシステム』と理解していた。


表現を変えれば、スペースドラマによく出てくるワンシーン。

『それは宇宙船から宇宙人が乗り降りする際に、青白い光る光線が、上空に居るUFOから降ろされる。そしてその光の中で彼らは、宙を飛ぶ様にゆっくりと舞い降りてくる。そして宇宙船に乗り込む時はその逆に光に吸い込まれるように浮き上がって行く』こうした映画で見るような光景を思い浮かべた。

【バーチャルスタジアム】では、『青白い光線が照らされ、宇宙人が降りてきた時のように、立体映像となった選手達がグランドに舞い降りて来る。そして立体像となった選手達は、あたかもそこでプレーをしている様に浮き上がり、そこにいる観客の感動や興奮は、試合が実際に行われているスタジアムに居るのと何一つとして変わらない画期的なシステム』である。

【バーチャルスタジアム】は、技術立国日本が世界に誇れる、最先端の3D映像技術が創り出す『夢空間』であるとほとんどの人がそう捉えていた。

街中では一時、その話で持ちきりだった事も覚えている。

しかし、「こんな『夢空間』を実現させるシステムとは本当に実現可能だったのか？」と聞かれれば、答えは「NO《ノー》」である。

【バーチャルスタジアム】はこの時点で実現可能な状態ではなかったに違いない。

それでは、なぜ一冊、うんっ千万円もする『ワールドカップ招致のパンフレット』に載ってしまったのかである。

私はこれまでに多様な分野から情報収集をしてきたが、それらの状況分析と未確認情報等に基づく判断からなる一つの仮説を、大胆ではあるが打ち出してみた。

**題して【ドラマ・バレバレ】**
**「夢にまで見たスケッチブック」**

「未確認情報」によると、この【バーチャルスタジアム構想】のモデルになったものは、当時、日本サッカー協会の要職にいたある幹部Kが、熱っぽく語りかけるように持ち出したイメージであるらしい。

それがなぜかほとんど裏付けがないままに【ワールドカップ招致のパンフレット】という公の刊行物に載ってしまったらしい。これでは技術的にも資金面でも裏付けられるモノがないのだから、実用化など出来る訳がない。しかし、関係者等はそれについて表向きには『日韓共催となった事によって開催試合数の減少がなされた件』や『日韓両国に跨る映像配信や放映権料の問題』、更には『開発コストの回収見込みが難しい』等を断念の理由に挙げている。しかし、どれ一つとして決め手となる理由には値しない。

【バーチャルスタジアム】を実用化して、むしろこの世界的に見ても画期的な最新技術が【世界が注目するワールドカップ】という晴れ舞台で見事成功を納めれば、開発関係企業は固《もと》より、日本は国家として「開発力、技術力、実行力、そして信頼性」といった数々の栄誉を手に入れる事が可能であった。しかし遂に【バーチャルスタジアム】は【２００２ＦＩＦＡワールドカップ・コリア・ジャパン】で日の目を見る事はなかった。

【バーチャルスタジアム】そのものは日本協会の幹部Ｋ氏（仮称）が発案したと言われている。幹部Ｋ氏がイメージした【バーチャルスタジアム構想】には技術的な裏付けなど最初から無かったとされている。

これがどういう事かと言えば、こんな事が考えられる。

Ｋ氏は、ある日の昼下がりとっても気持ちよく昼寝をしていて幸せな時間を過ごしていた。そして、その夢の中には今回問題となった、そう、あの噂になった【バーチャルスタジアム】が突然現れたのであった。

夢の中に突如出現した【バーチャルスタジアム】は、人も羨むまさに『夢空間』そのものであった。なんと別のスタジアムに居ながらにして選手を立体的に、しかも本当のスタジアムにいるのと間違えるほどの臨場感で観戦出来るのだ。

そこでK氏はハッと目が覚めた。しかし今、目が覚めたK氏自身も夢で見た【バーチャルスタジアム】には、それはそれはいたく感動していた。

「オレがワールドカップで目指しているものは、コレなんだ！」と、何かに取り憑かれたようにK氏は確信を持った。

目が覚めたK氏は、すぐさま奥さんに『スケッチブック』と『36色の贅沢なクレヨン』を買いに走らせた。『スケッチブック』と『36色の贅沢なクレヨン』を手に入れたK氏は早速、自分が今夢で見た【バーチャルスタジアム】をそのまま『スケッチブック』に描いたのである。

K氏は直ちに役員会を招集し、車を飛ばさせて、意気揚々と役員会へ『スケッチブック』を持っていった。そうして集められた役員会の席上、興奮したK氏は「みんな見てくれ、おれたちが目指しているワールドカップにコレこそ相応しいモノではないのか？」鼻息も荒く捲し立てた。

するとコレを見た役員達は、

「なんてこった、こんな物があったのか？」

「日本の技術はここまで来ていたのか？」等と口々に絶賛していたのであった。

それもそうである。まわりの誰もがK氏ほどの人間、そう人脈もあり見識の高いこの人に限って、何の裏付けも無しにこう言った話を持って来たとは、よもや考えてなかった。

話はK氏の意志とは関係なしに、いやが上にも大きくなってくる。そうした雰囲気に取り囲まれたK

氏も、ここでまさか「実はまだオレが夢で見たまんまをスケッチブックに描いただけ」とはさすがに言い出せなくなってしまった。

こうして役員達は、K氏が何と、【夢で見たバーチャルスタジアム】の事を、夢物語とは知らずにいろいろ聞いていた。役員の意識には、「当然バックグランドには隠れた技術者か、この【バーチャルスタジアム】がFIFAや世界的に認められる迄は、表に出て来られないビッグな企業があるに違いない」と信じていた。

斯くして【バーチャルスタジアム構想】は2002年ワールドカップ招致の目玉を飾る画期的なプロジェクトとして決定され、後に巨額の費用を掛けてパンフレットにも載ったのであった。

しかし、時が流れ運命の日が刻一刻と近づいていた、1996年5月末の事である。いよいよ2002のFIFAワールドカップを決めるFIFA理事会がジュネーブで行われていた。やはり話題の中心は【バーチャルスタジアム構想】の事になっていった。

当時、開催国として環境や、経済状態などの面では、どれをとっても日本は韓国に優れていた。韓国はまだまだ経済状勢が不安定であり、また、デパート火災や大型建築物の手抜き工事による倒壊といった社会問題等が難積されている状況下に於いて、なお、危機管理意識が欠落している韓国でワールドカップを開催する事には、難色を示す声もあった。そうした様々な問題を背景に、その時点でワールドカップを韓国の一ヶ国開催と決定してしまうには不安要素が多すぎた。

余談になるのだが恐れていた事は、やはり現実と向かい合わせの状態にあった。2002年8月31日から9月1日にかけて朝鮮半島全域を襲った台風15号により韓国は全土に亘り壊滅的被害を受けたのだが、その中で【2002FIFAワールドカップ・コリア・ジャパン】で使用された済洲島西帰浦のチェジュ・ワールドカップ・スタジアムの屋根が崩壊する事故が発生した。また、年が明け韓国最大規模を誇る、三位決定戦を開催した大邱スタジアムがある大邱中心部で、2003年2月18日の通勤通学で混み合っている地下鉄火災事故が発生し、多くの犠牲者が出る事となった。この事件は世界中を震撼とさせたが、被害を拡大させた背景は韓国特有の安全危機管理の甘さを浮き彫りにするものであった。これらの事故が、万一、大会期間中に発生していたとすれば被害は数十倍にも膨れ上がっていたであろう。それを考えると背筋がゾーッと寒くなったが、2002年のワールドカップが決定される前から、こうした韓国での安全対策には不安を抱いていた。

そうなるとやはりここは「目新しい技術を引っ提げてきた日本で開催する方が好ましいのではなかろうか」という声が日増しに強くなった。アジアで初となるワールドカップの開催について役員達の間で「日本開催の方向で調整した方がより安全ではなかろうか」と傾いていた。ただここで問題となったのは、そう御存知、例の【バーチャルスタジアム構想】で、「実際のところ開発はどの位まで進んでいるのだろうか?」とごく自然な疑問が浮上してきた。その当時まだ技術的な面についてあまり詳しく触れられていなかった為に、役員の間からも、『どんなシステムを利用してコレを実現させるのか?』、『必要な技術の裏付けとはどのような物なのか?』など具体性を明らかにする要求が次々と出されてきた。さらにもっと踏み込んだ『完成とシステム構築にはどの位の経費がかかるか?』、『その費用はどこがどの様な方法で捻出させるのか?』、『完成までにどの位の期間を要し、完成予定はいつ頃になるのか?』などを具体的に説明させるべきだという事が非公式の役員会で話し合われた。

ＦＩＦＡ役員ら数名は「そういう事なら善は急げ！」とばかりに【バーチャルスタジアム構想】に必要な技術や経費、完成予定等のビジョンを日本側に聞こうという事になり、Ｋ氏もいる日本の関係者が宿泊しているホテルを訪れたのである。


これらを目的としたＦＩＦＡ役員等の訪問を、日本の関係者は両手を挙げて歓迎した。「さあ、Ｋさん、日本の技術の粋を結晶したこのＩＴ・ＪＡＰＡＮの集大成とも言える［バーチャルスタジアム構想］の全容を、どうぞこの人達に説明してあげて下さい」と言って、自信を持ってＫ氏をＦＩＦＡ役員達の前に押しやった。しかし、これにはさすがのＫ氏も「困った、困った、態ったたっちゃ……！」と観念した。遂に本当の事を白状しなければならない時が遂に来てしてしまったのだ。

モジモジ・モソモソ・コソコソと穴がなければ掘ってでも入りたい気分のＫ氏であったが、『もうダメだ！　斯くなる上は潔く腹でも切ってお殿様にお詫びをしなければ……』とまでは、たぶん思ってはいなかったと思うが、

「ごめんしてください……」

と、小さな声で誰にも聞こえないように言った。

周りにいた人達はみんな一斉に、

「んっ、なんて言ったの？　全然、聞こえない」と声を揃えていった。

すると今度は、顔を真っ赤にして怒ったような大声を張り上げてＫ氏は言った。

「あれは私の夢でした〜……」

その声と引き換えにあたりは一瞬にして、

「…………」シーンとした。

暫く息を付いたKは、

「ごめんなさい。本当はバーチャルスタジアム計画なんて何にも無かったんです」

さすがにこれに慌てたのは、FIFA役員達よりも日本側の関係者達だった。

「Kさん、これはどういう事ですか？？？？……」

Kさんはシドロモドロと言った口調で話し出す。

「実は、あれは………、私が………、とても………、突然素晴らしい夢に【バーチャルスタジアム】が出てきたんです。それをこんなのがあったらいいなあって思ったりして、スケッチブックに36色もの豪華絢爛のクレヨンでお絵書きしたのです」

周りにいた人達に既に言葉はなかった。K氏は仕方なく続ける。

「こんなものが何とか実現出来ないかなあーって、思っちゃったりして会議の時に持って行ったんですけど……」

「…………」

「…………」

「…………」

どのくらい静まりかえった時空《とき》が過ぎたであろうか。

やっと日本協会のN会長が言う。

「あんたが、やけに嬉しそうに私達の処へ持ってきたこの【スケッチブック】かい？」

と色鮮やかにお絵かきされた【スケッチブック】をN氏は静かに机の上へ静かに置いた。

そして「だってあんたその時に、技術的な裏付けが無いって言わなかったじゃないの？」

「これってどういう事……？？？？？」

「どうして、どうして……？？？」

「何で、何で……？？？」

と日本の関係者は次々に捲し立てる。

するとK氏は畏まって申し訳無さそうな表情で、

「でも、私だって何処かの企業の研究所で開発している最中とか……、誰か偉い博士が開発した技術だなんてー……、一言だって言ってませんよ」

開き直ったのか直れないかは定かでなかったが、K氏は、

「ただ……、みんながあんまり楽しそうに興奮してたから、それから先がちょっとだけ言い出し難くなっちゃっただけでー……、そのうちこのパンフレットが出来てきたから誰かがどうにかコレを見て作ってくれるかもしれないからと思っただけで、……」

N氏とO氏はK氏に詰め寄る様に問いかけた。

「じゃあっ！、この【バーチャルスタジアムのイメージ画】は誰が描いたの？」

「まさかと思うけど？　あんたが自分で描いたの？」

するとK氏。

「ごめんなさい」

「このスケッチブックにある【バーチャルスタジアムのお絵書き】は、私がお昼寝の夢で見た物をそのまま描いて持って行った物で〜す！」

みんな呆《あき》れた顔で、

「けっ、けっ、Kさん……、だってあんた程の社会的な地位があってしかも見識も高く、人脈もあり○×リーグだって立ち上げた程の人ですよ。その人が自信をもって持ってくれれば誰だって、まっ、まっ、まさか……、そしてよもや………、【ただのお絵書き】だなんて誰も思わないし疑えませんよ」

と少しあきれた表情と言おうか、FIFA役員達を前にして【困ったちゃん】になった日本の関係者達は、

「きっと何処かに、知り合いの一流有名企業が、秘密裏に計画した技術的な裏付けがあると思いますよ。どうしてこんな事になっちゃった訳なの？？？？？」

K氏しょんぼりとして、

「ごめんなさい、でも、あったらいいなあーって思ったのに……」

誰もが口を閉ざししばし沈黙が続いた。そしてその沈黙はどの位永い時間続いていただろうか。

FIFAの大物役員Y氏が口を開く。

「実は、我々FIFAとしては、2002年のワールドカップの開催に関して、日本と韓国の比較をず

っとしてきてどちらがいいのか検討してきました。しかし、色々な意味から日本で開催される事が望ましいという結論になりかけていたのです。そこで、より多くの賛同を得られる為には、やはり目玉であるこの【バーチャルスタジアム】が具体化していれば、確実と踏んでここへ来たのです。しかし、もしもですよ。さまざまな事情でこの【バーチャルスタジアム構想】が困難になり頓挫した場合ですよ。これはあくまで過程ですから……」と前置きしてからY氏は、

「それでも日本でやるメリットは十分があると踏んでいたのですが、……」

と暫く置いて、唇を軽く噛んだ後に、

「しかしです。……今の話を聞いていて2002年のワールドカップを日本だけに任せて開催させる事に、我々FIFAとしても些かの不安を隠す事が出来ないのです」

それはそうでしょ！

FIFAじゃなくったって私でもそう思いますもの。みなさんはどう思いますか？

だってこんな事、夢のスケッチブックが招致の目玉だったなんて聞いたら、FIFAじゃなくても、「こんな大事な仕事。この人達に任せて……日本に任せて本当に大丈夫なの？？？」って、だから……、FIFAじゃなくても十分に不安になるって！

FIFA役員のY氏は続ける。

「ここで新しい提案ですが、私達の不安の解消策として、特例として韓国にお手伝いをお願いして日韓

二ヶ国の共催という形でいいですね?」

と、こうしてめでたく【2002FIFAワールドカップ・コリア・ジャパン】の大枠が決められたというものである。

以上、お粗末ですが【ドラマバレバレ】「夢にまで見たスケッチブック」でした。

かなり乱暴な面がある仮説であるが、鳴り物入りで浮上した【バーチャルスタジアム構想】。これが姿形も無く消滅してしまった背景には、やはりISL社の破綻と日本側が技術面での裏付けをしなかった事が挙げられる。それに輪をかけるように、FIFA特有とも言える不可解な密室協議に隠されている背景と、さらには関係者の噂などを総合的に分析して慎重に判断していけば、このような一つの仮説だって成り立つ事になる。

それに加えて2006年まで、FIFAのマーケティング事業を一手に引き受けていたISLMMSグループの破産、その後マーケティング事業をブラッター会長が社長を勤める「FIFA　MARKTING　AG」が引き継いでいる事等からも様々な噂は絶えない。どれ一つとっても未だに真実と確信できるものが出てこない。

「国家を挙げての一大事業」をわずか数名の役員によって容易に、計画と全く異なる方向性を瞬時にして導いた決断の裏には、【ワールドカップ】というものに対するどんな価値観を持ち合わせた人達が、どんな気持ちで【2002FIFAワールドカップ・コリア・ジャパン】の時空にいたのであろうか?

# 第五章　これにはカラスも固まった

## ～たぬき算だよ全員集合～

## 1、整備不良のエンターテイナー達

## 【日本代表のマスコット、カラッペ&カララに秘密?】

みなさんは日本代表のマスコット、カラッペ&カララを知っているだろうか。そのカラッペとカララに実は、それはそれは大変な秘密が隠されていたかも知れないのだ。

その秘密と言えば……。

「間違いだらけの方程式」=これを【たぬき算!】と呼ぶ。

このカラッペ&カララの事はあとで詳しくお話ししよう。

さて、私は【FIFAワールドカップ・サッカー】とは、プロ興行であるという位置付をしている。しかし、FIFA国際サッカー連盟は、自らを「非営利団体」と位置付けている。そして傘下にあるFIFAマーケティングAG(2001年5月設立)もまた、「非営利企業」であると主張し、そして【FIFAワールドカップ・サッカー】という大会もまた、営利目的の興行ではないと言い切っている。その理由として「恩恵を受けるのは加盟各国のサッカー連盟だけである」としているが、世界の常識としては、とうてい通用する理屈ではないであろう。

僅か1ヶ月間の興行で約1兆円とも言われるビジネスを展開する【FIFAワールドカップ】。

そしてその準備段階からの経済効果は、最低でも3兆円以上と言われており、この大会に携わっている多くの人々(ボランティアを除く)が、これら関連の仕事で報酬を受け生計を立てている。彼らの置かれている現状を見つめれば、プロ集団の集まりである事は否めず、そこで繰り広げられるプレーもまた、トップを極めたプロフェッショナルの選手達による熱き戦いなのだ。

しかし、【2002FIFAワールドカップ・コリア・ジャパン】に携わるどれだけの人々が「ワールドカップとは、プロフェッショナルの名に恥じない興行でなくてはならない」という「プロ意識」を持ち合わせていただろうか？

私達の目の前で繰り広げられた【ワールドカップ】を見ていると、いつもこんな疑問を抱かざるを得ない大会であった気がする。どうしてこの様な事になってしまったのであろうか。

私は【2002FIFAワールドカップ・コリア・ジャパン】に限らず【FIFAワールドカップ】は、プロの興行であると考えている。その根拠としていくつかの理由を挙げられる。

1、観客から高額な入場料を徴集している。

2、大会の放映権や、肖像権を販売しこれにより多額の利益を得ている。

3、ワールドカップを商品化し、スポンサー等の企業に各種の権利を販売し多額の利益を得ている。

4、これらの収益が大会、及びFIFAの運営にあてられている。

5、出場参加国にたいしてギャランティー（出場給）を支給しており、選手も各協会から出場報酬やボーナスを受け取っている。

6、大会やFIFA運営に携わっている人々のほとんどが、関連した仕事を職業としてその対価の報酬で生計を立てており「ワールドカップ」はビジネスの場とされている。

7、そして何より忘れてならないのは、そこでプレーをしている選手は「プロサッカー選手」であるという事。

FIFAやJAWOCの大会運営関係者は、「我々は非営利団体で、決してお金儲けなどを考えてない」と豪語している。しかし、そのJAWOCは【2002FIFAワールドカップ・コリア・ジャパン】に於いて最低でも¥76億以上にのぼる巨額な余剰金（黒字）を生み出した模様だ（2002年9月13日現在）。それなのにチケットを購入しているにも拘わらず試合が見られなかった人などに対して、その代金の返還にすら応じない姿勢を貫いている。こうした彼らの行動を見て、【2002FIFAワールドカップ・コリア・ジャパン】は非営利団体の慈善事業的な活動であり【プロの興行】と呼べるものではありませんなどと釈明するのは無理があり過ぎる。これこそが非常識としか言えず、今、もう一度、【ワールドカップ】とは、高額な入場料、高額なスポンサー料、高額な放映権料、高額なライセンス料などを徴収して、巨額の黒字を生み出す事の出来る【プロ興行】に他ならないものである事を認識した上で、運営にあたって欲しかった。

そして大会を支えているのは、一人一人の観客であり、メディアであり、スポンサーであるが、これらのどれ一つ欠けても【ワールドカップ】は成り立たないのだ。

私は、【ワールドカップ】が【利益目的のプロ興行】である事を決して悪い事だとは考えていない。だが【プロ興行】である以上はこれらを尊重し、それらに見合った【プロ興行】として恥ずかしくない質が必要である。そして一人一人の観客には「入場料に見合うもの」、各メディアには「放送権料に見合うもの」、オフィシャル・パートナーやオフィシャル・スポンサーには「スポンサー料に見合うもの」等を、それぞれが、それぞれに対して「最高のものを提供する義務」がFIFAにはあったと考えている。

何しろ【紛れもないプロ興行】だからこそ、「最高の試合が提供されなければならない」と、出場各国のサッカー協会には出場料名目で桁外れの報酬を支払っており、また、上位入賞国にたいしては法外とも言える賞金だって設けてあるのではないか。

これらを踏まえれば【2002FIFAワールドカップ・コリア・ジャパン】とは、プロ中のプロによる【営利興行】である事を否定できる人は少ないだろう。

【2002FIFAワールドカップ・コリア・ジャパン】は、史上最高のプロ集団が繰り広げる世界最高峰のエンターテイメントでなければならないハズであった。

では、【2002FIFAワールドカップ・コリア・ジャパン】の運営にあたっていたFIFA、JAWOC、KOWOCの関係者や出場選手、審判員、そして大会に関与した国家、自治体などは、どのくらい【プロ意識】を持っていたのだろう。実際にはこうした事に疑問を抱かずにはいられない様な状況が、繰り広げれていたように見えた。果たして彼らは、それぞれの立場で「プロフェッショナルの名に恥じない大会運営」が出来たと感じているのであろうか？

その答えは、はっきり言って「ノー」である。

ＦＩＦＡ、ＪＡＷＯＣ、ＫＯＷＯＣの関係者や出場選手、審判員、そして大会に関与した国家、自治体などと、それを支える人々は【プロ・フェッショナル】と呼ぶには、かけ離れ過ぎた意識を持ち合わせていた。

まず、主催者であるＦＩＦＡ、ＪＡＷＯＣ、ＫＯＷＯＣはワールドカップのお客さんをなんだと思っているんだという対応が多すぎた。それは大会運営の基本的な事柄、すなわち「高額な入場料を観客から徴収している営利興行」であるという事をすっかり忘れてしまっていたのだろう。

自らを「非営利団体である」と、そう呼ぶＦＩＦＡであるが、その実体は、そういう「きれい事ですまされる団体」とはほど遠い。私はＦＩＦＡが「今回の【ワールドカップ】を金儲けにしか利用出来なかった」と迄は言わないが、少なくとも集金目的、すなわち「お金を集める手段」として位置付けていた事を否定出来る材料は見あたらないと思う。恐らくほとんどの人々はそう感じていたのではなかろうか。

たとえそれが「ＩＳＬの破産」といった大きな問題が発生した事に大きく関係があったとしても、我々、一般の観客にその「付け」を回されたのでは堪ったもんじゃない。

【２００２ＦＩＦＡワールドカップ・コリア・ジャパン】に出場したチームは、出場報酬として、一チーム、一試合あたり日本円で約￥９０００万が支払われるので、最低でも予選リーグ３試合分で一チーム当たりが受け取る金額は￥２億７０００万という計算になる。

僅か一ヶ月足らずで¥2億7000万を荒稼ぎ出来る企業は、そう多くはなかろうと思うのだが、彼らに対して支払われるこの金銭について、いったいどういう解釈をしていたのであろう。

ここで断っておきたいのだが、チームが【2002FIFAワールドカップ・コリア・ジャパン】に参加する為に要する航空運賃や宿泊代金といった経費は、別途、FIFAやLWOCから拠出されているので、これは¥2億7000万の中には含まれない。

そこへ来て今回、大会前に日本で問題となったキャンプの招致問題から見ても分かるように、この【ワールドカップ】というものの周辺では、私達普通の人間達には、なかなか理解できない経済活動が繰り広げられていた。これも、また【お金儲け】の事だけを考えた思惑から起きた末の問題だったのではなかろうかと私は思うのである。

例えば『カメルーン時間』で有名になった大分県にある中津江村（人口約1400人）でのカメルーンキャンプでは、鯛生スポーツセンターという村営の施設が利用された。彼らカメルーン・チーム滞在期間中の宿泊及び食事、移動等に関わる経費の提供は、招致自治体である中津江村が村民の血税で拠出している。

この他、各国代表チームのキャンプの実態を見ると、事前キャンプについては、ホテル等の営業宿泊施設を利用した場合に於いても、招致をした自治体がその経費をやはり血税から賄っている場合が大半を占めていた。ブラジル代表など有力とか強豪チームと呼ばれるチームのキャンプ招致を巡っては、滞在期間の宿泊や食事、キャンプ地までの交通費などの提供に加えて『¥8000万という高額なギャランティー』を要求されたという噂まで現れた。

本来キャンプとは、誰が何の為に行うものなのかという事が完全に履き違えられているように思われるが、チームの宿泊や食事の費用は、やはり自分たちで払う事が【人の筋道】という当たり前の事さえも理解できないまま、この日を迎えてしまった為に起きた問題であろう。

これらは「招致側すなわち呼んだ方」も、「招致される側すなわちキャンプを張った方」の双方が【プロ意識】にかけていたのではなかろうか。


こういう事が起きた背景にはやはり、日本特有の『箱もの政策』からきたと言え、日本が誇る【得意芸の一つ】と言えるであろう。

【2002FIFAワールドカップ・コリア・ジャパン】では、それは、それは大層なスタジアムを全国10ヶ所に作り上げ、さらに周辺のインフラ整備や通信基盤の整備に約2兆円とも言われる巨費を投じてこの【ワールドカップ】を迎えた。しかし、これらを果たして十分な形で使う事ができたかと言えば「大丈夫、心配ないねぇ〜、ノープログラムでした」とは口が裂けても言えないであろう。

「問題があった」どころか「問題ありありあり、あり過ぎ」と言えよう。

非常に立派な「箱もの」。それら素晴らしい施設や設備といったハードは完成したようだが、肝心のそれを使いこなす【ソフト】。そう【ソフトとなる人間の整備】が不十分であった為に起きてしまった「整備不良のワールドカップ」はまさしく【間違いだらけのワールドカップ】になってしまったと言えよう。

まず、「大きくて立派なスタジアムが出来ました」

そこへ【ワールドカップ】が【世界の非常識】と共にやって来たのです。

しかし、この【大きくて立派なスタジアム】に、どんなお客さんを、どれだけ、どうやって収容するかなどの計画がきちんとした形で為されなかった。これが後で発生する「チケット問題」なのである。

スタジアムを造っただけで、「お客さんは勝手に入ってください」とは行かない事など、いくら考える余裕が無かったにしても、これは、やはりソフト面の整備不良である。

通信に関しても同じような事があった。

スタジアム内のメディアセンターや周辺の通信機器の整備は、近代的なハイテク機器をお金にあかして贅沢すぎる程のものを導入した。しかし、それから先の事を誰も考えてなかったのか？

「いったい誰がどうやってこの機械達を使えばいいのか」という事は忘れてしまったようだ。

例えば、札幌ドームの試合でちょっとしてトラブルが発生した。これは「通信設備はあるのだが、誰がどうやって誰に連絡すればいいのかが分からない」といった事態から発生したのだった。

これがどういう事かと言えば、通信設備を整備したのかも知れないが、最も重要な『通信網』といったソフト面を全く整備しなかった為に発生したトラブルが切っ掛けで、私はこの日の試合を観戦出来ずに帰郷する羽目に陥った。そんな悔しい経験から分かった実態でもある。

【プロ意識】というソフトの整備が出来ていなかったのは、FIFAやJAWOCの大会運営者も同じで、お金集めに関しても意識整備無しにして集金活動を繰り広げていた。

その二つの柱が「チケット」と「寄付」の問題である。

まず、チケットの問題である。チケットの価格はいったいどうやって決めていたのであろうか？

前にも触れたように、個人的に言わせてもらえば「チケットの価格は高くても構わない」と思うが、しかし「高ければ高いだけの価値を持たせなければならない」と考えている。今回の【ワールドカップ】を見ている限り「そのチケット代金が正当であったか？」と言えば、断じてそうではない。

では、FIFAやJAWOCの大会運営者はどのようにして「今回の【ワールドカップ】のチケット代金」を決めていったのであろうか。

FIFAが物事を決める時には、よく「密室会議での不明瞭な決定」等と表現されるが、私はそこまでも行っていないと思う。

FIFAの決定会議は【世界一の影響力を持つ地球最大の井戸端会議】であると、私はここに高らかに宣言します。

「密室会議」と【世界一の影響力を持つ地球最大の井戸端会議】、この二つのどこが違うかと言えば「密室会議」程の計画性を【世界一の影響力を持つ地球最大の井戸端会議】では持ち合わせていない。ブラッター会長のそばに集まってきた人達が、その場の雰囲気で創る「単なる思いつきや成り行きに任せよう」というものだ。

では、今回の【ワールドカップ入場料金】はどう考えられていたのか。どういう風に考えても説明の付く金額ではない。

ISLの破産などの影響で帳尻合わせに必死であった跡が、随所に見受けられる。

その最もいい例がチケット問題であり、【プレステージ・プログラム】と呼ばれる高額正規チケットの問題と言えよう。
今回の【2002FIFAワールドカップ・コリア・ジャパン】で一般に販売されたチケット（一般とはFIFAが直接招待しているVIP、及びメディアセンター記者席などを除くが、これにはスポンサー、サプライヤー等の優先販売チケットは含む）には、多様なタイプが販売されていた。

これを大きく分けると、

1、一般席
2、車椅子席
3、プレステージプログラムと呼ばれる特別高額席

の3つに大分する事ができる。

各席共に販売経路や形態によっていろいろなパッケージが用意されていて、価格も下は¥7、000（シングルチケット予選リーグカテゴリー3）から上は約¥4500万（プレステージプログラム・スカイボックスパッケージ［決勝戦等を含む複数の試合を20名程度の個室で観戦するもの］）と大きな格差がある。

日本のJリーグの試合では、入場料金が数百円から、また日本代表でも¥3、000程度からという入場料から見ても、その価値観を検証する必要はあろう。

今回の【2002FIFAワールドカップ・コリア・ジャパン】のチケット代金、すなわち入場料は現場を視察した上で全てFIFAが決めたとしているが、果たして日本や韓国の国民性、経済性の実態を本当に把握した上で、十分な検討や熟知をした上でなされたのであろうか。また、それには日本や韓国の意見は十分に取り入れられたのであろうか。

またJAWOC、KOWOCはそれらの役割を十分に果たしたのであろうか。

前にも述べている様に、私は【2002FIFAワールドカップ・コリア・ジャパン】を、いや【現在のワールドカップ】というものをプロの興行と捉えている。

プロの興行である以上は、観客なくして大会は成り立たない。観客にとって試合を見るために一番必要で、且つ、なくてはならない重要は存在が【チケット】である。何しろこれなくしてはスタジアムに入る事は絶対に出来ないからである。

まぁっ、もっとも今回の【2002FIFAワールドカップ・コリア・ジャパン】で6月9日横浜で行われた【日本VSロシア戦】では、数人の熱狂的なサポーターが、チケットが入手出来なかった事を理由に、ゲートの強行突破やフェンスをよじ登り超えて逮捕されたケースもある。

この事件も結局のところ「チケットが無ければ生でワールドカップを観られない」という事に端を発した問題であるに違いない。

よってやはり観客に一番身近な問題とは、やはり【チケット問題】であろう。

しかし、今回の【2002FIFAワールドカップ・コリア・ジャパン】のように、【チケット問題】だけに、あらゆる人々が大会が始まる前から終わるまで振り回されるというケースは今までに見た事がないし、あってはならない事であった。

前大会である【98フランスワールドカップ】まで、ワールドカップのチケットは、複数のエージェントによって販売されていた。しかし、その【98フランスワールドカップ】では、いくつかのエージェントがチケットを事もあろうか空売り（実際には未入手のチケットを転売していた）をしてしまった。その為チケット代金を払っているにも関わらず、実際にチケットが届かなかったり、エージェント間でチケットが度々紛失する等、社会を揺るがす事件が数多く発生した。

これは日本でも大きな社会的問題にまでなったが、【ワールドカップ観戦ツアー】である以上そのツアーの目的は当然【ワールドカップ】を観戦する事にあり、【ワールドカップ】を観戦できないのであれば、高い旅行代金を払って【ワールドカップ観戦ツアー】に参加する意味がない。【ワールドカップ観戦ツアー】であろうが、そうでなかろうが【ワールドカップ】を観戦するには必ずチケットは必要となる。しかし、【ワールドカップ観戦ツアー】の中核を司るとも言えるチケットが、出発日になっても旅行エージェントに届かないといったトラブルが世界各地で多発していた。日本でも【ワールドカップ観戦チケット】が届かず、それが無いままに出発した【ワールドカップ観戦ツアー】が後を絶たなかった。こうしたツアーに参加を申し込んでいたお客さん達はどうしたのであろう。

夢にまで見た【ワールドカップ】、チケットが届かない【ワールドカップ観戦ツアー】に参加した人の中には、現地の会場付近でプレミアムチケットを定価の数十倍もの数十万円で買わされたというケースも数多く報告されている。それでもこの人達はまだ良い方だ。せっかく現地まで行っても、チケットが無いために、結局【ワールドカップ】を観戦できずに帰国させられ、後はそのまま泣き寝入りせざるを得なかった人達も沢山いた。

【98フランスワールドカップ】では、私も入手済みのチケットを紛失され（届かず）、フランス行きを断念した被害者の1人である。

また、この【98フランスワールドカップ】の際には、【偽造チケット】も数多く市場に出回った事により大勢の人々が被害にあった。

このためFIFAは今回の【2002FIFAワールドカップ・コリア・ジャパン】では、全てのチケットをFIFAが一括して直接販売し、またチケットの偽造防止や転売目的の買い占め防止のために、数々の新しいシステムを導入したとされている。しかし、実際はどうかと見れば、とてもFIFAが一括して直接販売したとは言い難い状況であった。チケットはいくつもの複雑な経路で販売され、買い占め防止策も機能しなかった。

このため偽造チケットも多数市中に出回り、6月30日横浜国際競技場の決勝戦では、200枚以上もの【偽造（変造）】が発見される事態も発生していた。

全くの余談となるが、この偽造チケットは￥84、000するカテゴリー1の席が当日会場の外で￥70、000で販売されていた。チケットそのもののベースは本物を変造したものであった。これは、韓国で売れ残った予選リーグのチケットに日時、会場、座席番号、金額などを消し、その上に実際に存在する新たな日時、会場、座席番号といったデータを書き直したものであった。一つの座席当たり50枚程度の全く同じチケットが偽造されていた。そうなれば当然、1席に50名もの観客が殺到してしまう事になり、この事件は発覚した。偽造チケットをつかまされたお客にJAWOCは、やけに寛大であった。そうした明らかに偽造チケットと判るチケットを所持していたにも拘わらず、その人達にたいしては事情聴取後、新たに料金を徴収する事もなく別の席を用意して観戦を楽しんでもらったのだ。しかし、これは正規にチケットを買った人々や、手に入らずに涙をのんだ人達に対してあまりにも失礼な話ではないか。言い換えるならば犯罪に荷担した行為とも言える。

話を本題に戻して一つずつ検証してみよう。

前にも触れたが【2002FIFAワールドカップ・コリア・ジャパン】では【プレステージプログラム】と称する特別な高額チケットがパッケージとして販売された。

今回は日本国内開催分の50%については、JAWOCの中にある「プレステージプログラム事務局」が、韓国国内開催分の50%についてはKOWOCの中にある「プレステージプログラム事務局」が販売していた。そして日本と韓国の残り50%ずつが「FIFA　MARKETING」が海外販売用として販売した。【プレステージプログラム】の海外販売についてはワールドカップ史上初の試みであった。

日本国内で販売対象とされたのは、まずオフィシャル・パートナー、オフィシャル・スポンサー、オフィシャル・サプライヤー、そして一般企業、最後に国内の個人で、最終的には日本国内の全ての人が対象である。

今回ＪＡＷＯＣは【プレステージプログラム】について、主にスポンサーや企業が購入するものと考えていた。しかし、このデフレ不況の中では余りにも高額だった事により、ＪＡＷＯＣの思惑は大きく外れた。結果的に【プレステージ・プログラム・ゴールド】と【プレステージ・プログラム・シルバー】では、販売されたチケットの内、７割を超える数が、個人が購入したとＪＡＷＯＣは言っている。それではあてにされていた企業はなぜ【プレステージプログラム】を購入しなかったのだろうか。本当に価格やデフレ不況だけが原因だったのだろうか。

やはりオフィシャル・パートナー、オフィシャル・スポンサー、オフィシャル・サプライヤーを中心に、この【プレステージプログラム】を実際に買えなかった理由《わけ》があった。

では、まず企業にとってこの【プレステージプログラム】を購入するメリットとは何かと考えよう。

こういったものは、企業のイメージアップや信用を高める為に、また今後のビジネスにとって有意義な出費でなければならない。そこでＦＩＦＡがうたい文句にしたのは、「世界最高の試合で世界最高の感動を最高な環境で貴方と貴方のゲストのために『最高のおもてなし』を御用意しました」だった。

この事はまさに企業にとって特別な顧客、特別なゲスト、ＶＩＰを接待するという事である。これによって、顧客と企業が最高の空間を共にする事で、お互いの信用と信頼関係を築く架け橋にしたいという事だと考える。

そして「世界最高の感動を分かち合う」。共に分かち合うというところが、企業力を誇示できる手段であり、イメージアップに繋がり、明日のビジネスの活力にする事が出来れば、拠出した費用の何倍にも、何十倍にも値する価値が見い出されると一般的には考えられている。

それでは個人はどういう観点でこの「プレステージプログラム」を購入したのか。

［夢］を買ったのである。

［夢］とは、この世界最高の感動の舞台を、最高のレベルにいる人達と分かち合いたい。いつもは夢のようなロイヤルボックスか、それに準ずる貴賓席のような席。

特別仕立てに誂えられたシートが配された特別なエリア、まさに特等席と言うべき特別席で至福のひとときが実現出来る商品。またとない、まさに［夢のような時間と空間］が待っていて、それを今、現実のモノとして唯一実現できる物が、この［プレステージプログラム］である。ＦＩＦＡはその機会を一般の人に与えてくれたのだ（非常に高額ではあるが）と信じていたのである。

現代人が実生活を忘れ、現実から逃避する様な体験ができる事を信じ、夢見ていたのと同じく、ある意味、企業も同じ事を考えていた。

企業としては、個人が考えていたような夢物語と同じように、自分達の大切なゲストに対して［夢空間］を直接提供できる場。それは特別仕立てに誂えられたシートが配された特別なエリア、まさに特等席と言うべき特別席が醸し出す至福のひととき。これを企業が自らが提供できれば、顧客にその感動を最大限に堪能させられ、明日へのビジネスの活力としての最大級の影響力を与える事ができると考えていた。

個人や企業がそう考えて当然である。

なにしろＪＡＷＯＣは「【98年フランスワールドカップ】の時に使用したとされる『サンドニの特別仕立てのビロード張りのシート』の写真を掲載したパンフレットを製作した。

またＪＡＷＯＣやＦＩＦＡは、マスコミやインターネットに「超高額のＶＩＰ席に誰が座るのか……」といったような報道をさせるなど、数々の手法を巧みに使って広報、そして広告宣伝活動を展開してきたのである。

そしてマスコミ各社は競って、この【プレステージプログラム】を『超高級ＶＩＰ席』として囃し立てた。

しかし、なぜ、多くのオフィシャル・パートナー、オフィシャル・スポンサー、オフィシャル・サプライヤーを中心とする一流企業が「プレステージプログラム」を買い渋ったかであるが、やはりそれなりの理由は存在した。オフィシャル・パートナー、オフィシャル・スポンサー、オフィシャル・サプライヤーという立場からも分かるように彼らは【2002ＦＩＦＡワールドカップ・コリア・ジャパン】の大会運営やその手法等を、ある程度事前に知り得る事ができた。

言い換えればインサイダーとでも言おうか、【プレステージプログラム】の中身、実態をより早く把握できる立場にあったのだ。これらの中身や実態をいち早く把握してしまえば、その結果より多くの【プレステージプログラム】を購入する事を躊躇しても無理はない。

企業の中には【プレステージプログラム】購入を検討し進めていたが、最終的には取り止めたところもある。

しかし、これで驚いたら【2002FIFAワールドカップ・コリア・ジャパン】を語れない。

何しろもっと不可解な事が犇《ひし》めいている、それが【2002FIFAワールドカップ・コリア・ジャパン】なのである。

何を隠そうFIFAやJAWOCは【たぬき算！】なるものを「うっかりミス」で失敗してしまったから、こんな事になったという節がある
【たぬき算！】、この言葉だけ聞けば、実に耳障りの良い心地良い言葉にも聞こえる？


JAWOCは大会を1年後に控えた2001年の夏あたりから、今回の【2002FIFAワールドカップ・コリア・ジャパン】で得られるべき収入が当初の見込みより大きく下回るだろうという見通しを出した。その理由として「企業からの寄付が、思ったより少なかったから」と言いだしていた。

しかし、私達からすれば「はあっ？？？？？」と言いたくなる事態だ。


この背景には、やはり【たぬき算！】、の存在とミスが大きかったのである。

そう【捕らぬ狸の○○○○○……】というヤツである。

この○○○○○で囲んだなんとやら……とは、まさしく【たぬき算！】の正体である。

何と驚くべき事に、日本サッカー協会やFIFA、JAWOCらは【2002FIFAワールドカッ

2度目のW杯　ゴン中山

プ・コリア・ジャパン】の開催にあたり、スポンサーでもない企業等から多額の寄付金がもらえると見込んで最初から予算組みをしていたのだ。

何で、何の恩恵も受けない一般企業が「ブラッターさんに頼まれもしないのに自ら進んで寄付などしなければならないのか？」と、ちょっとばかり理解に苦しむ。

【ワールドカップ】では、オフィシャル・パートナー、同スポンサー、同サプライヤーから、法外な資金を募ってお金を集めている。何しろお金集めは得意分野であったはずであるが、これがどういう事になってしまったのか？　それらの企業は、ビジネス展開のためにお金を拠出するメリットがあるとＦＩＦＡは主張してきた。

【２００２ＦＩＦＡワールドカップ・コリア・ジャパン】では、それらのオフィシャル・スポンサーからスポンサー料の他に、【優先販売】とか【販促用】とか色々な名目を付けて【スポンサー・チケット】などと呼ばれる顧客向けチケットを割り当ててきた。

そのチケットは、販売促進や御招待用としても使用可能であるが、もちろん代金は、その企業に請求される。要するスポンサー料の他に、多額の入場料を徴収されている事になる。

こうしてオフィシャル・パートナー、同スポンサー、同サプライヤーになった企業は晴れて販促や企業広告に【２００２ＦＩＦＡワールドカップ・コリア・ジャパン】を前面に打ち出し【ロゴ】や【キャラクター】等を使用してのビジネスも出来る事になる。

しかし、それ以外の企業、そう寄付金を出したスポンサーなど以外についてはどうかと言えば、【２００２ＦＩＦＡワールドカップ・コリア・ジャパン】の【ロゴ】や【キャラクター】などを使う事をＦＩＦＡやＪＡＷＯＣは一切認めていなかった。

また、企業自らの努力で入手した【チケット】についても、【販売促進活動】や【広告宣伝】に使う事も併せて認めていない。

そうしたオフィシャル・パートナー、同スポンサー、同サプライヤー企業ではない、何の恩恵も受けない企業が、どうしてＦＩＦＡやＪＡＷＯＣにたくさんのお金を寄付する理由がどこにあるんだと言うんだ。

「ものは休み休み言え」と言いたくなるような発想で予算組みをしていたのでは、いつ破綻しても不思議はない。

こういった考え方を「整備不良」と言わずして何とする。


人はこれを【たぬき算！】と呼んでいる。


余談だが、日本代表のマスコット【カラッペ】と【カララ】を御存知であろうか。

彼らは財団法人日本サッカー協会のロゴ・マークをモチーフに創られたマスコットだ。注目して頂きたいのは【カラッペ】と【カララ】の足である。

「カラスの足は何本か？」

「はい二本です」

となるが、これは「ブー・ブーー！　不正解です」

普通2本足であるが、これが【たぬき算！】になると【カラッペ】と【カララ】という事になる。

日本サッカー協会のマークでは【三足烏《やたがらす》】であるが、果たして【カラッペ】と【カララ】はそうではないと断言はできない。しかし「絶対、あれは【たぬき算！】だぜ！」と思う今日この頃である。

皆さんがどう思うかはそれぞれのご自由であるが……。


【2002FIFAワールドカップ・コリア・ジャパン】では、選手にだって「整備不良」な人達もたくさんいた。

フランスの生んだ知将・司令塔ジダンだってその一人だ。

彼は、奥さんが出産する為に、チームが来日した後もフランスを離れずに、遅れて日本にやってきた。

当然体づくりも遅れている。

しかし、彼は来日後すぐにチームに合流する事なく、テレビ取材やCM撮りに明け暮れた。

結果は、皆さん御存知の通りだ。

ジダンは、韓国で行われた練習試合に出場したが、その試合でケガをした。これによって彼は事実上、本大会で一試合には出たものの【2002FIFAワールドカップ・コリア・ジャパン】を棒に振るみっともない、ぶざまなありさまを世界へ見せる事になった。

「身から出た錆か？」

そう言ってしまうには余りにも情けない結末であったような気がした。

ジダンともあろう者が、あまりにも「プロ意識を欠いた軽はずみな行動」であった。あろう事かここまで来て整備不良により、司令塔であるジダンを欠いた元王者のフランスは、【2002FIFAワールドカップ・コリア・ジャパン】を得点すらできないまま、フランス国民の顰蹙《ひんしゅく》を一手に引き受けて帰国した。

フランスに帰国したジダンも、顰蹙と同情を一身に受けていた。

「ジダンがかわいそう」という意見がある一方で「ジダン、ジダンって、あの人が何やったって言うのよ。彼はフランスの恥さらしだ」とまで言われた。

顰蹙は、まだ良いと私は思う。自分が悪いのだし、次に頑張って挽回する事が出来る。しかし、サッカー選手にとって同情を受けるほど悲しい事はない。致命傷とも言えるだろう。

確かに2002年12月3日に横浜国際競技場で行われた【トヨタカップ】で、ジダンはレアルマドリードの選手としてクラブ世界一の座に輝いたが、それでも輝きを取り戻せなかったような気がした。

【2006年ドイツワールドカップ】では、みんな『整備不良の状態を改善して』チケットの対価に見合う覚悟で望んで欲しいと切に願う今日この頃である。

## 2、どりーむ・ぷれーやー
## 【FIFAワールドカップ・幻に消えた世界のスター達】

### 世界から来た選手たち、そして幻のスター達たち

【2002FIFAワールドカップ・コリア・ジャパン】に限らずFIFAワールドカップでは、世界中の国から一流のスター選手達がやって来る。

【2002FIFAワールドカップ・コリア・ジャパン】でも世界を股にかけた選りすぐりのスター達がやってきた。

イングランドからは、サッカー界、そしてファッション界のカリスマ『ベッカム』、甘いマスクの若きヒーロー『オーウェン』

アルゼンチンからは、点取り職人『バティステュータ』

ドイツからは、ピッチにバナナを投げ入れられた世界で唯一の男『オリバー・カーン』

ブラジルからは、美術館に納められない無敵の芸術品【3R】、『リバウド』『ロナウド』『リカル・ジーニョ』、そして世界中の壁から恐れられるバヅーカ砲『ロベルト・カルロス』

カメルーン時間でお馴染みのカメルーンからは、元「浪速の黒豹」で今は【ボマちゃん】こと『パクリット・エンポカ』じゃなくて『パトリット・エンボマ』

前回の王者フランスからは整備不良の司令塔『ジダン』をはじめ『アンリ』、『ジョルカエフ』

パラグアイからは、地上に降り立つ天使の救世主？ ブルドックこと『ホセ・チラベルト』

それからスペインの『ラウル』。ポルトガルから『フィーゴ』。イタリアからは『トッティー』、『デル・ピエロ』。日本からは『ヒデ（中田英寿）』、『ゴン（中山雅史）』などなど、世界各国から選りすぐられた数々のスーパースター達がやってきた。

しかし、【２００２ＦＩＦＡワールドカップ・コリア・ジャパン】に於いては、何か物足りなさを感じ続けていたのは、果たして私だけだったのだろうか？

私的《わたしてき》に言わせてもらえば、ブラジルの点取り屋『ロマーリオ』

イタリアの至宝『ロベルト・バッジョ』。オランダの『クライハート』。アイルランドの『ロイ・キーン』。我らがＮＩＰＰＯＮで唯一「キング」の称号をゆるされた『キング・カズ（三浦知良）』など彼らの活躍を非常に楽しみにしていたのだが、これらは全て『幻』と消えた。

【２００２ＦＩＦＡワールドカップ・コリア・ジャパン】で世界最高峰と呼ばれる『幻の選手達』の姿は、遂に最後まで見る事が出来なかったのは非常に残念であった。

また今大会で、一度は日本で見たいと思っていたスペインの『ラウル』や、ポルトガルの『フィーゴ』、フランスの『ジダン』らの選手も、日本のピッチを踏む事なくひっそりと帰国の途に就いたのも寂しかった。

オーウェン

まあ、オランダの『クライハート』については、問題の次元が全く別である。何しろ大会の半年前からオランダ国民にまで「オランダ代表によって2002年、我々オランダ人の夏は全然面白くないものにされてしまった」と言われ蔑まされた。オランダ代表は【2002FIFAワールドカップ・コリア・ジャパン】欧州予選でさえも生き残れなかった。史上最強のオレンジ軍団とまで言わしめたオランダ代表チームが、まさか、まさかの予選敗退だったのだから話にならないし、同じ土俵にすら上がっていないのでは論外である。もちろんオランダ代表選手であり欧州予選に出場した『クライハート』自身にも責任が無いとは言わせないし、責任がある事は言うまでもないが、何とも寂しい限りの結果である。

**ああ、「ロマーリオ」よ。**

世界一のいい男軍団　イタリア

94アメリカ大会の得点王、ブラジルの点取屋『ロマーリオ』。

彼は未だブラジル国内に於いて依然と支持者が多く、【2002FIFAワールドカップ・コリア・ジャパン】でも多くの人々から期待が寄せられていた。

南米予選で苦戦を強いられたブラジルチームの試合では、彼『ロマーリオ』の姿をあまり目にする事はなかった。しかし、【2002FIFAワールドカップ・コリア・ジャパン】本大会に向けてはブラジルセレソンの救世主として多くの国民から期待が寄せられていた。あの王様と呼ばれた『ペレ』でさえ、『ロマーリオ』のセレソン復帰を熱く熱く熱望していたのであった。しかし、2002年5月下旬に発表された【2002FIFAワールドカップ・コリア・ジャパン】のブラジル代表名簿には『ロマーリオ』の名前はやはり無かった。

彼に関しては色々なエピソードと、数々の噂が世界中を賑やかに飛び交っている。


2001年ブラジル代表は【ワールドカップ南米予選】で、何回か『ロマーリオ』を主力選手として召集していた。しかし【2002FIFAワールドカップ・コリア・ジャパン】を目前にして、一見順調のように見えた『ロマーリオ』にも彼自身が予想もしなかった、時代の厳しい風が近づいていた。事件は2001年11月の遠征の時に突然嵐のように吹き荒れた。遠征中の宿舎でブラジル代表の選手達は『フェリペ』監督に、ある要望を直訴したのである。

時代の嵐とは言え、世論とは逆風にも思える出来事であった。その頃ブラジル国内では、CBF（ブラジルサッカー連盟）の関係者を含めた世論の一部で『ロマーリオ』復帰論が待望され、この『ロマーリオ復帰待望論』は一つの大きな流れにも見えていた。そして私の脳裏に4年前の出来事が浮かんでいた。

そんな中で起きた『直訴事件』、選手達の言い分は「現在のブラジル代表チームの選手としての立場で監督に要求したい事がある。それは選手の総意として彼『ロマーリオ』を【2002FIFAワールドカップ・コリア・ジャパン】の本大会にブラジル代表として呼ばないで欲しい」というものであった。

確かに『ロマーリオ』という選手には二つの顔がある。

ひとつは【世界の得点王】「94年アメリカ大会の得点王・永遠のストライカー・世界のロマーリオ」と絶賛される世界有数の名プレーヤー。そして【世界の問題児くん】「世界有数の問題児くん」と呼ばれるもう一つの顔である。いずれも『ロマーリオ』をよく表している。

確かに『ロマーリオ』は世界中のクラブで活躍した反面、数々のトラブルも絶えなかった事もあり、ワールドクラスの問題児くんでもある。

しかし、その『ロマーリオ』のプレーには、語り尽くせない程の魅力があり、天性のストライカーと呼ぶに相応しい一種のオーラのようなモノを放つプレーは人々の心を引き付けた。その彼の他を圧倒するプレーでは、彼が在籍した多くのチームにとっては数々の栄光を手にする事が出来た『神様のような存在』であったのも否定出来ない事実である。94年アメリカワールドカップのブラジルチームもその一つであろう。そして人々は、いつしか彼の周りで彼を必然的に特別扱いする様になっていた。そして彼もまた、それが当たり前のような錯覚に襲われていた。

『ロマーリオ』自身がそうした周りの特別扱いに対し、知らず知らずの間にその感覚に溺れるようになってきていた事も事実だと思う。そして、そうした気持ちからか、いつしかこれが『ロマーリオ』の態度にも随所随所に現れるようになっていった。こうした『ロマーリオ』の態度が、遂にブラジル代表チームにいる時まで波及して来ていたのだ。ブラジル代表と言えば「全員が世界のスター選手」であるが……。

2001年南米予選の時に『ロマーリオ』は久々にブラジルセレソンとして召集された。ブラジル代表の遠征や合宿で宿泊するホテルでは、選手達は原則として2人部屋となっていたのだが、この時『ロマーリオ』はチームに対して個室を要求した。また、その他の待遇についても、CBFブラジルサッカー協会に対して、要所要所に「わがまま三昧」を盛り込んだ特別待遇を要求し、他のブラジル代表選手と一線を画す差別化を図る事を求めてきた。そうした無謀とも思われる『ロマーリオ』から出される「わがまま三昧の要求」をCBFブラジルサッカー協会はなし崩し的に聞き入れてきたのである。しかし、その背景にはやはり『ロマーリオ』が国民的英雄とでも言うか、少し大げさに聞こえるかも知れないが【ブラジルの国宝】とでも呼べる存在であった事がある。そしてブラジル国民が皆、彼のプレーに期待を寄せていた事をCBF自身が組織としてよく理解していたからであろう。恐らくCBFはそうまでしても『ロマーリオ』を代表に置く価値があると判断していたはずであり、実際、『ロマーリオ』は言葉で言い表せないほど魅力が感じられる選手である事は世界が証明済みである。ブラジル人でなくてもサッカーファンなら誰でも、『ロマーリオ』の事をそう感じずにはいられないだろう。

でも、こういった光景をブラジル代表に選ばれた他の選手達は面白くないと思って当然だろう。こうしたCBFブラジルサッカー協会が『ロマーリオ』を特別扱いする態度に、ブラジル代表チームにいる他の選手達の我慢が限界となる日が、刻一刻と迫っていた。爆発寸前の状態は永くは続かず、遂にその時がブラジル代表とＣＢＦに訪れた。２００１年１１月遠征の時である。

当時のブラジル代表チーム（ほとんどが【２００２ＦＩＦＡワールドカップ・コリア・ジャパン】の本大会に出場している）にいた主要メンバー（リバウド、カフー等ら）が、フェリペ・ブラジル代表監督に対してある要請を行った。その内容は「【２００２ＦＩＦＡワールドカップ・コリア・ジャパン本大会】に『ロマーリオ』をブラジル代表として召集しないで欲しい」というものであった。

こうした事を選手側から首脳陣に対して要望するという事は、世界のサッカー史上から見ても類を見ぬ、異例中の異例とでも言える出来事である。

いぶし銀　リバウド

彼ら選手達の言い分はこうである。「同じ選手であるハズの「ロマーリオ」は、我々と同じブラジル代表選手でありながら、同じ選手であるという意識が全くない。その上に数々の無謀ともとれる特別扱いを要求しているが、ＣＢＦブラジルサッカー協会がこれを受け入れている事は我々他の選手にとって理解し難く、また精神的な苦痛にもなっている。そういった一連の事が彼の態度を助長させていて、最近『オレは特別な選手である』といった目に余るような態度が随所に現れている。もし彼がこのままブラジル代表に入ればチーム内の輪が乱れ、私達はこれ以上ブラジル代表としてプレーする事はできない」。この事を理由に【2002FIFAワールドカップ・コリア・ジャパン】での『ロマーリオ』外しという異例な行動に出た。

彼らは「もし、『ロマーリオ』をブラジル代表として【2002FIFAワールドカップ・コリア・ジャパン】に召集するのであれば、現在ブラジル代表でプレーしている殆どの選手達は、この【ワールドカップ】でのブラジル代表を辞退する」と実質上、前代未聞の脅し作戦に出た。

また【2002FIFAワールドカップ・コリア・ジャパン】の直前になってブラジル国内で再び『ロマーリオ』の復帰待望論が一般市民達の間から持ち上がり、それは一つの大きな流れとしてブラジル全土で盛り上がりを見せた。特にリオデジャネイロ、サンパウロ、ブラジリオ等のブラジル各地の都市では、「【2002FIFAワールドカップ・コリア・ジャパン】のブラジル代表に『ロマーリオ』を代表復帰させよう」と熱望するデモ行進が繰り広げられた。

遠征中の異例な出来事は、否が応でもブラジル国内で盛んになっていた『『ロマーリオ』をワールドカップへ」という運動と時期が皮肉にも重なっている。

これはCBFブラジルサッカー協会が、ブラジル代表チームの中で起っている事実を表向きには伏せていたため、当然一般市民の知るところではなかった。

2002年5月になり、ちょっとした事がきっかけとなり、この「『ロマーリオ』を召集しないで欲しいとブラジル代表選手等から申し入れがあった事件」が発覚し、国民の知るところとなったのである。

こうした事が明らかになった事を受け、『ロマーリオ』は直ちに記者会見を開き世間に対して弁明し、素直な気持ちをアピールした。

「私は、今までブラジル代表選手として、間違った事をしてきたのかもしれない。人間として自分自身の行いを素直に認め、チームの仲間、そして多くの人達に謝罪したい。今後はそのような事は絶対にしないよう約束する。だから、お願いだ。私にもう一度チャンスを下さい。私の夢である【ワールドカップ】に、もう一度ブラジル代表選手として出場するというチャンスを与えて欲しい」

と、涙ながらに訴えた。それまで培ってきたプライドを、彼が自らがずっと追ってきた夢のために捨てた瞬間であった。しかし、その後『ロマーリオ』、彼の想いがフェリペ監督の胸に届く事は永遠になく、【2002FIFAワールドカップ・コリア・ジャパン】のピッチ上で『ロマーリオ』の勇姿を見る事は出来なかった。

ここで私は敢えて言いたい。

ブラジル代表にいた選手達の言い分も、確かに理解出来ないところではないし、その気持ちも痛いほどに分かり、チームワークも非常に大切である。

しかし、代表選手である以上、イヤ、それは代表選手に限った事ではなく、サッカー選手であれば、選手としての領域とでも言おうか、与えられた使命と立場をキチンとした形で理解し、認識する必要がある。その上で選手に与えられた仕事や役割というものを今一度考え直して欲しい。

どこのチームでも首脳陣や監督が、その時点で最も良かれと思って選んだベストメンバーが、結果的にチームとして形成されている。その時点でチームにいる選手達は互いに同じ立場のチームメイトという事になる。言い換えれば互いに一つの駒に過ぎない。

その時々に自分に課せられた使命、任務とは何かという事を厳しい状況下であっても的確に判断し、そこで自分の力を最大限に発揮しなければならない。そうした中でも常に最高のプレー出来る選手こそが正真正銘のプロ選手というものであり、最も代表選手に相応しい真のプロ選手であると言えるであろう。

そして忘れてはならない事は、代表選手の選抜とは常に「聖域」であり、選手が絶対に口を出すべきところではなく、また出して良いところでもない。それは監督の持つ「絶対的な聖域」とも言うべき「専権事項」なのだ。

それこそが監督に課せられた「最も責任重大な使命である」と、監督自身にもきちんと把握してもらいたいものだ。特に代表チーム選考にあたっては、その国の現在於かれている立場や、国民の生活状況（政治、社会、経済等の国家状勢）などを見据え分析しておく必要がある。これを基礎として、現在その国の国民が、今、サッカーのナショナルチームに何を求めているかまでキチンと把握しなければならない。そうした上で、誰しもを納得させられるチーム作りをする作業とは、非常に奥深いものがあると言えるだろう。そうした過程に於いて監督だけで決められない事だってあるかも知れないのだが、それでも選手が口を出していいところではない。
２００１年１１月にブラジル代表選手達が為した行為は、選手という立場では、絶対に許されない行為である事を理解してもらいたい。またこの事件で選手達は、普通なら処分を受けても不思議がない次元である事をしっかりと自覚してもらいたいものだ。しかし、ＣＢＦブラジルサッカー協会もこの事件で、なぜ一人の処分もせず、事実を闇に隠す様な振る舞いをして来たのか不思議でならない。
そしてもう一つ、これによって「【ワールドカップ】や【ナショナルチーム】というものの持つ【権威】と呼べるものも軽くなったものだなあ」とつくづく情けなく想う限りである
今後、こうしたものの【権威】がますます軽くならないように、ＦＩＦＡ、各大陸連盟、各国協会、そしてこれからの未来をリードする各国ナショナルチームの監督達も真剣に考えていって欲しい。

そう『ロマーリオ』といえば時を遡る事4年前、【98フランスワールドカップ】の時にも一悶着あった事が思い出される。
【98年フランスワールドカップ】本大会直前まで、彼は出場選手構想に入っていたが、フランス国内に於ける直前のキャンプで無念の負傷を被った。その時、チームドクターの診断では「大会最初の2週間は出場して完全なプレーをする事は微妙であるが、決勝トーナメントについては間違いなしに復帰は可能であろう」と太鼓判を押していた。そして彼もまた大会期間中の復帰に意欲を見せていた。しかし、当時のブラジル代表『ザカロ監督』と『ジーコ・テクニカルディレクター』が出した結論は、無情にも『ロマーリオ』を代表メンバーから外し帰国させるというものであった。

その後『ロマーリオ』は、記者会見の席で涙を浮かべて無念さを訴えていたのが印象的であり、今でもその光景は鮮明に想い出される。

そしてこの出来事は、奇しくも「カズ」落選の翌日、6月3日の出来事である。

『ロマーリオ』は、【94年アメリカワールドカップ】の優勝メンバーとなり、個人的にも【得点王】という栄誉を2つも手に入れた。しかし『ロマーリオ』の【ワールドカップ】というものにかける熱い思いは、それだけでは満たされていなかった。

彼は絶えず【ワールドカップ】という夢を追い続け生きてきた。その事が彼の『サッカー人としてのロマーリオ』である唯一の証で、そんな彼を支持してきたブラジル国民は沢山いるであろう。

そして、そんなブラジル国民は彼の夢を自分達の夢へと重ね合わせ、彼と一緒に追い続け『ロマーリオ』に全ての夢を託していたのだと思う。

『ロマーリオ』の【ワールドカップ】にかける情熱は、知らず知らずに人々の心を打つほどに熱く、そして極めて価値の高いものである。

そして【98年フランスワールドカップ】に続き、【2002FIFAワールドカップ・コリア・ジャパン】直前に再び訪れた悪夢のような試練に『ロマーリオ』はとても耐えきれなかったのだろう。それとも『ロマーリオ』のサッカー人生に於いて「夢」として常に輝き続けていた、いや「人生の一部」として輝き続けていたものを、二度までもこういう不本意な形で【ワールドカップの夢舞台】自らの身を切り裂かれるように音を立てて崩れて失われていくのは恐らく耐えられないものであっただろう。『ロマーリオ』彼の見せた涙は、【ブラジル代表選手ロマーリオ】が綴った絵巻が走馬灯のように流れているようにも思わせる、なんとも言えない不思議な時間を人々に与えた。【人間ロマーリオ】のサッカー人生を噛みしめるような感動を、人々の胸に永遠に刻み込んだ。

しかし、この場を借りて敢えて言いたい。

「ロマーリオ」の流した涙には私自身、感動し、熱いものが確実に伝わっていたのも否定出来ない事実である。

私も【2002FIFAワールドカップ・コリア・ジャパン】のピッチで、華麗に動き回る『ロマーリオ』のプレーを見たかった一人であり、自分の事のように悔しい。

でも、ここでは敢えて心を鬼にして言おう。

「『ロマーリオくん』、君の気持ちはよく分かった。

でも、もう大人なんだし、

それにいい歳なんだし、

もう泣くのは、これで止めよう！

泣いていても、涙は何の解決にもならないし、もしかすると身体にも良くないかもっ、知れない！

さあっ、気を取り直したフリをして、次の2006ワールドカップドイツ大会を目指そう」

「ほんま、かいな？」


そうした日本でも……。

そう【98フランスワールドカップ】直前、『ロマーリオ』が代表から外れた前日には、時を同じくしてスイス国内ニヨンにある日本代表の最終キャンプ地でも、同じようなドラマが繰り広げられていた。

98年6月2日スイス・ニヨンに於いて、日本代表岡田武監督からフランス大会の日本代表チームの最終メンバーの発表があった。しかし、その発表ではある事が注目されていた。このキャンプに帯同している選手から3名の選手が代表メンバーから外れる事になっていたのである。


スイス・ニヨンの青空の下で当時の「岡田」日本代表監督は、こう発表した。

「ええー、外れるのは、市川、……。……カズ。ミウラ・カズ。……。……北沢……。の以上3名です。……」

暫く間を置いてまた岡田監督は淡々と説明を続け出すが、会場にいたプレス陣やマスコミ関係者は一斉にざわめき一時騒然となった。しかし、当の岡田監督は何もお構いなしにしゃべり出した。

「カズについては戦術的に残しておいても使う機会が無いと判断しました」

「北沢については、彼に適したポジションを見つけてあげる事が出来なかった」

と語り、また少し置いて、

「カズと北沢については残しておく事がチームに良くないという事で、私の判断で既に帰しました。……」

NIPPONの「KING・KAZU神話」が音を立てて崩れ落ちた瞬間であった。


【KAZU】・本名三浦知良。

日本で「カズ」といえばサッカーに詳しくない人でも、その名前を知らない人は少ないだろう。

93年ドーハの悲劇として知られる【94ワールドカップアメリカ大会】を翌年に控えたアジア最終予選で『オプト監督』率いる日本代表は、あと1勝で悲願のワールドカップ初出場のところまでたどり着いていた。

迎えた最終戦、日本は1—0でリードし時間はロスタイム。右コーナーキックからのセットプレーであった。これを乗切れば日本国民の悲願であったワールドカップ出場という夢が達成される。

しかし、長く感じたような気もするが、でも、実際にはあっという間の出来事であった。

ボールは日本のキーパー松永の横を掠めた。

夢は終わった。

同点にされた日本代表にとって、いや日本国民全員の夢は敢えなく泡のごとく消えていった。

その時、日本代表の中心的選手達はカズ、ラモス、柱谷哲二、都並らであった。今になって振り返って見ると、やはりあの前後数年間が日本のサッカー界にとって、また「日本代表チーム」として最も輝いていた時代だったような気がする。

いったい「カズ」にとってワールドカップとはどのようなものであったのだろうか。

彼は僅か16歳の時にブラジルに単身で渡り、幾つものクラブの入団テストを試み練習生を経て、見事プロテストに合格し、ブラジルで日本人初のプロサッカー選手としてデビューを飾った。その時の日本サッカー界といえば未だ途上国であり、勿論プロリーグであるJリーグ何ぞというものが発足するずっと前の事であった。国際大会での日本代表はと言えば、唯一【メキシコオリンピック】で銅メダルを獲っただけという状態が、以来ずうっと続き、低迷の一途を辿っていた。

(当時、オリンピックに於けるサッカー競技は、まだ年齢制限は無かったが、プロ選手の参加も認められていなかった。しかし、その頃、日本には、まだプロサッカー選手が居なかったためにフル代表、すなわち今でいうA代表で戦っていた。世界に通用する日本人プレーヤーといえばメキシコ五輪銅メダルの立て役者、「世界の釜本」と呼ばれた『釜本邦茂』ぐらいで、ほかに国際的に知られる日本人サッカープレーヤーは見あたらなかった)

そんな時代にブラジルで『カズ』は、若くしてプロ選手としてデビューを果たし、徐々に成績を残し始めていた。しかし、本場ブラジルでは、やはり『カズ』の存在はそれほど大きなものではなかったが、それでも注目されるべき事は幾つかあった。まだあどけなさが残る『カズ』に対して周囲の目は、訳の判らない東洋のサッカー後進国から来た「生意気な日本人の子」としてある種、おもしろ半分で『カズ』

をからかう様な感じで見ていた。そんな『カズ』がどうして注目を浴びたかと言えば、幼さが残る顔の『カズ』の口から次々と出る【夢物語】の数々であった。

その頃の『カズ』は、インタビュー等、事ある毎に「将来の夢は？」と聞かれれば必ずと言っていいほどに、

「ボクの将来の夢は、日本代表としてワールドカップに出場する事です！」

と、ハッキリとしかも力強く答えていた。そう話す『カズ』の目は、キラキラと輝きを放ち、これには周りの大人達は度肝を抜かれた。

しかし、この言葉は当時、周囲にとって滑稽《こっけい》なものにしか映らなかった。なぜなら、日本代表が【ワールドカップに出場できる時代】など絶対に、そして永遠に来ないと世界中が信じていたからだ。

しかし、それでも『カズ』は、度々、事ある毎に、何度でも、何度でも、繰り返し、繰り返し、こう言い続けていた。

「ボクの将来の夢は、日本代表としてワールドカップに出場する事です！」

その言葉を口にしている『カズ』の表情は、なぜか大きな自信に満ち溢れているもので、説得力さえもあるように周囲に感じさせていた。

そして、その『カズ』は、大人になってもこの言葉を繰り返し言い続けた。

「ボクの将来の夢は、日本代表としてワールドカップに出場する事です！」

幼い『カズ』の口から発せられていた言葉は、その時すでに『カズ』自身が、将来、日本代表をリー

ドするプレーヤー【KING・KAZU】として、ドーハの悲劇、そして98年フランスワールドカップの初出場へ導く事を、一種、予言していたのかもしれないと感じさせられる。

しかし、この『カズ』の言葉は、決して予言なんかじゃなかった。『カズ』の言葉は、彼自身が「日本代表を絶対自分の力でワールドカップへ導くんだ」という堅い決意の表れであった。そして日本のサッカー界に『カズ』は魂を吹き込んでくれていたのかもしれない。

ドーハの悲劇のあと『カズ』はブラジルから帰国し、その年開幕したJリーグで【ヴェルディー川崎】のエース・ストライカーとして華々しい活躍を残し、MVPや得点王など数々のタイトルを欲しいままにしていった。

そして、いつしか人はみな、彼の事を【KING・KAZU】と呼ぶようになった。

しかし、『カズ』が日本サッカー界に残した功績は、こんなものではなく、もっと、もっと、計りし得ないものがある。それは、サッカーの持つ魅力、美しさと素晴らしさを表現し、グランド狭しと駆け回り、そして何かを伝え続ける『カズ』姿が、私達に【夢】と【感動】を与え、日本サッカー界に大きな功績を残した事である。

そして日本人初の1億円プレーヤーの座を実現した事は、将来を担う子供達ばかりか、もちろん大人にも【夢】を与え続けてくれた。

『カズ』がサッカー選手として残したものは、恐らく彼自身さえも子供の頃に想像すらしていなかっただろう。

改めて【KING・KAZU】という存在が、日本に計りし得ないほどの大きい功績を残した事は永遠に歴史に残るだろう。

私は、『カズ』の所属クラブである【ヴェルディー】が地方へ遠征した際に、彼と一緒に何度か移動した事がある。『カズ』は日常生活の中でも「サッカーへの思い」を熱く語る男であり、たとえそれが列車の中であっても、空港の待ち合いロビーであろうとも話がサッカーの事となれば、彼の目は一段と輝きを増し、熱いものを絶えず周囲にぶつけてくる。彼が輝き続けられる理由とは、こうした熱いものを常に持ち続けられる一種の【モチベーション】から来る【一つの芸術品】と言うべきものであろう。それは、恐らく誰にでも真似できるものではないと確信できる。

1997年、遂に『カズ』は、日本のエースとして、翌年に迫った【98フランスワールドカップ】へ日本代表の初出場を実現させた。

しかし、【98フランスワールドカップ】で『カズ』が姿を見せる事はなかった。

「**カズ代表落選！**」

その衝撃は日本中、いや、世界中をも駆け巡った。テレビでは異例であるがニュース速報が字幕で流れ、また番組を中断してまで臨時ニュースも組まれ、街中では新聞各社の号外が配られるほどであった。『カズ』の日本代表落選は世論の注目を一手に引きつけるほどの大ニュースとなり、多くの人々が日本サッカー協会の『カズ』に対する扱い方に疑問を抱いた。

そして『カズ』は、精神的疲労や大きなショックから、すぐに日本へ帰る事は出来ず、同時に落選した同僚の『北沢豪』と共に、暫くイタリアのミラノに滞在してから帰国した。

帰国した時に『カズ』は髪を白髪《はくはつ》に染めていた。

これが『カズ』にとって【FIFAワールドカップ】の存在が、いかに大きなものであったかという事を示すものであると見られた。

ここだけの話であるが、ニヨンでのキャンプを前にして『カズ』は日本代表に呼ばれたり、呼ばれなかったりという事が繰り返されていた。確かにアジア最終予選のあたりから『カズ』は初めてのスランプに陥り、暫くゴールから嫌われている状態が続いていた。その為にソウルで行われた韓日戦でも、日本代表に入ってから初めて招集されないという屈辱を味わった。その頃からだろうか、『カズ』の心の中にかなりの心労が溜まり始めていたのは……。

そして子供の頃からずっと夢見ていた【ワールドカップ出場】を掴みかけた直前、あのような形で【日本代表落選！】という事実を突きつけられた。『KAZU』の中にはかつてない程の心労が立ちこめ、それを周囲に悟られないようにと必至になっていた。『カズ』が髪を白く染めたもう一つの理由は、【ワールドカップ日本代表落選！】というショックから、心労が原因で頭髪にも急激に白いものが目立ってきた為だった。そして『カズ』は、敢えて気持ちを切り替えるためと周囲に説明し、白髪に染めて帰国したのであった。

『カズ』が帰国する際には、当時彼が在籍していた『読売日本サッカークラブ』の森下社長は、彼らの気持ちを察して『カズ』と『北沢』を自らイタリア・ミラノまで迎えに行ったのであった。

話は逸れるが、この様な時、日本の悪い習慣からか関係者達はどうしても話を美談させたがる傾向にある。今回、この事を書くにあたって、ごく最近になってから一部の関係者（ハッキリ言える事は、選手本人でもなければ所属クラブ、日本サッカー協会等ではないという事だけで勘弁して欲しい）からやはり私の元へクレームが届いた。その内容とは、まず、『カズ』が帰国した時に染めていた頭髪の色は【白】ではなくて【シルバー】だというのである。しかし【シルバー】とは、すなわち【銀色】、銀の色という事であるが、これは金属が持つ特有の輝きからなる色彩で、メッキ以外にこの色を明確に【シルバー】と言える染料は無い。そこで大抵は【灰色】か【白】に近い色という事になるが、この場合【灰色】と表現するのは余り綺麗な感じを持たれないので適切でないと考える。また、当時『カズ』が染めていた頭髪の色は誰にでも【白い】と見えていた。そして『カズ』が頭髪を染めた理由についても「洋服を買うような感覚で、本人の数少ない趣味からやったもので白髪を隠すためのものではない。それに『カズ』本人は、いわゆる若白髪など全く気にしていない」と躍起になって弁明してきたのだ。しかし、この弁明からも判るように、『カズ』の頭髪に若白髪なるものがこの時点で相当量になってしまっていた事を逆に証明してしまっている結果だ。さらに「森下社長がイタリア・ミラノまで迎えに行った」という件について、「森下社長は成田空港までしか迎えに行っておらず事実に反する」との申し入れもあった。しかし、当時のVTRから見ても解るように、森下社長が『カズ』『北沢』を引き連れて歩いている映像は、成田空港の到着ゾーン、しかも入国前の制限エリア内で、プレス用の腕章やIDカード（セキュリティー上の理由により報道関係や航空、空港関係者以外には配布、貸し出しなどされない）といったものを身につけておらず、これは森下社長が海外からの到着客である事を証明している。

私は、こうして一部の関係者が何でもかんでも【美談化】していく現在の傾向に危機感を覚える。この『カズ』のケースでもそうだが、一番傷付いているのは本人達だし、これをダイレクトに伝えたからと言って【全然、カッコ悪くなんかない！】と想うし、むしろ人間として極自然な状態で、むしろ「何とも想ってなかったら」それほどの熱い思いを燃やしていなかった事になるじゃないか。

だから私は『カズ』には悪いとは想うが敢えてここで皆さんに伝えようと決心した。

「そんな『カズ』が、私は好きだ！」


そしてその数カ月後の年の暮れに『カズ』は、Jリーグ開幕初年度からエースとして君臨してきた【ヴェルディー】からもその身を追われた。私は先程の【美談化】したがる『カズ』の周囲を取り巻くものが、何らかの影響をもたらしたと想っている。

当時のスポーツ紙等を見ると【戦力外】とか【解雇】とかという文字はどこにも見あたらなかった。ただ理由として【条件面で折り合わなかった】とされていたが、今頃になり『カズ』自身の口から「ヴェルディーをクビになった時……」などという言葉が出てきているので、周囲が【美談化】させる方向性を持っていたという事が明らかになってきている。

こうした中、本人達はどんな気持ちでいただろうと考えると、とても居たたまれない気持ちにさせられる。これでは『カズ』があまりにも可哀想でならない。

話を本題に戻そう。そうして『カズ』は日本という国を離れ、皮肉にも新天地を日本代表が【98フランスワールドカップ】で対戦した国、クロアチアの【クロアチア・ザグレブ】に求め移籍した。しかし、クロアチアで『カズ』は元の輝きを取り戻す事が出来ず、僅か1年も持たず帰国した。

その後は『カズ』の事を今まで高く評価してくれていた元日本代表監督の加茂氏が監督をしているJリーグ【京都パープルサンガ】や、元【ヴェルディー】監督の川勝氏が率いていた【ヴィセル神戸】へと再びJリーガーとして渡り歩き、日本のサッカー界へ復帰し現在に至っている。

『カズ』が去った日本代表はといえば【98フランスワールドカップ】終了後、すぐに【新生トルシエ・ジャパン】として生まれ変わった。しかし、その後【トルシエ・ジャパン】の元で『カズ』は何回か代表候補としての召集を受けたが、やはり大会直前になるといきなり代表から外されたり、また、たとえ本代表メンバー入りしていても、決して「『カズ』のプレーが生きる」ほどの出場機会に恵まれる事はなかった。

【KAZU】自身は、子供の頃からいつも夢に見ていた「日本代表としてワールドカップに出場する」という希望は忘れず、絶えず【ワールドカップ】という言葉にだけに向けて、常にその意欲を持ち続けていた。

しかし、【KING・KAZU】とまで言われた男のプレーは【98フランスワールドカップ】直前のスイス・ニヨンで、もろくも消えて行ってしまったのか？

それまで『カズ』が持っていた自他共に認める、あの【KING】の称号が、あのような形で傷付けられて以来、『カズ』は何処か寂し気で、いつしか輝きも薄れていった。

そして時が流れ4年後、『カズ』と『北沢』は再び代表候補にすら名前を連ねる事もなかったが、それでも彼らの胸の中には、恐らくその直前まで「【2002FIFAワールドカップ・コリア・ジャパン】では、必ず日本代表へ……」という熱いものはあったと思う。

2002年5月17日、「中村俊輔」の「落選」で歴史は非情にも再び繰り返された。

2002年の春、【2002FIFAワールドカップ・コリア・ジャパン】大会に向けての日本代表メンバーには一人の若手有力選手、そう当時エースナンバー背番号10を背負う『中村俊輔』(当時横浜Fマリノス、現セリエA・レッジーナ）がいた。

『中村俊輔』は、代表候補選手の中でも特に期待が高く、2001年シーズンから2002年シーズンの国際試合では、殆ど日本代表エース番号と言われる背番号10を背負っていた。『中村俊輔』は、日本のレフティー中では3本の指に入る程の技術の持ち主で、将来を有望視されている若手選手の一人である。その『中村俊輔』には【2002FIFAワールドカップ・コリア・ジャパン】の前であるにも拘わらず、ヨーロッパのビッグクラブからオファーが届く程に成長していた。中でもスペインの名門【レアル・マドリッド】は、【ワールドカップ】での活躍を視野に入れ契約を前提として視察していた。

「横浜Fマリノスでのプレーも、ワールドカップ終了後は観られなくなる」等と言われて、彼に別れを惜しむ声まで聞かれていたぐらいであった。人々は皆『中村俊輔』が日本代表での活躍する事に期待感を膨らませていた。

そんな『中村俊輔』であったが、トルシエ監督がワールドカップ直前に彼に対して下した決断は無情なものであった。『中村俊輔』を【2002FIFAワールドカップ・コリア・ジャパン】の日本代表に召集しないというものであったのだ。

この【『中村俊輔』日本代表落選！】が発表された当日、気丈にも、彼は彼自身でテレビカメラの前に立ち、記者会見に望んだ。『中村俊輔』、彼がひとまわりもふたまわりも大きく立派に見えた瞬間であった。

## 記録に残る選手、記憶に残るスター達

代表選手を選ぶという事は、代表監督に与えられたもっとも大きな専権事項である。しかし、それは必ずしもその国の国民の目と一致している訳ではなく、世論の声が反映されているものでもない事などは誰もが分かっていると思う。

では、代表監督はどのようにして選手を選べば良いのだろうか。ましてそれが【ワールドカップ】の代表選手となれば、なおさらの事、その選考はむずかしい作業となるであろう。

捉える者によって、その尺度は大きく変わってくるが、皆さんは代表チームで、どんな選手が見たい

ですか。

また、これは【ワールドカップ】というものの【価値観】とも大きく関わってくる問題でもある事なのですが、果たして皆さんは【ワールドカップ】に、今、何を求めていますか？

「【ワールドカップ】で何を見たいのですか？」

これを考えて行くという事はとても大きな問題になると思うのですが、取りあえず、一般的なサッカーファンが、自国、いや、それは自国以外の国でも良いのですが、代表チームに何を求めているのかを考えてみたいと思う。


皆さんがスタジアムで、いや、それはテレビでもいいんですが、サッカーを見ている時、試合中に眠くなった事がありませんか？

私は、ハッキリ言ってあります。

「眠くなった事がある」と答えた方にもう一つ質問します。

その試合で応援しているチームは勝ちましたか？

それとも、負けましたか？

それで、その試合は面白い試合でしたか？

後世に語り継がれる【名勝負】でしたか？

私の経験を例に挙げれば、そうした試合では、たいていゲームの勝ち負けについては、ほとんど関係がなかったように記憶している。

面白かったという記憶もない。

まぁっ、半分寝ていたのでは面白いと感じる事もないと思うが……。

そして、ごく希《まれ》なケースを除いては、後世に語り継がれる【名勝負】というものではなかったように思われる。


プロサッカーには、人々を魅了する華麗なプレーや感動と呼ばれるものを人々は期待していると思う。

ジンガを踏み相手をまるで挑発するかのような5人抜き6人抜きのドリブル。

虹のような弧を描き落ちて行くフリーキック。

相手を恐怖の底に落とすような弾丸シュート。


スーパースター達が、次々と繰り広げていく華麗で、そして磨き抜かれたテクニック。

時には、それらのプレーを持ってしても【勝利】という二文字を呼び込めない時も多々ある。

しかし、そんなプレーが90分間繰り広げられていたとしたら、それでたとえ試合に勝てなかったとしても観客に文句をいう人がいるだろうか？

まして寝ている人など多分いないだろう。

寝ている場合ではない！

しかし、こうした華麗なプレーがコンスタントにできるプレーヤーは、世界の中でも極限られたスタープレーヤー達なのではないのだろうか。

現在、各国の代表監督達は果たして【ワールドカップ】に何を求めて選手選考をしているのだろうか？


戦術だろうか？

それともチームの勝利？

優勝する事だろうか？

そして、お金を払う我々ファンは、果たして何を求めているのだろうか？


もし、自国の代表チームの勝利だけを見たいのなら、どうして第三の国、例えば【ブラジル】【イタリア】【イングランド】などの試合を人々は、こぞってスタジアムに観戦に訪れるのだろうか？

なぜ、熱狂的に「ベッカムさまー！」「ロナウドさまー！」「デルピエロさまー」と黄色い奇声で応援するのだろうか？

どうして世界中のメディアが注目するのであろうか？


これを私なりに考えた末、一つの結論にたどり着いた。

それは「もし、私だったら何を求めているのだろうか？」という事である。

私は【ワールドカップこそ世界最高のプレーが観られるところ】だと考え、まさに万人の夢を乗せた【夢舞台】であって欲しいと常に思っている。

そして【夢舞台】の主役は【みんなが夢を託せるプレーヤー】であって欲しいと思う。その【夢舞台】では、たとえ結果が伴わなくても、みんなが魅了されるプレーが凝縮されていれば、勝負に破れたとて、その結果を責める人はいないと思う。こういう試合こそが人々に感動としてそれぞれ心の中に残り、やがてそれは後世に語り継がれてゆくであろう。

歴史に残る名選手と呼ばれた名プレーヤー達は、人気や評価が高かっただけではなく、常に人々の心を魅了させるだけの技術は勿論、魅力的な人間性も持ち合わせていた。たとえ彼らのプレーが必ずしもチームの勝利に結びついていなくても、その評価が低下したり、プレーの輝きが衰えたり、失われるような事は絶対にあり得ない。

日本の『KING・KAZU』もその一人だ。

たとえ【ワールドカップ】に出る事が出来

ベッカム

なくても、『カズ』が残したものは、言葉に出来ないぐらい強烈なものとして我々の心に焼き付いてくれた。

世界を見ても【ワールドカップ】で優勝出来なくとも、それ以上に高い評価を残し、人々の誰もが慕い、尊敬されている選手は沢山いる。こうした現象はある意味、勝つ事だけにこだわらなくても人々は、彼らを認めているという斯くたる証ではなかろうか。

日本代表の新監督『ジーコ』。彼は「神様」と呼ばれ、歴史に残る名プレーヤーであり、今なお絶大な人気を誇っている。確かに『ジーコ』は【ワールドカップ】への出場経験が3回ある。

しかし、彼は【ワールドカップ】では、ただの一度も優勝経験が出来なかった事を皆さん知ってるだろうか。

また、今回の【2002FIFAワールドカップ・コリア・ジャパン】でも世界各国のサッカーファンが出場を切に熱望していた選手が沢山いる。その中でも何人かの選手は【2002FIFAワールドカップ・コリア・ジャパン】へ当然出場させるべきだったと考えられる。

それは『KAZU』であり、『ロマーリオ』であり、『ロビー』である。

勿論、私も彼らのプレーを非常に見たかった一人である。

**イタリアの至宝「ロビー」**

「この男がいれば、【2002FIFAワールドカップ・コリア・ジャパン】は違うドラマになっていたに違いない」と確信を持って悔やまれる選手がもう一人いた。

その男の名は、『ロビー』の愛称で親しまれているイタリアの至宝『ロベルト・バッジョ』だ。

しかし『ロビー』、その勇姿を【2002FIFAワールドカップ・コリア・ジャパン】で見る事は出なかった。

『ロベルト・バッジョ』、彼もまた、90年から3大会連続で3度のワールドカップ出場経験を持つ世界有数の名プレーヤーの一人である。【ワールドカップ】でこそ優勝経験はないが、彼の輝きを認めない人はいないだろう。

『ロベルト・バッジョ』が【98フランス・ワールドカップ】で見せたプレーには、確かに記録には大して残らないが、私達の記憶には強烈なほど残っているプレーがある。

それは、決勝トーナメント1回戦で、PKを奪い取ったプレーである。

この時『ロビー』は、右サイドのペナルティーエリア内の右隅ギリギリの、ゴールライン寸前のところでボールをキープしていた。当然、相手のディフェンダーは『ロビー』に張り付き、強く強くプレスをかけボールを奪おうとしていた。

その時『ロビー』が、もしプレッシャーでボールをゴールラインの外へ出してしまえば、ゴールキックとなり、ボールは相手に渡ってしまいチャンスは消える。

この場面では、もう一つ最悪のシナリオも考えられた。それはゴールキーパーにボールをキープされてしまうというケースである。そうなればイタリアは相手のカウンター攻撃に見舞われる事になる。そうした緊迫した場面の接戦が両チーム、ライン際のところでの、ギリギリの攻防を繰り広げていた。そうした中で『ロビー』は刻一刻と変わり行く戦況の中で、次々に一瞬の判断に迫られ、次第に彼は疲れ、そして明らかに焦れていった。

しかし『ロビー』にはそれをものともしないキャリアがあった。『ロビー』は、その危機的な状況で彼自身が永年培ってきた適格な判断と、絶妙なテクニックで一瞬にして周りを沈黙させた。それは余りにも華麗で観るものの目を釘付けにさせ、しかも、誰も想像できないような、そしていかにも『ロビー』らしいプレーをしてのけたのである。

『ロビー』が実際に置かれた戦況をもう一回整理しよう。このケースでは、当然の事ながら逆サイドゴール前にはイタリアの選手が詰めていた。

そこで、こういう場面では一般的な選手には、どのような選択肢が想定されるかを先に考えてみたい。一般的に考えるなら、ボールを素直にセンタリングかシュートに持ち込めれば何も言う事はないし、シンプル・イズ・ベストである事は間違いないと判っている。しかし、舞台は【ワールドカップ】である。相手も当然、一流のプロのサッカー選手であるから、そんなに事をすんなりやらせてくれない事も判っている。

もし、そんな事が出来ているぐらいなら『ロビー』とて、こんなに焦れてイライラしたりはしていない。したがってこれは選択肢から必然的に外され、『ロビー』の考えには入らない。

じゃあ、その他にどんな選択肢があるかというのが問題である。

2つ目の選択肢として考えられるのは、いわゆる教科書どおりに考えていくという方法である。この場合は、右サイドのペナルティーエリア内、右隅ギリギリのゴールライン寸前で、攻撃側の選手がボールをキープしている。このようなケースには、通常ゴールライン寸前でのボールの奪い合いの中から、相手ディフェンスの選手にボールをワンタッチさせる事を得てコーナーキックを貰いに行くのが、リスクが一番少ないと一般的には言われている。この方法の利点としては、万一、コーナーキックを得る事に失敗した場合に於いても、ゴールキックとする事が出来る。こうして攻守が入れ替わった場合でも、攻撃するためにラインを上がっているディフェンダーの選手が、自陣に戻る時間を十分に得られる。最悪の場合でも、相手のカウンター攻撃による失点だけは防げるという判断が理屈である。

3つ目の選択肢として考えられる方法は、かなり投げやり的な手段である。しかし、結果はどうであれ、素直に（こういう場合一般的には強引な自殺行為という）ボールをセンタリングかシュートに持って行くというやり方である。

ここで考えてもらいたい。そんな事が簡単に出来るなら『ロベルト・バッジョ』、そう、『ロビー』はとっくにやっている。要は出来ないからイライラしていたのである。

「入らないと解っているシュートを強引に打っていく」、これにはあとで、非難と批判という特典が、もれなくと言ってよいほど付いてくるので注意が必要である。だから『ロビー』はしなかったのかも知れない。

まだまだある？

顰蹙《ひんしゅく》の捨て身攻撃。もう一つの判断としては、極めてフェアなプレーでないが、一般的に非常によく使われるパターンである。攻撃側選手がペナルティーエリアの中でのボールをキープしているのだから、相手ディフェンスの選手からファールを誘えばPKを確保できる。しかし、ここはしつこいが【FIFAワールドカップ】の檜舞台である。そうは簡単にファールなどしてくれる訳がないのは当たり前の事、なにしろ相手だって世界一流のプロ選手である。

「じゃあ、どうしよう？」

「それじゃあ、自分で転んじゃえー！」

というのがもっとも普及的な方法として用いられている事が多い。

今回の【2002FIFAワールドカップ・コリア・ジャパン】で見ていても判るように、サッカーの専門用語で【シュミレーション】といって【審判を欺く行為】がある。しかし、これはとても厳しい反則行為となっており、警告対象として厳しく罰せられる事になっている。

「では、どうするか？」

方法はただ一つ。

【覚悟を持ってレフリーに見つからないようにやろう】

というのが結論である。

でも、実際問題そうも言っていられない。何しろそうでなくても『ロビー』は目を付けられている選手であるからだ。

では【98年フランスワールドカップ】のこの時、『ロビー』は実際にどんな判断により、どんなプレーをやってのけたのであろう。

## ロビーが産んだ芸術の逸品はこれだ！

右サイドのペナルティーエリア内の右隅ギリギリのゴールライン寸前で、『ロビー』はボールをキープしていた。張り付いていたディフェンダーは、当然、強く強くプレスをかけていた。まさしく手に汗握る攻防の中、『ロビー』は誰の目から見てもイライラしてきていた。しかし、その次の瞬間にとったプレーは、誰もがその目を疑うものだった。

相手ディフェンダーとの間隔が40センチ位のところ、その空いた隙に、針の穴に糸を通すようにディフェンダーの「手」を目掛けて思いっきりボールをキックした。

ボールは、見事相手ディフェンダー選手の「手の甲」に命中した。

次の瞬間ホイッスルが高く鳴り響く。この攻防で『ロビー』が勝った事が告げられた合図である。

『ロベルト・バッジョ』は、計算し尽くされた精密機械のようにPKを貰ったのである。

これぞまさしく神業である。

正真正銘、合法なやり方、一瞬の隙をついた見事な判断であった。

相手ディフェンダーは、当然のごとく抗議をした。納得なんか出来るもんじゃない。

しかし、誰が見ても「ハンドはハンド」である。

下された判定は「ハンド」以外の何事でもない。

相手ディフェンダーの周りに居た相手のチームメイト達は、「ハンド」した選手をなだめるしか方法がなかった。

観ていた審判も、そして観客の誰もがこの勝負『ロベルト・バッジョ』に完全な軍配が上がった事を認めざるを得なかった。

『ロビー』のプレーは、まさしく大きく華麗な世界最高のプレーではないが、ベテランならではの【いぶし銀】のようなワールドクラスのプレーであった。それはやはり『ロベルト・バッジョ』が執念から生み出した「PKへのこだわり」とも言うべき、芸術的な歴史に残る逸品であった。

このプレーは『ロビー』の頭の中に、あの【94アメリカワールドカップ決勝】のブラジル戦で「優勝」の二文字を逃し、今でも語りぐさになっている彼自身が蹴った「PK」に対する心のわだかまりが残されていたから生まれたのであろう。

今回【2002FIFAワールドカップ・コリア・ジャパン】で、『ロビー』はイタリア代表として召集されなかった。

『ロベルト・バッジョ』待望論は、イタリア国内を駆け巡っていた。

当の『ロビー』はと言えば、2002年の初め【2002FIFAワールドカップ・コリア・ジャパン】を前にして、古傷を再び痛めて全治6ヶ月間と診断され手術を受けた為に、【2002FIFAワールドカップ・コリア・ジャパン】までの代表復帰は絶望視されていた。しかし『ロビー』は、驚くべき超人的な回復力で見事に復帰出来るまでに漕ぎ着けていたのだった。

それでも【2002FIFAワールドカップ・コリア・ジャパン】の晴れ舞台に現れたイタリア代表

チームに『ロビー』の勇姿は無かった。

【2002FIFAワールドカップ・コリア・ジャパン】決勝トーナメント1回戦、イタリアVS韓国の試合の事である。

それまでイタリアの『トラバットーニ監督』は「『トッティー』と『デルピエロ』は絶対、同時に起用しない」と明言していた。しかし、なぜかこの試合ではスターティング・イレブンに『トッティー』と『デルピエロ』が揃って登録されていた。そして二人は同時にピッチへ挙がっていた。

後半戦のキックオフを前に、1点リードを奪ったイタリアの『トラバットーニ監督』は、これで勝利を確信したのか、それとも本人の疲れからかは定かでないが、その時「デルピエロ」の姿は既にピッチにはなくベンチへ下がっていたのであった。

しかし、そのあとイタリア『トラバットーニ監督』に想わぬ誤算が生じたのだった。

エース『トッティー』のレッドカードによる退場である。

それは後半、イタリアの攻撃中の出来事であった。

『トッティー』は、ドリブルでペナルティーエリアの中にボールを持ち込んでいたが、相手、韓国のディフェンダーが身体を寄せた瞬間であった。その時、突然『トッティー』の身体が、前のめりに宙に浮き、そのまま倒れた。次の瞬間、主審は高々とホイッスルを鳴らし走り寄って来た。

誰もが、「当然イタリアのPK」と想った瞬間であった。

しかし、主審の下した判定は、韓国チームディフェンダーのファールではなく、『トッティー』の反則行為、すなわち【シュミレーション】、審判を欺く行為だとして『トッティー』に対して警告【イエローカード】を提示したのである。

『トッティー』は、すでに前半で1枚【イエローカード】を受けていた。この日2枚目の警告【イエローカード】となった『トッティー』は、ルールによって【レッドカード】をそのまま受ける形になり退場処分となった。


戦略的に司令塔を必要とするイタリアチームのサッカーであるが、本来なら『トッティー』の退場を受けて『デルピエロ』が代わってピッチに立てば何等問題のない処だった。しかし、この日は運悪くと言おうか、その日に限って何故か『トッティー』と『デルピエロ』を、同時にスタメンとして起用するという異例の布陣を組んでいた。しかも、あろう事か『デルピエロ』を疲労から交代退場させたばかりだったのだ。

まさしく『トラバットーニ監督』の想わぬ誤算であった。イタリアとしては予想だにしなかった事態であったと言えよう。

この時イタリア国民のみならず、イタリアファン、関係者の誰もが「もし『ロビー』さえ居れば、この瀕死のイタリアを救えるのに！」と、しみじみ感じたのではなかろうかと思う。


**監督の目と国民の目【記憶に残るプレーヤーは世界を救う】**

『ロベルト・バッジョ』、『ジーコ』、そして『KAZU』。彼らは、まさしく記録に残る名プレーヤーでなく、記憶に残るスター・プレーヤーだった。

スーパー・スターの条件の一つには、人々の夢に応えられるような個人技が必要不可欠だと思う。そうした人々を魅了する個人技の数々をコンスタントに実現させるためには、「人間的にも優れ、且つ、熱く燃え滾《たぎ》るものがないと実現できるものでない」と私は確信している。それがスーパー・スターと言うべき選手だと言えよう。

かつて歴史に残るような【名プレー】は、必ずと言っていい程「記憶に残る個人技が光っていたプレー」だったのではと振り返っている。

近年では組織的サッカーも確かに大事である。そうした中で高い個人技やカリスマ性とも言うべきものを持ち合わせたスター達は年々少なくなっており、世界でも数える程しかいない。

しかし彼らは必ずと言って良い程にその期待に答えてくれている。それは彼らが自らのプレーに、彼ら自身の生き方を映しているからでないかと思う。

世界中の人々は、そういった彼らに「自分の成し遂げられない夢」を乗せて観ているのではなかろうか。

【ワールドカップ】というものの本来あるべき姿とは、単なるお祭り騒ぎで済ませずに、こうした人々の夢を乗せられるような大会であって欲しいと思うのである。それには、ここにあるような【幻に消えた世界のスター達】の存在こそが不可欠であったと言える。

そして私は、『KAZU』『ロマーリオ』『ロベルト・バッジョ』『中村俊輔』や、ここで紹介できなかかったが『ラモス瑠偉』や『前園真聖』など数多くの選手達を、「幻に消えた世界のスター達」の事を、【ドリーム・プレーヤー】と呼びたい。

彼ら【ドリーム・プレーヤー】は、必ず人々の期待に応えてくれる何かを持ち合わせている。

そして、彼らが頑張る事によって、それを見ていた私達も頑張る事が出来るのだ。

こうした【ドリーム・プレーヤー】の存在を、もっと大事にしてもらいたいと思う。

【ワールドカップ】という舞台でのチームを創る上で、極めて難しく且つ重要な作業となるのが「代表選手の選出」である。これは【ワールドカップ】への出場権を獲得できた国の代表監督のみに与えられた、紛れもない【専権事項】だと思う。それだけにその責務は非常に重く、きちんと尊重されなければならない。

そして【ワールドカップ】に出場する各国の代表チームは、「単に勝てば良い」「単に優勝すれば良い」というものではない事を認識してもらいたい。代表チームは、その国の国民が「代表チームに何を求めているのか」そして「自国の利益のためにはどういったチームが求められているのか？」という事をきちんと把握しなければならない。【ワールドカップ】の代表チームや、代表に選ばれた選手にはそれは時として「人の人生や、生命までを変えてしまうほどの力」さえ持つ事もあるという事を、しっかりと判っていて欲しい。

たとえば、生きる希望を失いかけていた人達や、毎日の生活に押し潰されそうになっている人達がいたとする。しかし、もし、その人がある選手の頑張りや、代表チームの活躍により「あの選手だって僕ら○○国の国民のためあんなに頑張っているじゃないか。ぼくももう少しだけ生きて頑張ってみようか」と思ったとしよう。また「あんなに強い相手にこんなに点差が開いているのに、あの選手は何であんなに諦めないで頑張っているんだ。私も、もう少しだけ頑張ってみようか」と思った人がいたとしよう。そうなれば、そのプレーが、その人の命や、人生に影響を与えたという事を誰が否定出来ようか。大げさに言ってしまえば、それら一人一人の生きる力が、大きな力に変わる事がある。そして、その力はどんどん拡がり、その国の国民が生きていく上で支えになったり、突き詰めれば、彼らのプレーによりその国の将来的繁栄にさえも影響を及ぼす程の価値をも創り出す。これこそが一種の【ナショナリズム】というものではなかろうか。

だから私は、代表監督の責任というものは、最も重い国家の将来をも左右しかねない重責であると思う。

それは【ワールドカップ】という人々の未来を背負う舞台に、主役として登場させるに相応しい選手を選ばなくてはならない。なお且つ、その国の誰もが納得して夢を託せるプレーヤーを選ばなくてはならない。代表監督とは、こういう特殊な重責を担った任務であるという自覚を持って、職責にあたってもらいたい。そして堂々と、「これが我が国のナショナルチームです」と胸を張って言う事の出来るチームを創って行く事が、本来のあるべき姿だと確信している。

『ロマーリオ』の一件があったとは言え、今回の【2002FIFAワールドカップ・コリア・ジャパン】で、ブラジルは史上最多の5回目の優勝という偉業を成し遂げられた。これはある意味で、この価値観がうまく機能した結果であったといえる。

確かに『ロマーリオ』は見たかったし、他の選手達も口を出すべき処ではなかった。しかし、それを差し引いても他のチームより本来の価値観が残されていたように思われる。そうしたブラジルチームには、やはり自然と個人技や、高い次元でのバランスのとれた芸術性をも兼ね合わせた技術を持ち合わせたプレーヤー達が揃えられていた。そうしたプレーヤー達を集められた事が成功に結びついたと言えよう。

ブラジルは、個人の技術の高さとスター性を重視したチーム造りをした結果、【ワールドカップ】を手にする事ができた。それにより国民に幸福感、生きていて良かったという充実感を与えたに違いない。確かにセレソンの帰国後のブラジル国を観れば、街は活気づき、活性している事は日本人の私達から見ても明らかである。ある意味で【2002FIFAワールドカップ・コリア・ジャパン】のブラジル代表に選ばれた選手達は、未来のブラジルの発展に貢献する事となるだろう。

確かに予選敗退では、そういった影響力も及ばないので、価値を十分に見い出す事も出来ないから、予選ぐらいは通過しなければお話にならないかもしれない。でも、こうしたものの価値を見る上に於いては、一試合ごとの単に「勝った」とか「負けた」とかいうものはあまり関係のないものに思える。やはりみんなが求めているものは「勝敗」ではなく、「プロセス」「プレーの中身（モチベーションやメンタルを含む情熱）」ではないかと思う。

そうした事が集約されるものこそが【FIFAワールドカップ】なのである。

果たして今回の【2002FIFAワールドカップ・コリア・ジャパン】で各国は、その国が本来持っていけるはずの【ナショナルチームの価値】というものを創り出せたのであろうか。

【ワールドカップ】、それに関わる選手や監督を含む大会関係者の価値観が徐々に変わってきていると感じられた【ワールドカップ】であったような気がする。

日本代表大ユニフォームフラッグ

# 第六章　びっくらおどれえーた！<br>異文化コミュニケーション？

## 1、「異文化コミュニケーション」って何???

「[異文化コミュニケーション」って何??」

と聞かれても……、
もしかすると……

「[異文化コミュニケーション」って何??」

と訳もなく聞き返してしまうかも知れない。

とにかく［異文化コミュニケーション」とは、「とても一口では言えません」と、いった具合に一言では語り尽くせないものだからだ。


なんやかんやで色々あった【2002FIFAワールドカップ・コリア・ジャパン】。

なんでもかんでもが、

「お祭りだから……」

「文化の違いだから……」

「一生に一回の事だから……」

「異文化コミュニケーションをエンジョイしてるか〜い?」

んーって、もんで、【ワールドカップ】と言えば、これがまた【世界最大の異文化コミュニケーション?】うんーって事でしょ!

そこで【異文化コミュニケーション?】って、一口に言ったって、アンタそりゃー、

「びーっくら・おどれえーった、もんだ！」っていうヤツだってあったんだとさ。

そこで、この章では【異文化コミュニケーション？】ってヤツを通じて【2002FIFAワールドカップ・コリア・ジャパン】を振り返ってみたい。


「【異文化コミュニケーション？】って事で、ぜーんぶ片付きゃしないでしょ」と、いう事で、でも、そうも言いたくなるほど、ホントにいろいろとあり過ぎた【ワールドカップ】だった。

色々あった中でも【文化の違い】という一言では、済まされないものだって沢山あった。

「これは、一体、誰が悪いんでしょ？」

やっぱ、日本に関して言えば【FIFA】と【JAWOC】、それに【日本サッカー協会】だって他人事の様な顔しては済まされないものだってあるんじゃないかと私は思う。


【2002FIFAワールドカップ・コリア・ジャパン】で起きた【異文化コミュニケーション？】数々による泣き笑い。珍事態や困った事が沢山あった。では、ここで、その中の幾つかを紹介しよう。

まず最初に飛び込んでくるのは、何と言っても、そう【チケット狂想曲】とも表現されたチケット騒動。これも文化の違い？

次いで日本全国に衝撃の【ベッカム・ヘアー旋風】を巻き起こしたベッカム・ブーム？

これは英国文化か、はたまた日本文化か？

そして人口１４００人程の熊本にある過疎の村を、たちまち全国区に押し上げた「日本一小さなキャンプ地の【中津川村】」での「カメさん時間」でお馴染みとなった、あの【カメルーン騒動】これこそ本家本元の【異文化コミュニケーション？】でしょ！

それに、

「キャー！」「デルピエロさまー！」

「カンナ・バロさまー！」

「イヤだー！　トッティーさまがこっちむいたあー！」

と終始、黄色い声援か、奇声か、よく判らない声が飛び交い日本中を縦断した「日本縦断追っかけ列島！」と化したワールドカップ追っかけ現象。

これこそが典型的な【世界に通用する日本の伝統文化？】

はたまた【異文化コミュニケーション？】という事でどんな事があったか振り返って見れば、誰の目で観ても非常に判りやすい派手やかなものばかりではない。

派手ではないが、決して笑い事では済まされないものだって数多く問題を残している。【２００２ＦＩＦＡワールドカップ・コリア・ジャパン】は様々な問題を数多く残した。スタジアムの空席問題や、キャンプ地招致の問題、バイロム社が巻き起こしたホテルの「ドタキャン」問題、さらには審判員の疑惑判定の問題。

また、これ以外にもＩＳＬや、その他不透明な大会運営によるお金が絡む数々の疑惑など、決して忘れてはいけない問題もあった事を覚えておいて欲しい。

それでは、これから【２００２ＦＩＦＡワールドカップ・コリア・ジャパン】で繰り広げられた幾つかの【異文化コミュニケーション？】をみなさんに御紹介しよう。

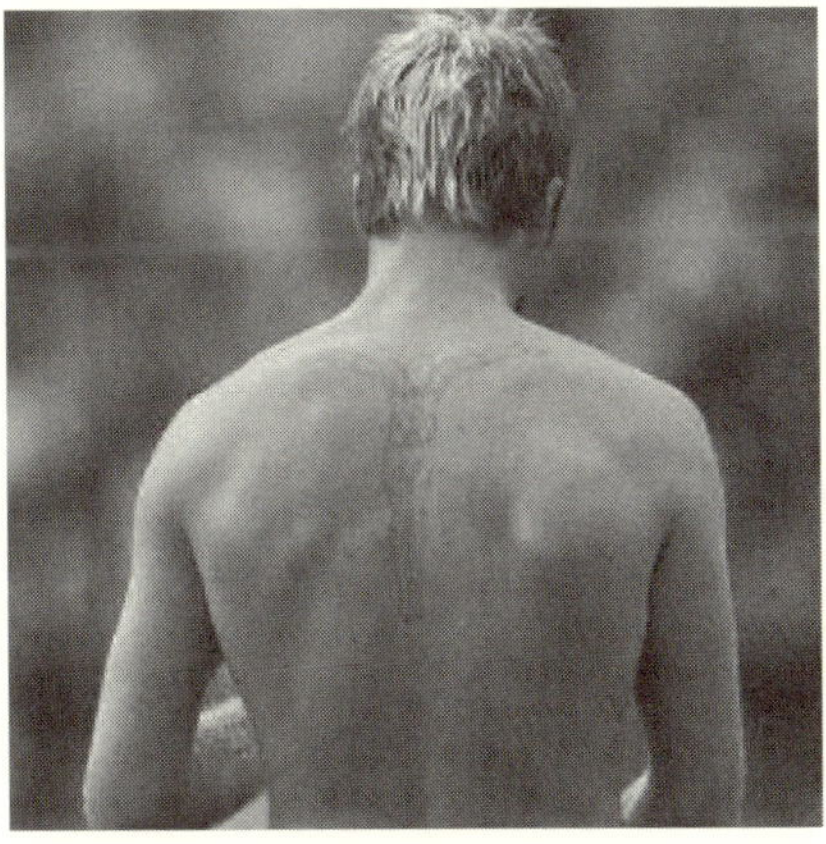

ベッカムの背中に神

## 2、我ら陽気なアフリカン！「難しい事は好きじゃない」

まず【異文化コミュニケーション？】と言えばキャンプでしょ。そして中でも一番賑やかだったアフリカン・パワーは「こりゃあ、びーっくら・おどれえーた！」って、もんだったもんな！

まず【異文化コミュニケーション？】の切り込み隊長として最初に登場するのは誰～だ？

何と言ってもあの有名な、♪♪♪♪

〽「♪♪もし、もしカメよ、カメルーンさんよー♪♪

♪♪どうしてそんなに来ないのかー♪♪」

♪♪♪と歌にまで唄われた。そう、日本中の人々が、

「合い言葉は？」

と聞かれれば、

「イエス・カメルーン時間！」と、答えるほどに有名になったカメルーン代表チーム。

【2002FIFAワールドカップ・コリア・ジャパン】でカメルーン・キャンプを誘致したのは、全国の数ある自治体の中でも1400人と最も人口が少ない一番小さな村。大分県日田郡の山深い小さな、小さな中津江村がベースキャンプ地と選ばれた。中津江村は【2002FIFAワールドカップ・コリア・ジャパン】期間中、日本中が、いや世界が終始その話題に沸いた。

その中津江村にとって【異文化コミュニケーション？】がもたらした、突然訪れた予測不能であった

アクシデントがケガは巧妙となり、【ワールドカップ効果】が300パーセント以上得られた数少ないケースだったと言えよう。

カメルーンと言えば、2000年【シドニー・オリンピック】で金メダル、そして2002年の春に「マリ」で開催された【アフリカ・ネーションズカップ】でも優勝し、今や世界の強豪国の仲間入りを果たしているチームである。

そのカメルーンが【2002FIFAワールドカップ・コリア・ジャパン】で事前キャンプに選んだところは、設備の整ったホテルではなく、街から遠く離れた山の中にある【中津江村営鯛生《たいお》スポーツセンター】という公共の施設であった。

中津江村でのキャンプは5月19日より5月28日までの約10日間の予定で行われるハズであった。しかし、キャンプインする予定であるこの5月の19日になっても、待てども、暮らせども、【カメルーン】はまだまだ来なかった。あろう事かそのころカメルーンは行方不明になっていたとまで言われていたのだが、どうやらそのカメルーンはパリにいたらしい。

そういう訳で、遠いフランスのパリに居る事が判明したカメルーンチームに対して色々な噂が飛び交っていた。その噂とは、【アフリカ予選】を勝ち抜いて【ワールドカップ決勝大会】（いわゆる本大会）への出場権を得たカメルーンチームだが、その後『マリ』で開催された【2002アフリカ・ネーションズ・カップ】でも見事優勝を果たした。意気揚々と【2002FIFAワールドカップ・コリア・ジャパン】に乗り込もうとしているカメルーンチームの中で突如、予期せぬ問題が勃発した。それは【ワールドカップ出場権】を獲得した代表選手に支払われるボーナスの額を巡るトラブルである。

当初選手側は、日本円にして約￥480万を要求額として提示したと言われていたが、これらの支払を巡り、カメルーン代表の選手達とカメルーンサッカー協会との間で交渉が暗礁に乗り上げた為に選手達がストライキを実施し、来日が遅れたというものだった。この噂はある意味真実に非常に近い情報であった。（選手側が要求した約￥480万という数字は、カメルーンの平均的な家庭における年収のおよそ10倍以上と言われている金額である）

その噂が遠く離れた日本にも伝わってきた翌日、カメルーン代表チームのある幹部が「我々が悪いんではないんです。査証《ビザ》が降りないんです。我々は何も悪くない」と、報道陣を前にそう話した。しかし、この苦しい弁明はいかにも信憑性の薄いものと誰もが捉えていた。

もし、本当に【ワールドカップ】に出場する選手の「就労査証」が下りていないとすれば、国際問題である。あのFIFAの人達が「就労査証が下りていない」なんて、こんな前代未聞の落ち度について黙っている訳などあり得えない。それに開催国として関係者の出入国について政府保証をしたからには、日本政府や外務省、法務省だって国際信用上、何等かのアクションを起こしたに違いない。しかし政府、外務省、法務省、FIFA、JAWOCらは、この件に関していずれも静観する構えであった。

「来るのか？　それとも来ないのか？？？？」

♪♪♪

♪♪もしもしカメよ、♪♪カメルーンさんよ、♪♪どうしてそんなに遅いのか？　♪♪」

♪♪♪

と気を揉んでいたのは、中津江村の住民と村の関係者だけだった。
それでもようやく5月21日の遅くになって問題が好転するかの兆しが見え始めたのは、カメルーンのスポーツ大臣が本国から、大統領の書簡を持って遥々フランスまでやって来て、パリに滞在していたカメルーン代表チームに合流してからだ。スポーツ大臣は早速、カメルーン・サッカー協会や選手との話し合いの場を設けた。この事によって、ようやく事態は収拾するかのように一見思われた。
しかし、この頃まだ中津江村では、全然、何がなんだか判らないままに、みんなで心配していた。

♪♪♪

「♪♪もしもしカメよ、♪♪カメルーンさんよ、♪♪どうしてそんなに遅いのか？ ♪♪」

♪♪♪

と歌いながら今や遅しと、カメより遅い【不屈のライオン・カメルーン】が来るのを中津江村の村長も、村民達も、皆、あんまり長くはない首を伸ばして待っていた。

そしてやっと日本時間で5月22日カメルーン代表は、カメルーン政府が用意した特別機でパリの地を飛び立ち一路、二路、三路と首を長くした村長の待つ日本の小さな村、中津江村に向けて出発したままでは順調に来日するかに見えた。しかし、この時点で、既に地元の中学校との練習試合は一旦中止が決定され、J2リーグのサガン鳥栖との親善試合も24日に延期されていた。
それでもパリを出発したカメルーンは、まだ、まだ、もう一つおまけにまだ来なかった。
カメルーンはその頃、遠い南の国に何故か居たのだ。

南の国の空港で選手達は、飛行機のタラップから降りてはカメラに向かって「ニッコリ笑って。ハイ・チーズッ」て具合に愛嬌を振りまき陽気に過ごしているのだ。今度は、はたまた何が起きたのだろう？

何せやる事がカメルーン。

通常パリから福岡までは、北回りの直行便のダイレクトフライトで12時間の道のりというのが現在は主流となっている。しかし、カメルーン政府がカメルーンチームに対して用意した特別機は、何と時代遅れの小さな旅客機だった。何しろ長距離を一気に飛ぶ事が出来ないときている。その飛行機は中近距離専用の機体である事から、積載燃料の加減で1回当たりの飛行距離が限られており、そのためダイレクトで福岡まで飛ぶ事が出来ないときている。特別機は仕方なく何回も何回も給油の為に寄港しなくては日本までたどり着く事が出来なかった。今どき「すっかり珍しくお目に掛かる機会が少なくなった南回りルート」で福岡へ向かっていたのは良かったのだが、問題は、まだ、まだ、まだ、まだあった。

何せ当たり前だが定期便ではないカメルーン政府の特別機。あろう事かミャンマーや中国といった国の途中通過に必要な、『上空飛行許可』を取っていなかったのだ。その為、給油で立ち寄った先々の空港で、次の寄港地までの『上空飛行許可』が下りるのを追っ掛けっこしながら福岡へ旅路を楽しんでいるかに見える姿は、まさしく、

♪♪♪

「♪♪もしもしカメよ、♪♪カメルーンよ、ルンルン♪♪」

♪♪♪

の世界で、カメルーンの選手達も「いつ着くのか？」なんて事は全然心配する様子もなく、とっても明るく旅を楽しんでいるかのようであった。

満を持してカメルーン代表チームは5月23日夜中の午後11時過ぎに福岡空港へ到着し、そのままバスに乗り込み200キロメートル以上離れた中津江村に向かった。

そのころ中津江村では、待ちくたびれて、みんな寝静まった村民たちを村営の有線放送で、無情にも叩き起こしていた。

♪♪チャコ・チャコ・チャン

「こおーんな山奥の小さなオラが村にも、本物のエンボマや、本物のカメルーン代表っていう、すっんごく有名な、ぎゃーこく人様が、今度こそ、えっーぱい来るで〜〜〜えっ。んっだもんで村長様の、特っ別な計らいで村のバスさを、はっすらせるから、みっーんな・集まれや！」

チャコ・チャコ・チャン・チャン♪♪

って具合に、じぃっちゃんも、ばぁっちゃんも、とぉっちゃんも、かぁっちゃんも、にいっちゃんも、嫁っこも、めんこい子供らも……。

全員集合とばかりに「さあっさ、みんなすてぇ〜、冥土の土産さぁ〜よぉーく拝んで置かなきゃそん、損だべさあ〜」と、言ったかどうかは知らないけれど、村中全部を叩き起こさんばかりの勢いだったそうだ。

そのころ時刻は中津江村といえども、そうでない日本中でも、みんな一緒に夜中も夜中、真夜中だった。

もう、日付けも、すっかり代わり果て5月24日の深夜2時と言えば泣く子も黙る【丑三つ時】になっていた。暗がりを怪しい人影が、ひとつ、またひとつと、何だか怖いべぇ～！

それは、村のあちらこちらからカメルーン代表チームを迎えるため村民センターには沢山の村人達がわらわらと暗闇から集まってきていた光景であった。

ついさっきまで「もっしっか、したら、カメルーンチームさは、この中津江村に来ねぇんのではないか？」という声もちらほらと聞かれ、村ではだんだんとシラケ・ムードが漂い始めていたとは思えないほどの活気づきようであった。

♪♪♪♪パンパッカパ～ン・パン・パン・パン・パン・パンパッカパ～ン♪♪♪♪

そして待ちに待ったカメルーン代表チームは遅れる事5日にしてようやく中津江村に到着した。深夜の山奥の暗がりから突然現れたこの状況には、カメルーンチーム選手達の方がびっくりした。そして深夜の中津江村では、「ウエル・カムカメ・カメルーン！」とばかりに歓迎ムード一色になった。この時、中津江村では、まさしく【異文化コミュニケーション花盛り】中津江村に春が来たと言わんばかりだった。これぞ【世界最大の異文化コミュニケーション】というにふさわしい状況が訪れ、開村以来というか、それとも大分県始まって以来と言おうかとでも言ったら良いか訳の判らない盛り上がりを見せていた。

一夜明けて24日にカメルーンチームに帯同していた同国サッカー協会のハヤトウ会長（当時ＦＩＦＡ副会長も勤めていた反フラッター派）が記者会見を開いた。

その会見上でハヤトウ会長は「中津江村のみなさんがカメルーンチームのキャンプのために、ずっと前から準備をしていてくれたのに、我々は諸般の事情により村への到着が5日も遅れたにも関わらず、こんなに盛大な歓迎を受け感動している。我々カメルーンチームは、この中津江村での滞在を延長する事を検討している」と例のない表明をした。そしてカメルーンチームは5月31日までこの中津江村に滞在する事となった。

カメルーンの選手たちは、中津江村の人々が思っていたより、ずっとずっと気さくで明るく親しみやすい選手達だった。中津江村に到着が遅れた際にいろいろと、テレビなどでボーナス支給額などのドロドロした問題で遅れたと伝えられていた為に、村民側にも若干の構えがあったのも事実であった。

しかし、カメルーンの選手たちは、そこは典型的な陽気で暢気なアフリカン。時間なんか元々気にするような民族性の人達ではなかったから、村への到

もしもしカメよ……、カメルーン

着が「すっこしくらい遅れたっけ？」といった具合に遅れた事など、最初から全然気にする様子もなかった。そんな風にしていたから村人たちとの間で、わだかまりなどある訳がない。当然と言えば当然の事だが、全然、初手から気にしていないのだから「お高く留まったり」「悪ぶれたり」なんかある訳がない。そうしているうちに村民と選手たちの間は自然と和気藹々《あいあい》とした雰囲気がただよって来た。

これぞワールドカップの特産物、まさしく典型的な【異文化コミュニケーション】の成功例と言えよう。

そしてこの日はと言おうか、到着当日にも関わらず【カメさん】頑張りました。

仮眠をとったあとで延期されていたＪ２サガン鳥栖とのフレンドリーマッチをしに、佐賀県の鳥栖スタジアムへお出かけしたのですが……。

【カメさん】、ここでも彼らはカメルーンしちゃったんですよー。

何しろキックオフは午後7時だったんです。ふつう選手というものは試合会場には、遅くてもだいたいキックオフの９０分前までには到着しているもので、４５分前にはウォーミングアップを開始するのが一般的なのです。ところ

エンボマ

が、

「♪♪もしもしカメよ、♪♪カメルーンさんよ♪♪」

とキックオフ30分前になっても、20分前になっても、10分前になっても全然現れる気配すら感じない『カメの子・カメさん・カメルーン』でした。

そして、とうとうキックオフの午後7時になってもカメルーンは到着しなかった。

関係者は口をそろえて、

「またかあーぁ！」

と、ため息を漏らしました。

そして『カメの子・カメさん・カメルーン』ようやく、キックオフの予定時刻をとっくに過ぎた午後7時06分過ぎに彼らを乗せたバスが見えたのでした。

待ちくたびれた人達は揃って、

「遅いよぉー！」

と言いましたが、彼らカメルーン選手たちは、みんな笑って、

「ダイジョーブ、モンダイナイネェー」

と、明るく挨拶して、通りがかりの人に手を振ったり、サインしたりしながらロッカールームにルンルン気分で鼻歌まで謡いながら入って行ったとさ。

こんな世間（国際社会の多くの国）とはちょっと違ったゆっくりとした彼らペースで、別次元のような時の流れが続いているカメルーンチーム。なんやかんやで周囲の人達は、四六時中振り回されていた

のだが、何となく憎めないキャラクターから、誰が付けたか、いつしか人々はこの現象の事を【カメルーン時間！】と呼ぶようになった。

【カメルーン時間！】＝《イコール》【予定時刻は未定です】という意味である。

この様に日本中の注目を一気に引きつけるほど、数々の騒動を巻き起こした中津江村でのカメルーンキャンプであった。しかし、この事は結果的に見れば、むしろ中津江村にとって、とてもよい方向に作用したと感じている。

人口わずか１４００人の小さな中津江村。主な産業といえば、小さな農家や林業ぐらいしかない。

ここはかつて山深い無名の山村であった。ほとんどの日本人は恐らく、この「中津江村」という名前さえ知らなかった。しかし【２００２ＦＩＦＡワールドカップ・コリア・ジャパン】でカメルーンが事前キャンプを決定して以来、知名度はたちまち全国区となっていった。それだけでも大した【ワールドカップ効果】であったが、とんだ思わぬハプニング、そう、この「カメルーン時間騒動」が勃発した事により、知名度はますます急上昇し「世界レベル」にまで発展した。

これにより日本中どこへ行ってもこの「中津江村」という地名を知らない人がいないというほどの、知名度の頂点に登り詰めた超有名な「中津江村」へと変貌を遂げていった。

言い換えれば、かの有名な【ベッカムさま～！】と肩を並べた事になる？

これほどの短時間のうちに過疎の「中津江村」を全国区で、いやインターナショナルで有名に出来た事を【ワールドカップ効果】と呼ばずしてなんと言うのであろうか。

もしかするとこれほどの【ワールドカップ効果】を実感できたのは、この中津江村をおいて他にはないかもしれない。

この問題は、やはり後も尾を引いた。原因不明のままに、ベースキャンプ地となる中津江村営鯛生スポーツセンターへの到着が5日間も遅れた、この「カメルーン代表の遅刻騒動」は、かなり複雑な事柄を秘めている問題である。ワールドカップが終了した現在でも、なおカメルーン本国で騒動が続いており責任問題に発展する事になるだろう。

この世界中を揺るがした騒動が勃発した理由は、前述にも触れたがやはり「ボーナス支給額を巡る問題である」とする見方が一番有力である。

カメルーン代表は、この他にもいろいろな問題を抱えていて、必ずしも協会と選手達の間の関係は上手くいっているとは言えない状況が続いていた。これに加えてカメルーン協会のハヤトウ会長は、当時FIFAの副会長を務めており、反ブラッター陣営の一員でもあった。そうした駆け引きからカメルーンチームへの対応の遅れも影響したものとみられている。

2002年の初め、カメルーン代表は、【2002アフリカ・ネイションズカップ】に出場した。その際にカメルーン協会は、当初開催国である「マリ」迄の移動について、片道20時間近くかかるヨーロッパ経由の定期便を利用する予定であった。これに対し選手達側は「マリまでの間は直行便を利用すれば4時間の距離（ジェット機で）であるのだから、チャーター便を使って欲しい。それと同時に十分な食事を提供してもらいたい」とカメルーンサッカー協会を直接管轄している大統領に直訴した。

さらに選手達は「もしこれが受け入れられなければ【2002アフリカ・ネイションズカップ】でのプレーをストライキによって行わない」などと脅しとも受け取れる申し入れをした。

要するに「俺たちは言う事を聞いてくれなきゃ試合をしないぞ！」とダダを捏ねたのだ。

この要求に対してカメルーン政府と協会側が協議した結果、選手達の要求は全面的に受け入れられる事になった。協会が「マリへのダイレクトフライトを実現させるための特別機を用意して、それに食事も保証をする」と選手達に約束した事により事態は急速に収拾した？

「マリ」へ向かう当日、選手達を乗せたバスは空港ターミナルを通らずＶＩＰ並みの待遇で、意気揚々とそのまま直接特別機の待つスポットへ向かった。しかし、バスの窓から周囲の景色を眺めている選手達の目には、それらしき「特別機らしい姿」はどこにも写らなかった。

やがてバスは停止した。

その瞬間、カメルーン代表選手達とマスコミ関係者の目は、みんなそろって「点！」「・」「・」「・」「・」「点！」「点！」「点！」「……！」と、そんな状態になって全員そろって一斉に「フリーズ！」「フリーズ！」「フリーズ！」「フリーズ！」となってしまった。

そんな事にはお構いなしとばかりに関係者は、胸を張って両手を高々と上げて「さあ、こちらへどうぞ！」と誇らしげに「特別専用機」へ手を翳す。

その誇らしげな手の示す方向に見えたのは……、

「ホントにぃー、大丈夫?」

と、目を疑いたくなるような、何とも古めかしい、しかも大きなプロペラまで着けたカメルーン空軍の輸送機が機体後部のハッチを開けて待っていた。

「あんた達ずいぶん遅かったのね?」とでも言いたげに。

確かに考えてみれば、選手達の代表として交渉に行ったエンボマらは、カメルーンの国内事情をよく把握していなかった。エンボマら海外で暮らしている選手達にとって、恐らくこういう状態は「想定外」とでもいうか、夢にも考えてなかった。振り返れば大統領にお願いした時、「ジャンボジェット機にしてくださいね!」とか「旅客機限定でお願いしま〜〜す!」とかいった台詞を、一切使った記憶がないから選手達も、ただ呆然とするだけでケンカにもならない。

この勝負、完全にカメルーン政府の勝ちであった。


仕方なく選手達はハッチを潜るように乗り込み機内へ入った。そこで選手達を待っていた【キャビン?】とは貨物室とでも言おうか? 何というか? 座席も何にもないどころか「空調設備」すらもない機内に、みんなして床に適当に座って、「さあっ〜、テイクオフ!」と元気よくエンジン全開、プロペラ絶好調と「マリ」へ向けて飛び立って行った。

そうなってしまえば、後はただひたすらに、「あれだけ約束したのだから……」と用意されているだろう機内食に夢を託すしかない状態で、それだけを楽しみに胸を弾ませフライトを満喫していた。

離陸後暫くしてようやく安定した水平飛行に入る頃、最後の最後、頼みの綱にしている「お楽しみのゴージャスな機内食の時間で～す」「本日は、特別に大統領から頼まれたお客様ですから、カメルーン空軍特製フランス料理のフルコースを機内食でご用意いたしました」と、そんな事ある訳ないでしょ！

「やっぱし？」といった具合に『ゴージャスな機内食』の夢も呆気なく砕け散った。

「さあ、さっ！」といったように前の人から順番に「ハイ・ハイ・ハイ！」と【菓子パン2つ】と【牛乳1つ】が配られてきたのだ。後ろの方では「オレっちのパン1個足りないぞぉ～」なんてもめてる声も聞こえたかどうか知らないが……。

そこへ一人が、「あのぉ～、これが、……あの、……要求の食事？ってヤツ？」と聞くと、担当官は威張って「そうです。機内食っていうヤツです。おいしいですよ」と言われると、また、「……！」フリーズしてしまった。

確かに交渉に行ったエンボマ達は、「フランス料理を食べさせろ」とか「ステーキを用意しなきゃイヤだ」とかは一切言ってなかったのだから、仕方ないって言えば仕方ないさ！

でも、そこは彼ら陽気なアフリカン。飛行機が飛び立ってしまい、菓子パンが手元に届き、お腹が一杯なればもう大丈夫？　もう起きてしまった後に、いつまでもグジグジとつまらない事、小さな事にこだわる性格ではない。やっぱり人間が出来ている？　その場その場での状況に応じて、常に前向きで陽気に転換できるのも彼らアフリカの民族の持つ独特の感性であり良いところでもある。

しかし、こうしたサッカーの代表チームに於ける、選手に対する待遇面や、選手に対するボーナスの支給といった問題で、慢性的にトラブルが続くというのは、何もカメルーンに限った問題ではない。これは経済的に貧しいアフリカ諸国が抱える全般的な問題であるのだ。遅刻すらしなかったものの、やはり【２００２ＦＩＦＡワールドカップ・コリア・ジャパン】の出場国であるセネガルでも、「【ワールドカップ】出場決定に対するボーナスの支払い」を巡って選手たちがストライキを決行するという事態に発展していたのだ。

しかし【ワールドカップ】に出場しているほとんどのチームの選手達は、大半はプロのクラブチームでプレーしている選手である。そうした選手達は、所属クラブで高額の報酬を得て生計を立てており、代表チームに招集されたからといってその間の給料が支払われないなどという事はない。そのために代表チームに招集されようが招集されなかろうが、生活が成り立たないなどという事も絶対にあり得ない話である。各国の代表チーム、特に【ワールドカップ】のような世界的に注目される国際試合で活躍すれば、次のシーズンは当然、好条件、高額年俸や複数年契約などが提示される。

ましてカメルーンチームの場合をみると、ほとんどは海外のクラブで実績があり、また活躍している選手達である。にも関わらず、こうしたボーナス問題といったものを神聖な【ワールドカップ】で持ち出すといった事など、欧米では、まず考えられないような出来事である。

これらを考えると「ワールドカップとは何か？」と改めて考えさせられる。

こういった事は、何となく理屈では理解できているつもりであるが、感情的には何とも理解しがたいものがある。これもやはり【異文化】という問題なのだろうか？

『ＫＡＺＵ』、『ロマーリオ』、『ロベルト・バッジョ』らのように「【ワールドカップ】を目指す事そのものをライフワーク」としてきたサッカー・プレーヤーがたくさんいた。かつてのサッカー選手達は、皆がそうであったような気がする。

かつて【ワールドカップ】と言えば、威厳のある、そして神聖な雲の上にあるような特別なものであった。全世界のサッカー選手が「とてつもなく憧れる存在」こそが【ワールドカップ】であった事を思えば、ヨーロッパや南米の選手達、いや、少し前の世代の選手達にとって、今、目に映る現在の状況は、従来の感覚では考えられない【ワールドカップ】に対する価値観となって見えていただろう。

では、カメルーンやセネガルのようなアフリカ勢の選手達にとって【ワールドカップ】とは具体的にどんな存在で、どのような価値を持っているのだろうか?

彼ら【アフリカのワールドカップ戦士達】が、ストライキという手段に出たという事は、本当は彼ら自身【ワールドカップ】に選手として出場する事を、どのように捉えていたのだろうかと、私はふっと疑問に思った。

なぜならば、昔から多くの国や地域で、サッカー選手達にとって「【ワールドカップ】に出場できるという事」、イコール、金銭的問題と結びつけて考える事自体が【タブー】とされていた。結果的に栄誉を残せば、それら富はついてくるという事は事実であったのだが、今回のアフリカ勢のように、最初から金銭問題を取りざたするような感覚で、【ワールドカップ】そのものを捉える選手は、それほど多くはなかったような気がする。

なぜ、そうした金銭的な報酬そのものを、無縁と捉えられたかと言えば、それはいわば名誉であるとか、愛する母国を背負った誇りであるとかといった「お金で買えないもの。金銭で評価する事など恐れ多くてとんでもなく、また、言葉に表す事さえも難しい大切なもの」が、確かにそこには存在した。こんな感覚で物事を捉えている選手ばかりであったような気がする。

現在でも、恐らくこの地球上には、まだまだそういった価値観を持ち合わせる選手の方が、遙かに多いと思う。カメルーンやセネガルのサッカー協会だって、そういったトラブルを抱えた選手達に見切りをつけ、【ワールドカップ本大会】では、選手を予選とそっくり入れ替える事だって、理屈的には十分に可能である。そうなれば、彼ら選手にとっても大きな賭となる事も理解しての行動だったのだろうか？

カメルーンやセネガルの選手達のとった行動も、やはり【ワールドカップ】というものに対する【異文化からなる価値観】の違いからくるものと言えるのか。それとも「現代の時の流れの中で、【ワールドカップに対する価値観】というものが、少しずつ変化の兆しを見せ始めて来たのかも知れないなあ」と考えさせられる一例であったように思う。

【ワールドカップ】への思いや捉え方は、民族や文化の違い、それとも時代の流れの変化によっても異なってくるものだったのだろうか？

アフリカ勢のチームについて言えば、やはり、民族からや風習などから来る「生活体系」といったものや「文化の違い」から、きているように思える。こうした「風習や文化」といったものの違いは、大げさに言い換えれば【異次元】とも言える話になってしまうほど難しい側面を持ち合わせている。それでもホスト国である以上、日本は柔軟な対応が求められていたのだ。しかし残念な事に、全く文化や民族の違うアフリカ諸国の人々に、我々日本人が、それらに対して一つずつ対応していく事は非常に難しかった。そうした【異文化】への接し方について日本国民は、まだ準備が出来ていなかったような気がする。

特に中津江村のように、その文化の違いを【異文化コミュニケーション】と位置づけて、地元に与えるワールドカップ効果を300パーセント以上も活用できたところは、【2002FIFAワールドカップ・コリア・ジャパン】では数少ない「大成功」の一例に過ぎない。

しかし、これだけ苦労をして超有名になった【中津江村】だが、【2002FIFAワールドカップ・コリア・ジャパン】終了後に村が消滅する事になった。大分県が進めている市町村再編の煽りを受け【中津江村】は無くなる事になった。【2002FIFAワールドカップ・コリア・ジャパン】は【中津江村】にとって無意味な過疎対策をした事になってしまったのか？ それとも最後の思い出作りだったのか？

一方、セネガルの事前キャンプ地となった静岡県の藤枝市にとっては、【2002FIFAワールドカップ・コリア・ジャパン】により大きな犠牲を強いられる事となった。悲しく、そして絶対に忘れてはならない事件がセネガルキャンプインまで一ヶ月を切った4月18日に発生していた。

それは【2002FIFAワールドカップ・コリア・ジャパン藤枝市実行委員会】次長の自殺である。同氏は、2002年4月1日より藤枝市スポーツ振興課の課長に任命され、同日から自らが希望していた【2002FIFAワールドカップ・コリア・ジャパン藤枝市実行委員会】に次長として働く事になった。

しかし、この仕事は、彼が事前に考えていたよりはるかにハードで想像を絶するような仕事であったに違いない。恐らく、そこに大きくはだかったのは【文化の違い】と【習慣】という壁であった事は言うまでもない。その中で、彼はセネガルチームの受け入れに際する藤枝市側の調整窓口的存在であり、数日前から「仕事が大変だ」と上司にも相談していたという。

そして5月16日にセネガルチームは、当初このキャンプを24日迄の予定で、予定通り藤枝市入りしたかのように見えた。しかし、セネガルチームは、23日に鳥取でエクアドルとの親善試合を行う事が突然決定された為に、実際には22日までしか滞在しない事となってしまった。

藤枝市側がこの事実を知らされたのは、あろう事かキャンプイン後の5月17日になってからだという。この藤枝市職員の自殺について、こうしたアフリカ的とでもいうようなスケジュール調整が繰り返されていた事も、一つの原因である可能性は大きく【異文化コミュニケーション】がもたらした悲しい副産物であると言えよう。

しかし私は、敢えてここで一つだけ言いたい。

死人《しびと》を冒涜するつもりなど毛頭無いが、個人的にはこの藤枝市の職員のとった「自殺」という行為は絶対に許す事ができない。

それには二つの大きな理由がある。

まず一つ目は、我々が愛し、敬い続けた神聖な【ワールドカップ】というものを、大会直前に関係者の死というもので汚したという事だ。

そしてもう一つは、彼の死によって、周りで【ワールドカップ】に携わっていた人の気持ちを彼は完全に無視し、多くの人にとっても夢であった【ワールドカップ】をも失わせた事と同じになる。彼の為だけに【ワールドカップ】はある訳ではない。この事を彼は【ワールドカップの関係者】として、本来なら第一に考えなければならない立場であったはずだ。それにも拘わらず、多くの人々がずっと前から楽しみにしていた【ワールドカップ】に、こういった【人の死】という非常に重いものを自ら残せば、残された人々はそれを何事もなかったような顔をして楽しむ事など出来る訳がない。そんな事ぐらいは、【ワールドカップ人】である以上、十分に理解できたハズであると考えると非常に残念でならない。

「人の命が消えた」という事実を作ってしまえば、藤枝の人々だって、セネガルの人々だって、日本の人達も「そういう事はなかったとして、すべて忘れましょう」なんて言い切るような事は絶対出来ない。【人の死】とは、それらの人々の心に、【ワールドカップ】の後も、ずっと心の傷として残り続けるほど大きく、とてつもなく重いものなのだ。

ましてや「【ワールドカップのスタッフ】として働きたい」というのは、彼自身が憧れ、希望した事ではないか。私は彼に【ワールドカップの重さ】にもっと早く気がついて欲しかった。

セネガルチームが藤枝市入りした後、チームはこの事実について「何も知らない」と主張しているのだが、亡くなった彼がセネガルチームとの直接的な窓口になってたので常識的に言えば通用する話ではない。その後、この事件について表向きにセネガル側から触れられる事はないまま、当初の予定を切り上げて5月22日に鳥取に旅立ち、エクアドルとの親善試合に臨んだ。そしてセネガルはそのまま24日に第2のベースキャンプ地である韓国の大邸に向かった。

セネガルは今回の【２００２ＦＩＦＡワールドカップ・コリア・ジャパン】がワールドカップ初出場であったが、前回の王者フランスを開幕戦で敗ると、その後快進撃を見せた。そして初出場にして見事予選突破し、ベスト１６入りの快挙を成し遂げた。そうした事を背景に、ついつい出来事は陰に隠れてしまいがちなのだが、それもまた【ワールドカップ】というものの特徴でもある。

そう、セネガルと言えばもう一つ日本人にとっては、どうしても感覚的に受け止めきれない問題を引き起こしていたのも想い出される。その問題とは、あろう事か「万引き」である。とても【ワールドカップの代表選手】がする所業とは考えられないような幼稚な行為である。

セネガル代表の彼らが何をしたかというと、ベースキャンプ地である韓国・大邸市内の宝飾店に於いて、日本円に換算して僅か数千円相当のアクセサリーを、数人で来店した内の一人が万引きしたというものである。後日、その店の店員が商品の確認をした時に、初めてその商品がなくなっている事に気づき、防犯用のビデオを確認したところ、セネガルの選手が万引きしている瞬間がカメラに映し出されていたという。この宝飾店がそれを警察に届け出て、当局の関係者がチームと本人に確認したところ、万引きの事実を認め、その代金を支払ったというものであった。

そして当局は【ワールドカップ】に出場する選手である事、本人が反省している点や、また宝飾店側からも代金を支払ってもらえた事などを理由として、穏便な解決に対して了承が得られ、被害届けが取り下げられた。その為に韓国当局はこれ以上、公な処罰は行わず、【今回に限り特別異例措置】とでも思われる前代未聞の対応をなしたが、万引きした本人によると「ゲーム」であったという。

「一国の代表として【ワールドカップ】に出場する代表選手」ともあろうものが【ワールドカップの開

催国】に入ってから、なぜこのような事件を起こしたのだろうかと、私は彼の感性を疑いたくなる。彼の中では【ワールドカップ】とは、一体どのような存在であったのだろうか。

また、彼らには「このワールドカップ期間中は絶対に忘れてはならない事件」があったばかりである事を何と心得ていたのか？　このワールドカップでセネガル代表チームと深く関わり合いを持っていた藤枝市の職員が亡くなった事など、全部忘れてしまっていたのだろうかとつくづく情けなくなった。

しかし、事件がここまでなら、日本人感覚の私でも、努力のしようによっては理解できない事もないのだが、この事件には、まだ続きがあったのにはびっくりした。

韓国の万引きされた当の宝飾店が、【ワールドカップの代表選手】と判った段階で、被害届を取り下げたのは先程の話だが、日本の常識で言えば「万引き」などは現行犯で捕まえるのなら判る。しかし、その宝飾店はその日の内に盗まれた事にも気が付かず、ビデオに映っていたので警察に届け出ていた。店側は代金さえ支払ってもらえるならば簡単に「なかった事にして下さい」とばかりに被害届を取り下げるぐらいであった。それならば最初からセネガル代表選手と判っていたにも拘わらず、なぜ、セネガルのチーム関係者やＫＯＷＯＣ、ＦＩＦＡに直接「代金のお支払いを忘れて帰られた選手がおられましたので、商品代金の方を頂戴できませんでしょうか」という具合にしなかったのだろうか。宝飾店側だって、これでは、ただ悪戯に大騒ぎしただけと捉えられかねない。

さらにもっと理解に苦しむ事態が、その後繰り広げられた。

万引きされた宝飾店が、今度はセネガルチームに対して、

「これも何かの縁だから……」と、ワールドカップでの健闘を祈って、チーム全員に4センチ程の大きさがある「純金製で出来た豚の根付け（韓国では純金の豚は古来から「幸運を呼ぶアイテム」として珍重されている）」をプレゼントしたのである。

この宝飾店は「盗みに入った泥棒に、ご丁寧にも盗まれた金額の数十倍にも上るお土産に熨斗《のし》をつけて持たせてやった」わけで、まったく理解に苦しむ。少なくとも私には理解できなかった。まあっ、これも韓国人とセネガル人との間の【異文化コミュニケーション】であったのだから、日本人が理解する必要もない事なのかも知れない。

そして、こういったたぐいまれな事態を引き起こしたセネガルチームは、精神面いわゆるメンタル面においてチームを構成する選手達に対して、どのように対処したのかについては確かな情報はない。

しかし、このチームは5月31日のワールドカップ開幕までにきちんとチームを立て直していたのだ。素晴らしい事ではないか？

果たしてこの選手達が「どうやって気持ちを切り替えたのか」は、今でも七不思議として残っている。セネガルの選手達にとって、こういった騒動を引き起こしてしまった事への罪悪感はなかったのだろうか。また彼らはどんな責任感で、何を思って【2002FIFAワールドカップ・コリア・ジャパン】の本番に臨んだのであろうか。

もしかして、こういった事に対しては、もう終わった事として「全然、気にしていなかったのか？」それともこの「純金の豚」の御利益があったのかどうかは知れないが、とにかくセネガルチームは5月31日に、【前回のワールドカップチャンピオン】であるフランスとの開幕戦に臨み、キックオフから3

0分後に世界中が「あっ！」と驚くようなシーンが訪れた。

それは、前半30分、セネガルの背番号19番MFボウバ・ディオの決めたゴールによりプフランスがまさかの先制点を許したからである。その後フランスは、焦りからシュートを力強く撃ち続けるものの、どれもゴールポストにこれまた強く打ち返され、結局この試合最後まで1—0のままタイム・アップを迎えたのだった。しかしフランスにとってはここからが［悪夢のワールドカップ本番］になるとはこの時点では夢にも考えてなかったであろう。

フランスにとって、このセネガルに浴びた黒星が余程のショックであったのかどうかは知らない。しかし【前回のワールドカップの王者】フランスは、セネガルに敗戦後、【2002FIFAワールドカップ・コリア・ジャパン】では遂に一勝も出来ないどころか、たった一点のゴールも奪えないままに、ワールドカップの決勝トーナメントに進む事なく「まさかの予選敗退」となった。

一方のセネガルはと言えば、正に世界中が予想だにしなかった大金星を挙げた事で、母国では、もう盆と正月がいっぺんに来たような（セネガルで盆や正月がお祭りムードかは知らないが今度、知り合いのセネガル人でも創って聞いてみたいと思う）お祭り騒ぎとなった。セネガルのワッド大統領は「栄えある【98年ワールドカップ王者であるフランスに勝った】という事は、セネガル国民にとって非常に重要な意味を持つ快挙である。この輝かしい功績を残した2002年5月31日という日はセネガル国民にとって記念すべき日である。よってこれを讃えて毎年5月31日を［国家の祝日］とする」との内容の大統領令まで発せられたのだ。

なぜならサッカーはセネガルの国技であり、その国技のサッカーで初めて世界的レベルで欧米に肩を並べ、その実力を実証できたという見地からこういった流れになったものと見られる。そしてセネガルはそのまま勢いに乗り、ワールドカップ初出場ながら見事予選リーグを突破して、ベスト8入りの快挙を成し遂げた。このセネガルの快進撃により日本でも、にわかに「もしかするとセネガルは、日本代表と対戦する事になるかも知れない」と騒がれ始めたのもこの頃だった。しかし、その頃になるとすっかり世間では、このセネガルチームが引き起こした万引き事件の事等は忘れ去られてしまっているようであった。

しかし、私的にはこういったセネガルがとった一連の行動、そしてFIFAや関係機関の執った対処の仕方について、どうしても納得できないし理解できないものがある。これもやはり【文化の違い】【民族の違い】から来る感性や受け止め方の問題としなくてはならないのだろうか。

典型的な日本人的感覚を持つ私にとって、「万引き」とは、盗み、窃盗、犯罪、やってはならない事と認識している。たとえば日本の国民的スポーツ「春夏の甲子園・高校野球」や「冬の高校サッカー選手権」「春高バレー」にしても、また社会人の「都市対抗野球」などでは、仮に出場する選手でない補欠にすら入っていない部員が、今回のような「万引き事件」「ケンカ」などの社会的な事件を起こした際には、大変な問題として取り上げられる。それら事件を起こした部員が所属するチームには、連帯責任が問われる事が今や日本の社会的常識にもなっている。また対外的にも、監督していた学校や企業といった機関は、当たり前の如く連帯した責任を求められる。そして、社会に対しても再発防止に向けた謝罪や反省といったものが、具体的に誰が見ても判るような形で求められる事は常識とされている。そして事件を起こした生徒や部員が在籍していた学校や企業は「甲子園」や「選手権」といった大会への出場が決定していても、野球部やサッカー部、さらには学校や企業等、その組織全体の連帯責任として「出場辞退」は当たり前として扱われている。そうした社会的に注目を集める大きな大会への出場とは何ら無関係のチームでも、チームにそうした不届者がもし一人でもいれば【全員丸刈り】は当たり前になっている。

また近年になると、その日本的美学で逆のケースも出現してきた。たとえば雪印事件の際には、親会社が起こした不祥事で、あの長野オリンピックでジャンプ日本代表を団体で金メダルに導いた原田雅彦選手が所属している「雪印スキー部」が、活動を自粛した事はまだ記憶に新しいところだ。そうした「スポーツ選手たるものは社会でも模範でなければならない」といった感覚は日本人にとって、今や常識とされており「スポーツとは……」。そのぐらい「神聖」なものとして習慣の中に染みついており、私に限らず多くの日本人がそういった感覚を持ち合わせているのではなかろうか。

しかし、今回FIFAは当事者の処分はしたものの、表立って積極的にチームや、監督責任のあるセネガルサッカー協会へ目に見える形で責任を追及する事もなかった。FIFAだって例えば勝ち点の没収などの何らかのペナルティーの発動をする気があれば出来たはずなのに、これを追求されるとなんか困る事でもあるのかと疑いたくなる。

そして、当のセネガルチームに至っては「お土産」までチャッカリ受け取っている有り様であるから反省する気配もなかった。恐らく多くの人々がこの【ワールドカップ】が始まれば、イヤでもセネガルチームにとってこの「万引き事件」の影響は心意的に避けられるものではないハズと過信していたのか？

まして初出場にして、悪い事に初戦が開会式直後の開幕戦、相手は前回の覇者フランスとくれば、必然的にセネガルは自分たちのサッカーなど出来る訳がないと、世界中がそう思っていたに違いない。しかし、当のセネガルにとって「そんな事はもう過ぎた、過去の事」「こまかい事は気にしない」とでもいった処が、いかにもアフリカらしいと言えばアフリカらしいのだ。もしかするとこういった事をまともに考え込んでしまったのは、フランス・チームの主柱・司令塔ジダンをケガで欠いたフランスの方だったのかも知れない。いずれにしても「世界は広い」と実感できた出来事であった。

本当にいろいろな事を巻き起こすセネガルチームであったが、決勝トーナメントの一回戦ラウンド16のスウェーデン戦を延長前半14分、アンリ・カマタによる逆転のゴールデンゴール勝ちで、とうとう準々決勝にまで駒を進めていた。しかし快進撃は遂にここまで。トルコに破れたためにセネガルの【2002FIFAワールドカップ・コリア・ジャパン】はベスト8という成績で幕を閉じ、帰国の途に着いた。それでも、まだまだこれで「セネガルのお騒がせ」も幕引きかと思ったら大間違い。そこはやはり【陽気なアフリカン】これで終わるものかとばかりに、今度は帰り道の台湾で、再びと言おうか、またまたと言おうか、とにかく台湾で騒ぎを起こしてくれた。

帰国途中のセネガルは、台湾政府の招きにより台北に立ち寄ったのだが、台湾訪問では二日目に親善試合が予定されていた。しかし予期できない事態はここでも待ちかまえていた。予定時刻をだいぶ過ぎても台湾チームの待つスタジアムに、セネガルチームは一向に現れる気配さえもなかった。

♪♪♪「♪♪もしもし☆☆よ、♪♪☆☆さんよ♪♪……」♪♪♪（どっかで聞いた台詞だな？　みなさんもきっと……、アフリカン・ソングとでも思ってください）と、これまたあんまり長くない首をながーくして待っていたのだが……。

そこに現れたセネガルチーム選手達を、満員のスタジアムの観客が歓声で迎えたのも束の間の出来事であった。


そこに彼らは、Tシャツにビーチサンダルを突っかけてピッチに登場して来た。

さすがに台湾の関係者は、

「ユニホームは……？？？？？」

「スパイクは……？？？？？」といった風に問いかける。

それに対してセネガル側は、

「ごめん、ごめん、遅れてごめんねぇ〜！」と言いながら、特段悪びれた様子もないのだが、

「でも、我々は非常に疲れている。まだワールドカップを終えたばかりだし、とても試合が出来る状態ではないんだ」という。（しかし、彼らは前夜に繁華街で深夜遅くまで騒ぎまくっていたという情報が飛び交っていたのも事実だった）

セネガルの選手達は、ビーチサンダルを突っかけて来ているのだから、どこを見てもスパイクを持ってきていないのは明らかである。そういう事になれば、この先、いくら押し問答をしてもそう簡単に埒《らち》が明かず、到底、試合をさせる事など不可能に近い。なにしろセネガルの選手達は、初手から試合などする考えはなかったのだからお話にならない。セネガルの選手達はおもむろにピッチ上で短時間リフテ

ィングなどのパフォーマンスを一方的に繰り広げた。そして突然「あとはこれから台北市街に買い物に繰り出すんだ！」と言い残し選手団は姿を消した。

そして選手達が誰もいなくなり、観客も帰り始めたスタジアムで、台北市長が寂しく演説するという前代未聞のイベントなった。


これに怒ったのは台湾当局者、「地元チームとの親善試合は外交の一環であり、だからこそセネガルチームを招聘したのだ」という考え方であった。

当然、台湾政府側は厳しい口調でセネガルサイドに詰め寄る。

「これは一体どういう事なんだ。何のために我々は高い経費をかけて招待したと思っているんだ」と声を荒立てる。

これに対して今度は、逆ギレしたのはセネガルチームの関係者だった。

「これこそ、一体全体どういう事なんだ。と、聞き

なにかとあったセネガル

たいのはこっちの方だ。
我々はワールドカップで初出場にも関わらず、ベスト8という偉業を成し遂げた事を讃えて、その御褒美として、お祝いとして、招かれたからわざわざ疲れているのに台湾に来てやったのではないか！それが何だ。何でこんな言われ方をしなければならないのだ。こんな屈辱的な思いをさせられるとは心外である！」と完全無欠なまでにプッツンしてしまった。とうとうセネガルチームが台湾を出国するまでに、両国の関係を修復する事は出来なかった。

やはり【アフリカ】と【アジア】の間で、文化の壁は高かったのか？
でも、【ワールドカップ】が来なかったら、そうした事だって私たちは実感できなかったのだから「これで良し！」としよう。
これも【ワールドカップ】があったために起こった（？）……、
そうだあれもこれも【異文化コミュニケーション】なのだろう。

## 3、ウェルカム・カム・コミュニケーション《審判だって外国人、早くお家へ帰りたい？》

【2002FIFAワールドカップ・コリア・ジャパン】で日本と韓国には、世界中から様々な文化から成るいろいろな人がやってきた。そうした世界に広がる文化の違いに驚いたのは、何も迎え入れた私たち日本人や韓国人ばかりではなかった。遠路、遥々やってきた異国の人々だって「びっくら・おどれーた！」なんって事になったって無理もないところだ。何しろアジアで初めて開催される【ワールドカップ】なのだから、「アジアの文化」というものに初めて、直接触れる人だって沢山いるハズだから当たり前の事かも知れない。

【2002FIFAワールドカップ・コリア・ジャパン】では、［日韓2カ国共催］とワールドカップ史上で例のない、恐らく最初で最後になるだろうと言われている「2カ国にまたがったワールドカップ」という事であった。そして実際には「共催」ではなく、【2つのワールドカップ】が日本と韓国でそれぞれ開催された「日韓同時開催」と言い切っても差し支えのない開催形態であったと言える。

なぜならば、日本と韓国の文化は、言語を始めとして、全く異なった風習や、文化をそれぞれ持ち合わせた国だから、人々が持つ感性や、考え方が違って当然なのだ。

でも、考え方によっては、この時代に生きた我々は「2つの国で同時に開催される【ワールドカップ】を同時に観られ、しかも【自国開催のワールドカップ】と【外国で行われるワールドカップ】として直接観て、比較出来るといった事を考えると、とても貴重な体験が出来たという事になる。

私自身も、日本の会場で開催された試合はもちろん、【ワールドカップ開催期間中】に2回韓国を訪問し、日本と韓国の文化の違いをまざまざと見せつけられた。

同じアジアに住む私達だって、隣国とはいえ韓国に行けば「異文化の国、外国に来たんだ」という事を肌で感じ、その文化の違いに驚かされる事ばかりであった。それがヨーロッパや南米、アフリカなど異文化圏の遠い国から来た人達だったら、まさしく「びっくら・おどれえーた！」っていう事の連続だったに違いない。

そういった人々の中には、あまりの驚きに「恐怖」を感じたケースだってあったに違いない。

そういった事で私が、外国から【ワールドカップ】のために訪ねてきた人達の気持ちとなってお話しする事が出来るのは、韓国で感じた事であろう。

【2002FIFAワールドカップ・コリア・ジャパン】でお隣の韓国代表チームは、大会前に為された大方の予想に大きく反して、アジアで初となるベスト4入りを果たした。しかし、残念な事に、この韓国代表チームの快進撃の陰には何かといろいろな事が取りざたされ、幾つかの疑惑も残した事は否定出来ない事実である。

しかし、私はこれも【異文化コミュニケーション】から来たものではなかったのかと考えている。

韓国に於ける【ワールドカップ】の歴史を振り返ると、1954年の【第5回スイス大会でワールドカップ】で決勝大会（いわゆる本大会と呼ばれるもの）に初めて出場し、以降1986年の【第13回メキシコ大会】までの32年間の長きに亘り【ワールドカップの舞台】から遠ざかっていた。その【メキシコ大会】以降は、現在まで4大会連続で出場を果たし、通算で5回もの【ワールドカップ本大会】への出場経験を誇り、今ではアジアの中に於いては群を抜いての強豪国とまで（アジア地域のみに於いて）言われるようになった韓国である。その韓国もかつて1954年の【第5回スイス大会】以降の32年間もの長い低迷期を過ごしている間の出来事であった。韓国に於いて官民ともに最も重要視すべきライバル国である同じ朝鮮民族の血を継ぐお隣の国【北朝鮮・朝鮮民主主義共和国】が、1966年の【第8回ワールドカップイングランド大会】に於いて、イタリア、ソビエト連邦共和国などの強豪と同じグループリーグ4に入ったのであった。北朝鮮は6月12日に行われた初戦のソビエト戦こそ3―0で破れたものの、続く15日に行われたチリ戦では、前半26分にチリに先制されたのだが、試合終了間際の後半43分に、朝鮮民族としてはワールドカップ初となる歴史的なゴールを背番号8番『パク・ソンジン』が挙げた。試合を振り出しに戻した北朝鮮は、そのまま引き分けに持ち込んだ。

そして第3戦は、6月19日に行われた。この試合、北朝鮮にとって最強の敵と思われたイタリアとの対戦となったが、前半終了間際42分に今度は背番号7番の『パク・ドゥリク』が貴重な先制ゴールを挙げる事に成功した。北朝鮮はその虎の子の1点を何とか守りきり勝利を収めた。この世界が予想もしなかったイタリアからの大金星を挙げた北朝鮮は、初出場ながらグループリーグを1勝1敗1引き分けで、アジア勢としては史上初となる予選突破を果たし、一躍世界の注目を集めてベスト8入りし、準々決勝進出を果たしたのであった。こういう輝かしい歴史が北朝鮮にはあった一方、同じ朝鮮民族の血を受けながら韓国はこれまで【ワールドカップ】で1勝も挙げる事が出来ないままにいた。それは韓国国民にとって、知らず知らずの間にサッカーに対するコンプレックスとなっていった。いつしかそれが自縛のように、「是が非でもワールドカップで1勝を挙げなければならない」「アジアの中で負けてはならない」といった一種の強迫観念にも似た国民感情に結びついて行くのだった

そしてこの雪辱を晴らす日が遂に2002年6月4日に訪れた。

この韓国サッカー界にとって歴史的な日は、韓国サッカー史上初となる外国人代表監督オランダ人の『フース・ヒディング監督』によってもたらされた。ここからヒディング監督と韓国代表チーム、そして韓国国民達の「コリアン・ドラマ」が始まったのである。

この日、韓国・釜山市にある【アジアド・プサン・メインスタジアム】で開催された韓国代表の初戦「韓国VSポーランド戦」には、韓国全土から48760名の観衆が詰めかけ、そのほとんどが韓国サポーターで、スタンドは韓国代表チームのチームカラーである【コリアン・レッド（真っ赤）】、赤一色に染まった。

なにも赤一色となったのは【アジアド・プサン・メインステジアム】だけではなく、韓国の首都ソウル市内の中心部【ソウル市庁舎前広場】にも30万人とも言われる人々が、特設の大型スクリーンで韓国代表を応援するために集まった。この現象は市街地周辺の「明洞」や「東大門」といった繁華街はもちろんの事、韓国全土で人々がそれぞれ思い思いに赤い衣類を身につけて、屋外に設けられた特設応援

会場にゾクゾクと集まっていた。こうして野外観戦した人達は韓国全土に亘り、この日だけで200万人以上の人々が熱狂の渦の中にいたと言われている。

そんな異様なまでの熱気の中、午後8時30分に試合は始まった。

韓国は、ヨーロッパの古豪ポーランドを相手に、4800万の韓国国民の一心の期待を胸に、さらにスタンドの真っ赤な声援の後押しを背中に受けて、ホスト国らしい堂々とした試合運びを見せた。前半26分。Jリーグで活躍している『ファン・ソンフォン』のゴールで先制すると、後半8分には、やはりJリーガーの『ユ・サンチョル』のゴールで追加点を挙げた。それがそのまま決勝点となり、後半34分から試合終了までの11分間だけで、両チーム合わせて3枚のイエローカードが飛び交う荒れた試合になった。

それでも韓国は、二人のJリーガーの活躍で4800万の韓国国民すべてが悲願としていた【ワールドカップでの初勝利】を手にする事ができた。実に35年11ヶ月と16日ぶりに韓国国民が誇りを取り戻す事ができた記念すべき日になった。

そして第2戦は6月10日、約70、000人の収容を誇る韓国最大規模【大邱《テグ》総合競技場】で天敵アメリカとの試合となった。この試合は韓国にとって、国家としても、チームとしても決して負けられない最も威信のかかった試合であった。

また韓国にとってこの試合は、2001年9月11日にアメリカニューヨーク州マンハッタンで起きた「世界貿易センタービル・ツインタワー」に旅客機が突っ込むニューヨーク同時多発テロ事件の関連から、警備上も最も警戒しなくてはならない試合であった。【2002FIFAワールドカップ・コリア・ジャパン】開幕前から特にアメリカ代表が出場する試合については、テロリストの標的になりやすいと各方面から指摘されていたからである、

そしてこの試合では、韓国にとって是が非でもアメリカだけには、絶対負けられないもう一つの理由があったのだ。それは、この試合が韓国にとって単なるサッカーの試合、スポーツ交流という事だけではなく、国家の威信と、国民のプライドをもかけた雪辱戦であり、言い換えれば国民感情からなる代理戦争の側面をも持ち合わせた試合だったからである。

まず先に試合の主導権を握ったのはアメリカであった。前半24分に『クリント・マティス』のゴールで韓国はアメリカに先制点を許した。その後、暫く韓国は苦戦を強いられ0対1とアメリカにリードを許したままハーフタイムを折り返す事になる。後

ビルの上は特等席？

半11分に韓国は『ファン・ソンフォン』に代わって『アン・ジョンファン』が入るとやや流れが韓国の方に向いてきた。

そして運命の後半33分、この【2002FIFAワールドカップ・コリア・ジャパン】に於ける一つの大きな転換の切っ掛けとなるシーンが韓国に生まれた。

『アン・ジョンファン』のゴールである。

『アン・ジョンファン』は、ゴールを挙げるとすぐに左サイドのコーナー付近で、「スピード・スケート」の競技を真似たパフォーマンスを始めた。すると、他の選手も『アン・ジョンファン』の元へ次から次へと集まり和の中に入り込んでいく。そしてみんな揃ってスピード・スケートのマネをし始めたのである。

これはサッカー選手として、スポーツ選手として絶対にやってはいけない事をしてしまった瞬間であった。

なぜなら『アン・ジョンファン』は【ワールドカップ】という【世界のスポーツの祭典】にある意味での「政治問題」を持ち込んでしまったからである。

そして『アン・ジョンファン』の行動にスタジアムにいた観客はなぜか沸きに沸いた。これはいつものゴールシーンとは全く異なる雰囲気であり、真っ赤なスタジアムは、歓喜と興奮の坩堝《るつぼ》に覆われ、それは凄まじい勢いで地響きを鳴らしながら韓国全土の国民に広がっていった。

『アン』がゴールを挙げたからという理由だけではここまで韓国全土を歓喜の坩堝に陥れるような状況には、いくら韓国がこの【ワールドカップ】に対する意気込みが強くても起き得る事ではない。それは単なる得点シーン以上の理由があったからだ。

その理由とは、『アン』が挙げたゴールがアメリカから奪ったゴールである事。それに『アン』がゴール直後にやったスピード・スケートのパフォーマンスの二つが互いに相乗効果になったからである。これは【2002FIFAワールドカップ・コリア・ジャパン】に於ける大会運営そのもののあり方を問われるような、重要な鍵が隠されていたのだが、この時点で誰かそれを予測出来た人は居たであろうか。

そしてこのアン・ジョンファン、彼が作り出した状況は、韓国がこの先、快進撃を展開していく上で最も重要なものとなり、また今大会の運営方法を根本から問われる社会的な問題にまで発展しようとは、彼自身だって思いもよらなかった事であろう。

これが何を示すのかと言えば、韓国は【2002FIFAワールドカップ・コリア・ジャパン】を、国家として国民感情を別の意味で煽る道具として利用できる事を、あからさまにしてしまった。これもまた「国の文化」とも言うべきなのか。この事はいずれにしても国民感情を反映した代理戦争が正体を現したパフォーマンスであった。


そもそも事の起こりは2002年2月21日、アメリカで開催されていた【ソルトレイク冬季オリンピック】での「スピードスケート・ショート・トラック男子1500メートル」での出来事が発端となっていたのである。この日に行われた「スピードスケート・ショート・トラック男子1500メートル決勝」には、韓国の金東聖が出場していたのであった。

このレースは、ショート・トラックならではの激しいレースになり、希に見る接戦となり、熱い戦いが繰り広げられていた。韓国の金東聖はすべての力を出し尽くし、アメリカのアポロ・オーノを引き離し、喜び一杯でなんと一位でゴールしたのだった。

悲願の金メダルに全身で喜びを表す金東聖に、スタンドからは「大韓旗」が渡され、それを手にガッツポーズを何回もしながらリンクを走って声援に応えていた金東聖。その喜びに溢れる金東聖の足が突然止まった。次の瞬間、突如会場内にどよめきが走り、悲劇はなんの前触れも無く訪れた。それは思いも寄らない「金東聖の失格」という判定が下されたからである。金東聖の金メダルは幻と消え、金東聖はリンク中央で「大韓旗」を「ポットン！」と落とし、その場でただ呆然としゃがみ込んだ。

審判団の下した判定は、金東聖が激しい順位争いとなったレース中に、他の選手の進路を妨害したというものであった。しかし、会場内で何回も繰り返し流されているリプレーのVTRに映る映像では、金東聖が他の選手の進路を妨害しているようには見えず、むしろ妨害しているのは他の選手達のように誰の目にも映っていたのである。

この判定により、韓国の「金東聖が失格」となったため、2位でゴールしたアポロ・オーノが自動的に繰り上げで金メダルを獲得したのだった。

当然、韓国は審判団に対してVTR持参の上で猛抗議をしたが、審判団はこれを相手にもせず、結局、韓国の抗議が受け入れられる事はなかった。

判定に対する疑惑はこの前にも発生していた。この1500メートル決勝の前に行われた1000メートル男子決勝の試合では、1名を除く選手全員が転倒するという異例なレースが繰り広げられていた。何とか転倒を免れたアポロ・オーノだけがゴールして金メダルを獲得したのだった。この事が発生するきっかけになったのは、アポロ・オーノが伸ばした手が韓国の選手の進路を完全に塞いでいたために、バランスを崩した選手達が次々と接触、転倒して大きなアクシデントとなったのであった。

しかし、この1000メートルの試合では、アポロ・オーノが進路妨害により失格となる事はなかった。そうなれば、当然、韓国国民としては「金東聖の失格」を受け入れられるものではない。『アメリカは開催ホスト国だから有利な判定を引き出し、金メダルも呼び込んだ』という人々の考え方は次第に韓国内に浸透していき、結果的に『アメリカは自国に金メダルをもたらすために金東聖の金メダルを無効とした』という国民感情を植え付ける事になった。

帰国した金東聖を待っていたのは、祖国が誇るヒーローとしての凱旋歓迎であった。韓国国内で金東聖はまさしく【オリンピックの金メダリスト】として扱われ「韓国は金東聖に対してIOCのオリンピックで与えられなかった金メダルと、報奨金なども授与する」と決め、他のオリンピック金メダリストと同じ待遇とした。しかし、韓国国民の中には、言いしれぬアメリカに対する感情だけを残してしまう結果となった。

ここまで韓国が戦った2試合を観ても分かるように、【サッカーワールドカップ】とは単なるスポーツの試合であるという域を超えて、時には本物の戦争以上の国民感情を長期間に亘って維持させるほど熱い、国民感情をすべて背負った「国と国が威信をかけた代理戦争」なのである。怖い事にこれは、末代までも根に持たれる事も珍しくないのだ。

例えば36年近くも韓国国民が北朝鮮に対する思いを忘れなかったように……。

そして韓国の場合、さらに政治的にも歴史的にも、国際的にも、非常に難しいとされる【南北朝鮮問題】等の国民感情に直結した問題がある。そうしたところに、今回【2002FIFAワールドカップ・コリア・ジャパン】のホスト国という威信も同時に誇示しなければならないという立場にも立たされた。韓国にとって【2002FIFAワールドカップ・コリア・ジャパン】とは「国家が国力を国際社会に示す場」と明確に政府が位置付けて来なくてはならなかった。そうした事から韓国はあらゆる面でそういった方向での大会準備を進めなくてはならず、韓国政府、国民にとって「国力誇示」がワールドカップの第一の開催意義であったのだ。

ここで一言だけ言わせてもらいたい。

「金大中大統領（当時）、国家が国力を示すのなら、何も【ワールドカップ】でなくったって、どっかほかの場でやって欲しかったよ！」

しかし【2002FIFAワールドカップ・コリア・ジャパン】開幕後には、それほど顕著に現れていなかった「国家アピールの体制」が、『アン・ジョンファン』の些細な行動から急激に一般市民を巻き込んで、韓国は変貌を遂げていった。

そしてこのアメリカ戦の後、明らかに韓国国内の隅々に至るまで、あらゆる面で雰囲気が驚くほどの変化を見せたのであったが、これは同時に韓国を訪れている外国人にとって、凄まじい恐怖感さえも与えるものとなっていった。

話を戻し韓国は、このアメリカ戦を1―1の引き分けで終わり、ここまでで1勝0敗1引き分け勝ち点４、得失点差プラス２として、ほぼ決勝トーナメント進出を確実とした。

第３戦目は、６月１４日ソウルの近郊の【仙川《インジョン》スタジアム】で、世界のＭＶＰフィーゴが率いるポルトガルとの対戦となった。この試合は韓国にとって天下分け目の決戦でもあり、引き分け以上で決勝トーナメントが決まる。もし負けたとしてもその内容によっては決勝トーナメントへ進めるとても有利な状況であったが、それでも相手はあの……、『フィーゴ様』がいらっしゃる優勝候補のポルトガルである。そのポルトガルはと言えば、『フィーゴ』をケガで欠いているものの、やはり引き分け以上で決勝トーナメントを確実視できる状態にあり、両チームともに楽観的な見方で穏やかなゲーム展開になると予想されていた。

バレなきゃ、ファールでないでしょ！

しかしこれがまさしく天下分け目の決戦。【２００２ＦＩＦＡワールドカップ・コリア・ジャパン】のターニング・ポイントとなる試合になろうとは、誰も予想する人はいなかったであろう。

開始早々から両チーム予想に大きく反した熱いゲーム展開をし、イエローカード、レッドカードが飛び交う試合となったのだ。
前半27分、ポルトガルの『ジョアン・パウロ』が一発レッドの即退場になった。その後は、何かと荒いプレーが目立ちファールでの応襲合戦の様相を呈した。そこへまた幾つかの疑惑の判定がレフリーから次々と出てくるようになった。例えば、同じタックルでもポルトガルのタックルはファールになり、韓国のタックルは『インプレー（試合を流す）判定』がされ、当然、必要以上にエキサイトさせられる試合展開であった。それでも一人少なくなったポルトガルは、何とか前半を0―0の引き分けで折り返した。

後半に入ると試合はさらにヒートアップし、後半21分、今度はポルトガルの『ペド』がこの日2枚目となるイエローカードで退場させられた。この時点からポルトガルは2人足りない9名での試合を余儀なくされた。それから猛攻に出た韓国は僅か4分後の後半25分、Jリーグ京都パープルサンガに所属（当時）するパク・チソンがゴールを決め1対0と先制したのだ。それでも優勝候補NO1とまで称されたポルトガルは9人で意地の猛反撃を試みる。しかし、そこは敵地も敵地、典型的な最悪のアウェ

フィーゴのW杯は終わった

イであるから悉《ことごと》く納得のいかない判定に苦しみ続けた。そうポルトガルの敵は相手チームだけではなかったという事だ。そして歓声にかき消されるように悲しげなホイッスルの音が響き渡り、遂に90分間に亘る死闘に終わりが告げられ、同時にフィーゴの【2002FIFAワールドカップ・コリア・ジャパン】にも終わりが告げられた。

その瞬間、韓国全土には予選突破という偉業を成し遂げた祖国の代表チームを讃え、再び4800万の韓国国民の「真っ赤に染まった歓喜の嵐」がすさまじい勢いで地響きを立てるように朝鮮半島を駆けめぐった。

快調に予戦を突破した韓国、6月18日決勝トーナメント一回戦の相手は、今回の【2002FIFAワールドカップ・コリア・ジャパン】優勝候補の本命イタリアであった。

国民の期待がさらにエスカレートしている事から、韓国にとってこの試合は絶対に負けられない状況にあった。もう一方のイタリアからしても、格下の韓国というだけではなく、遡る事36年前1966年のイングランド大会で、北朝鮮に大金星を捧げてしまった嫌な思い出が、ふっと頭をよぎった。あの悪夢を再び繰り返す事は許されない。

イタリアは本場のヨーロッパサッカーの中枢を担っているという、民族の誇りがある。

それを迎え撃つ対する韓国は、国家の威信を全面的に背負っている。両国ともに一歩も譲る事のできない、また、共に絶対に負けられない相手同士なのである。

この試合は立ち上がりから、最初の予想通りイタリアが猛攻を見せた。しかし、前半5分に韓国は運良くPKを得る事に成功した。しかし、この絶好のチャンスに『アン・ジョンファン』の蹴ったボールはゴールキーパーの好セーブに遭い得点の機会を逃した。その後再びイタリアは反撃に転じた。前半18分、『トッティー』のコーナーキックに『ピエリ』がヘディングで合わせて、イタリアが辛くも先制点を挙げた。後半に入ってもイタリアは終始ボールを支配していた。後半に入りイタリアがゲームの主導権を握ると、やはりスタジアムの雰囲気といったものが一変し、イタリアは完全無欠なアウェイでの試合を強いられるようになって行った。韓国の劣勢も相まって独特の雰囲気と言おうか異様な雰囲気の中、しばし目を疑いたくなるような、不可解な判定が繰り返されるようになった。【カード・ザ・バーゲン】と言わんばかりにレフリーの発するカラフルな赤と黄色のカードが、惜しみなく乱れ飛んだ。韓国に3枚のイエローカードに対して、イタリアには6枚のイエローカードと1枚のレッドカードが出る試合になった。イタリアには観光みやげと言わんばかりに特に大盤振る舞いであった。

カード攻撃の甲斐あってか、韓国は、観客とレフリーの後押しもあって、何とか試合終了間際の後半43分には遂に同点に追いつき、試合は延長戦へと縺れ込んだ。

そしてイタリアにとって、運命の瞬間となる出来事が延長前半12分に訪れた。

延長戦に入ってからイタリアが初めて、韓国のゴールエリア内にボールを持ち込んだ次の瞬間である。ドリブルで駆け上がるイタリアの『エース・トッティー』が、相手方のディフェンダーの出した足に引っかけられた。『トッティー』はそのまま前に崩れるように倒れ込んだ。

次の瞬間にレフリーは高らかにホィッスルを「ピッィー！」と鳴らした。『レッドデビル』といわれる韓国サポーターや、韓国の国民達の心は一瞬、冷たく凍り付き、イタリアの「ＰＫ」だと誰もが確信したのであった。

しかし主審は倒れている『トッティー』に近寄ると、そのままトッティーに対してイエローカードを提示し、唖然としている『トッティー』に向かい、続けてレッドカードも示し退場処分を宣告した。

この警告は「トッティーのシミュレーション」、トッティーが故意に審判を欺く行為をしたと判定されたために『トッティー』に対しイエローカードが提示されたのだった。この日『トッティー』ーは前半22分にやはり同じ「シミュレーション」でイエローカード・警告を受けていたので、一試合2枚目のイエローカードで退場（一試合の内で累積2枚のイエローカードは2枚目がレッドカードに変わり即時退場処分となり、後日規律委員会にかけられる。また、例えばラフプレーなどで警告を受けた際に審判に抗議した際など、2枚続けてイエローカードが提示され退場となる場合もあるが、この場合、1枚目はプレーに対する警告、2枚目は審判に対しての異議申し立てに対する警告という事で退場処分となる）となったのだ。

しかし、この判定は、韓国国民を除く多くの人々の目には、韓国選手がファールしているように映っており、その後ＶＴＲで何度確認しても、やはり『トッティー』の「シミュレーション」という状況とは言い難いものがある。このプレーで韓国ディフェンスの選手は、ボールではなく、明らかに『トッティー』の足を後ろから引っかけている。こうした状況の中で『トッティー』が故意に倒れる事は不可能であり、もしそのまま転倒する事がなければ、『トッティー』は恐らくゴールを奪っていたであろう。こうして細かく見ていくとイタリアは、明らかに勝利のチャンスを何故かこの不可解な判定によって失った事になる。

もし、このときイタリアにPKが与えられていたならば、イタリアが【2002FIFAワールドカップ・コリア・ジャパン】で優勝した可能性は非常に大きい。

そして、1名少なくなったイタリアは、ゲームを組み立てるキーパーソンも同時に失い、技術面に於いてもメンタル面に於いても完全に試合が戦える状況ではなくなった。そうしたイタリアを韓国が見逃してくれる訳がない。延長後半12分韓国はサイドからの深いクロスボールに再びあの男『アン・ジョンファン』がゴールデン・ゴールを流し込み、36年の長き歳月をへてやっと北朝鮮に並ぶベスト8の座を射止めたのであった。

そしてこの試合の終了直後から、韓国が絡む2試合で連続して疑惑の判定が、韓国の勝ち方に影響した事について、韓国の人々以外から大きく問題視する声が徐々に高まってきた。

イタリアは試合後【FIFA】に対して、レフリーの判定に疑念があるとして正式に文書による抗議を申し入れた。

イタリアにとっては、審判の疑惑判定によって勝敗を左右されたのは、予選リーグのクロアチア戦でオフサイドと誤判定された事により、

これは明らかにファールでしょ

貴重なゴールを取り消されて以来、今大会2回目の出来事であった。

しかし韓国戦に於けるイタリアの敗因は、確かに審判の判定疑惑によるものだけではなかった。イタリアの選手達が置かれた状況が、少なからず選手達のメンタル面に影響し、それらに対して順応する能力にも限界が近づいていたのだ。また、これがイタリアが持つ本来の力を発揮出来なかった要因の一つである事も、否定出来ない事実である。アジアにあるサッカー未開の地で突然訪れた環境の変化、それはやはり文化の違いと言ってもイタリアの選手達からすれば、あまりにもショッキングな出来事であった。そのような事が積み重なり、知らず知らずして陥った状況ではなかろうか。

イタリア代表チームは、予選1次リーグを日本で戦ったために、事前キャンプとベースキャンプを宮城県の仙台市で張っていた。

イタリアと言えば日本では、何と言っても、

「キャッアーー!、デル・ピエロさまー!」

「キャッアーー!、トッティーさまー!」

「キャッアーー!、カンナ・バアーロさまー!」

と、黄色い声援が飛び交う【世界一のいい男軍団】であり、まさにハリウッドのスクリーンからスター達が飛び出して来たかのように日本の女の子達を熱狂の渦に巻き込んだ。今回の【2002FIFAワールドカップ・コリア・ジャパン】きっての人気集団である。

そう、遠いヨーロッパから来た彼らを待ち構えていたのは……、【日本が誇る伝統文化】とも言うべき【日本縦断追っかけ列島】という表現がぴったりとしたイタリアチームの追っかけギャル（中には元が付くギャル？……、も混じっていたが……）集団であった。

「追っかけ」は、やはり日本の伝統文化であると私は思っている。日本より遥かに国土の面積が大きい欧米の国々で「追っかけ！」をしようと思えば、それはそれはあまりにも大変な事で経済的にも、肉体的にも「密着タイプの追っかけ！」などというものはかなり難しいところもある。また、プライベートを尊重する欧米各国とは、やはり基本的な考え方が異なる。これを言い換えれば「日本の追っかけ！達」は、対象とするスターに対して「プライベート」なんていう言葉は、絶対に認めたくないとすら思っているに違いない。

しかし、人間という生き物は、「すてきー」とか、「カッコッイイー」とか、言われながらチヤホヤされれば、誰だって悪い気を起こす人など滅多にいるハズがない。

そして「日本の追っかけ達」は、今日も世界に誇れるほど熱く輝き、日本全国を忙しく飛び回っている。これぞ【日本が世界に誇れる伝統文化】といっても良いであろう。なにしろ「元・追っかけ！」であった私が言うのだから間違いがない。

【アズーリ】という愛称で親しまれているイタリア代表チームは、確かにファンタスティックなプレーで世界中のサッカーファンを魅了させてくれる。しかし、「グランドを離れた彼らのどこに乙女心を夢中にさせるのか？」男心しか持ち合わせない私には、どうにもこうにも理解しづらいところもある。この

「追っかけ！　乙女達」に言わせると、なにしろ今回、【アズーリ】の使い古しのユニホーム、私に言わせれば「なんか泥臭いというか、ただ青いTシャツじゃん！」「あれって、引っ越し屋さんの兄ちゃんや、選挙の時に運動員のおじちゃま達が着ていたのと何か、どっか違いあるの？」って、言ってしまいたい。

でも、恐らく、追っかけの乙女達に言わせれば……、

「何言ってんのよ、全然違うじゃん」
「あんなオヤジ達のと、一緒にしないでよ」
「ファンタスティックで、トレビアーンで、イタリアーンじゃない」
「どこ見てんだ、このボケ！」

と、キツいキツいお叱りを受ける事は恐らく間違いなかろうと思う。

イタリアチームは日本に滞在中、終始「追っかけ！」を率いて移動していた。

練習場である仙台スタジアムは勿論、宿泊先のホテル、試合会場、ひとときの休日までいつも、

ファンタスティックで、イタリアーンでトレビアーンのトッティー様

いつも黄色い奇声と共に過ごしていた。恐らくこの現象は、本場母国のイタリアでも選手達にとってあまり経験した事のない事であったに違いない。何しろ「大和撫子が繰り広げる追っかけ！」は別格で、その凄まじさは世界でも折り紙付きなのだから。

では、「【追っかけ！】と簡単に言うけど実際に何やってんの？」との疑問に答えよう。

例えばバスがホテルの正面玄関に到着したとしよう。

まず、バスを発見すると女の子達は走ってくる。

「キャー、バスが来たー！」

「イタリアチーーム よおー」

「イヤだあー、デルピエロ様よー！」

「キャー、あっちはトッティー様よー。イヤだあー！」

とまず奇声を上げる。

なにも「イヤだあー！」と言うぐらいイヤなら、観なきゃいいのにと思うのだが、彼女らはどうも見ずにいられないらしい。

続いてバスが停車すると、

「キャー、カンナバーロ様が目を開けたあーーー」

「キャー、トッティー様が立ったわあーーー！」

「ヤダアー、デルピエロ様が歩いたあーーーーー！」

「ピエーリ様が私の為に降りてくる！」

と、いった状況なのだが、なにもあんた達に「やーだあー！」と言われなくても、ホテルにバスが着けばいつまでも席に座っていられないし、席を立てば当然、歩いてバスから降りなければならないのだ。

そして、さらにホテルの正面玄関に立てば、

「キャー、あたし見ちゃったー！　さっき、さっき、さっきねぇ〜！　トッティー様があそこのドアの前に立ったら、ドアが独りでに開いて颯爽と歩いて行ったのよおー！」

「ヤーダァーーー！、なんてカッコイイー、ステキーーーー！！！」などという状態になっているのだ。

でも、彼女たちには残酷に聞こえるかも知れないが、ここで心を鬼にして敢えて言おう。

「ホテルの玄関は自動ドアだし、何もトッティー様やデルピエロ様でなくったって、川渕のおっちゃんであろうが、ブラッターのおっさんであろうが、誰でも、彼でも、彼女でも、ブタだって、犬だって、カラスだってドアの前に立てばドアは独りでに開くのだ。あの人達がスター達で特別だからひとりでにドアが開いたんじゃないって！」

でも、こうした日本の状況に、きっとデルピエロやトッティーらのイタリア選手達は、うれしい悲鳴を3週間の滞在期間挙げてそれに浸っていたに違いない。

「これが異国情緒といったものかぁ〜！」っていう風に……。

まあっ、トッティー様がこう言ったかどうかは知らないが、たぶん「びっくりした、異文化コミュニケーション」であった事には間違いないだろう。

そして時が過ぎて、イタリアは1次ラウンドのグループリーグを何とか突破した。決勝トーナメントは韓国で試合をするグループに属していたので、嫌でも韓国へ移動しなければならない。とうとう韓国入りしたアズーリの選手達を待ちかまえていたのは、つい2時間前までいた日本とは全く違う韓国国民が奏でる雰囲気であり躊躇したに違いない。

イタリアチームは、4800万の韓国国民にとって、「ウエルカム」「ウエル・カム・カム・コリア！」と呼ぶには条件付きの存在であったからだ。

なにしろイタリアの決勝トーナメント最初の相手は、何と運が悪い事か、韓国だったからである。大韓民族からすれば、「韓国より弱いイタリアはウエルカム」、「韓国より強いイタリアは悪玉！」「敵が攻めてきたぞぉ〜！」といった明確な存在だった。

もしイタリアが韓国に足を踏み入れた際に、「同じアジアだから、日本と同様の対応が期待できる」と想像していたならば、地獄の底に突き落とされたような違和感を覚えたにちがいない。

確かにワールドカップが始まってからの韓国国内の雰囲気は何と言おうか、異国情緒がはち切れてしまったかと言おうか、とにかく言葉で表すのが難しいぐらい一種独特のものがあった。それは若干盛り上がりに欠けたどころか、盛り下がりすらに感じられた日本の街中とは全然異なる世界がそこには確かに存在した。これは、韓国政府が「ワールドカップとは国力を国際社会に誇示する場」と明確に打ち出した事に加え、韓国代表チームの【コリアン・ミラクル】とでも言うような快進撃（？）の相乗効果が国全体を盛り上げていた。決勝トーナメントに入ってからの韓国国内では「ファイト！　コリア！」「デー・イカン・ミンクウォーッ！」（大韓民国）を合言葉に、とにかく赤一色であった。

韓国に一歩足を踏み入れた瞬間から、そこはまさしく別世界のようだった。「韓国人が、韓国人のために、韓国でやるワールドカップ！　それこそが【２００２ＦＩＦＡワールドカップ・コリア・ジャパン】である！」、そんな雰囲気を国中が醸しだし、空港からホテルから、デパートからショッピングセンターから至るところで、職員も、一般の人も、みんなみんな赤一色であった。人々は皆「Ｗｅ Ｔｒｙ Ｒｅｄ，Ｓ」と書いたＴシャツを着ており、そうした光景を目の当たりにした外国人からすると（私も韓国を訪問した際には外国人であるから外国人の目から見た感想はよく分かるつもりだ）「何か、とてつもない処に来てしまった」とでも言おうか、そういう恐怖さえ感じられた。これは暗黙の強迫観念にも似たものに取り憑《つ》かれ、何も悪い事なんかしていないのに、自分が韓国人ではない罪悪感から身の危険すら感じていたに違いない。

何と言ってもイタリアの選手達は、ちょい2時間３０分前まで「キャー！、トッティーさまー、すてきーィ！」「ワァー！　デルピエロ様、こっち向いてぇー！」といった風な【異文化コミュニケーション】に浸れる日本から、韓国に着いたばかりで心の準備も出来ていなかった。

それが韓国に入るなり「敵が攻めてきたぞオー！」といった具合になった。

試合でボールを触ろうものなら「何する気だ！」

接触プレーなんかしようものなら「私のアン・ジョンファン様に何すんのよ！」とか「もう絶対に許しちゃおかないんだから」といったように、イタリア選手のやる事、為す事が、みんな悪い事になってしまったのだから、これでは真っ赤に染まったスタジアムのピッチに立っただけで足がすくんでしまっても不思議な事など何もない。

私は、たまたまこうした韓国の雰囲気を直に体験する機会に恵まれた。6月29日に【大邱総合競技場】で行われた三位決定戦「韓国VSトルコ」の際に、こうした国を挙げての【コリアン・カーニバル】とでもいうような韓国の状況を目の当たりにした。普段なら大抵の事では動じない私だが、やはり異様とも言えるこんな状況の中に突然放り込まれれば【We Try Red, S】の赤いTシャツを探さずにはいられなくなった。急いであちらこちらを探し回り、やっとの思いで釜山の駅前広場で【We Try Red, S】Tシャツ5枚をようやく調達できた。そして何とかこれを着て、大韓国旗を手に、韓国人になりすましてスタジアムに向かったのであった。

こういった「文化の違いなのか？」というような処にどっぷり浸かり、プレーしなければならなかったイタリア、ポルトガル、スペインといったチームの選手達は、身体が竦《すく》んで思うように動けなくなっても仕方なかろうと同情する。なにしろプレーすればするほど、やる事、為す事、韓国サポーターには「アンタ今、悪い事をしたよな！」といった目つきで睨みつけられるのだからたまったもんじゃなかっただろう。

こうした国全体が異様な雰囲気に覆われている中で、身体が竦んでしまうのは何も選手達ばかりではない。恐らく外国から来た審判達はもっと精神的に追い込まれ、身が縮むような思いをしていたのだ。

この「韓国VSイタリア」の試合の後で、韓国人を除く多くの人々が、レフリーの裁定に不審を抱く声が高まっていた。特に韓国戦絡みの試合で、世界の強豪中の強豪とよばれる、「VSポルトガル戦」に続いて「VSイタリア戦」までも疑惑の判定によって韓国の勝利が決定づけられた。この事に対して国際世論からは「審判の買収疑惑」まで浮上し始めていた。そうした声は日増しに強くなっていたが、どうやら韓国の人達には、そうした声は耳に入らなかったらしい。

こうして【2002FIFAワールドカップ・コリア・ジャパン】では、チケット問題に次いで大きな懸案事項となった【審判の誤判定問題】といった事態が表立って一躍注目を集める事になる。

【2002FIFAワールドカップ・コリア・ジャパン】で問題になった【審判問題】とは、この大会の特徴とされるまでになった、あの「【誤審】と疑われる判定」が、偏ったチームに繰り返しなされていた事は世界の七不思議とされた。

韓国が、2試合連続して不可解な判定によって勝利を授けられた事。

そしてイタリアのケースはこの逆であった。クロアチア戦に続いて韓国戦と2度までも、納得出来ない判定によって得点を奪われ、勝利を逃す結果となった。

確かに、韓国は疑念が残る形でポルトガル戦に続いてイタリア戦までも、世界有数の強豪国と位置付けられた相手に勝ち上がってきた為に、「何か不正が隠されているのではないか?」という声が国際的に高まってきていた。この様な事から6月22日にカンジュで開催される準々決勝、韓国VSスペイン戦には必然的に世界の注目が集まっていった。対戦相手であるスペインにしても、この試合だけはさすがに「サポーターの後押しで審判の判定が、開催国である韓国に偏る事を警戒している」と、審判の【故意による誤判定】を試合前から意識し牽制していた。

しかし、FIFAはこの時点で【2002FIFAワールドカップ・コリア・ジャパン】に於ける【審判問題】について「世間で騒がれているような【誤審】といった問題は存在しない」と、一貫して「審判判定に間違いがなかった」と強調していた。それでも世論からすれば、それはかえって逆効果となり「誤審でなければ、故意の不正行為があった」と、疑惑はいっそう深まる結果を残してしまった。

そしてとうとう「誤審問題」に、何ら進展のないまま、遂に【準々決勝・スペインVS韓国戦】はキックオフされ、やはり歴史は三度《みたび》繰り返された。


この試合は、やはり国際世論が「審判問題」で注目しているだけに、キックオフから主審を中心とした審判団もさすがに気を遣っていると思われるジャッジが続き、スペインの選手らもラフプレー等の熱いプレーには特に気を付けていた。

そのためにファールの数は、スペイン20に対して韓国22とほぼ同格、シュート数スペイン7に対して韓国3、コーナーキックがスペイン6に対し韓国5、そしてオフサイドがスペイン5に対し韓国が2と、データーから見てもかなり拮抗した試合である事が判ってもらえると思う。これはレフリーとスペインチームがかなり慎重になっていた事が数値に現れたものであり、試合の方も90分間では両者とも得点できず、0対0スコアレスのまま延長戦に入ったのだ。しかし悲劇が繰り返されたのは、この後、ゴールデンゴール形式での延長戦に入ってからで、延長開始早々の延長前半3分の出来事であった。

スペインは右サイドから、弱冠二十歳の新星MFの『ホキアン』が素晴らしい上がりを見せ、ゴールラインギリギリから切り返し素晴らしいクロスを上げ、そのボールは、韓国ゴールのネットを揺らした。誰もが「コリアン・ドラマ」が遂に終演を迎えたかと思ったのだった。

しかし判定は、『ホキアン』が切り返してボールを蹴る前に、一旦ゴールラインを割ったというもので、スペインのゴールは無惨にもノーゴールと取り消された。

サッカーのルールでは、ボールが完全に1個分まるまる出ていなければインプレーであり、その後のプレーは続行される。当然、その直後ゴールにボールが入れば得点として認められる。したがってスペインはゴールデンゴールにより勝利を手中にする事が出来たはずだ。しかし無情にも、主審と副審の下した判定は「ゴールキック」であり得点は無効と判断された。誰もが「そんなバカな事?」と思った。

殆どの人々の目に映ったように、やはりVTRで確認しても、どの角度から見てもボールはゴールラインの内側にあり、外へは出ていない。この事実から見ればスペインの勝利は不当に抹殺された事になる。

そして試合はスコアレス・ドローのまま、PK戦にまで縺れ込み、スペインまさかのPK負けという、国際世論が恐れていたシナリオへと突き進んで行った。そして案の定、韓国国民だけが予想していた結果へ導かれた。

試合後、スペインチームは直ちにVTRを持参し審判団、そしてマッチコミッサリーへ抗議を行なった。しかし、それでもこの抗議か受け入れられる可能性は、過去のサッカー史から見ても皆無に等しかった。

そしてポルトガル、イタリアに続いて、世界最高峰のリーグ、【リーガ・エスパニョーラ】を有する無敵艦隊と呼ばれたスペインまでもが、誰もが納得の出来ない判定によって格下の韓国に破れ、【2002ＦＩＦＡワールドカップ・コリア・ジャパン】を去っていく結果になった。韓国に不本意な形で負けたポルトガル、イタリア、スペインの3ヶ国は帰国後供に、ＦＩＦＡ国際サッカー連盟に対し抗議文を送り届けるという異例な事態にまで発展した。

これと同時に世論では、韓国が審判団に対して「何らかの働きかけをした為にこの様な誤審が続いているのでは……」と、『審判の買収』や『不当な圧力をかけた』『不正行為があった』等と、いわゆる韓国と審判団の間に、何らかの『汚職』といったものが存在していたのではないかという疑惑が大きくなっていった。この疑惑を訴える声は日を増すにつれて大きくなり、関係者が考えている以上に疑念を抱く声の方が圧倒的に大きくなっていった。その為、これ以上ＦＩＦＡだけが静観している姿は、かえって世論の目には不自然な状態に映り、審判問題は佳境に差しかかっていた。

さすがのＦＩＦＡでも、ここまで世界中の世論から自らの審判団に対し疑惑の目が向けられれば、もうこれ以上「我、関せず」というスタンスではいられなくなってきていた。そうした処にスペイン戦でジャッジを担当した審判団から「我々のミスによる誤判定で、少なくともスペインチームの1つ以上のゴールが失われた」と、事実上の誤審を認める発言が明らかにされた。ＦＩＦＡ審判委員会もこれらの事を認めざるを得ない状況へ追い込まれた。しかし、サッカーの世界で、一旦レフリーから下された判定が覆る事は、過去の歴史から言っても許される事ではなかった。

その一方でＦＩＦＡ本体は、誤審があった事については『人間のする事』とした上で、仮に一つの誤審があったとしても、試合の勝敗への影響について、その問題に触れる事を拒み、韓国の不自然な勝ち方についても真相が究明される事を先送りした。
ＦＩＦＡが先送りするという事がどういう事かと言えば、この韓国戦で相次いだ勝敗を直接的に左右するような『疑惑の判定問題』については、今後、一切、永久に葬り去るという意味になる事をほとんどの人が理解出来たであろう。

今回の韓国戦での『誤審疑惑』について各分野の人々の間では、韓国が審判に対して金銭を渡し買収したとか、不当な圧力をかけたとかといった声がよく聞かれる。しかし私は、今回の『誤審疑惑』で、そういった個別に韓国が工作したという考え方には否定的である。

かと言って『誤審疑惑』を否定するのかと言われれば、『疑念』という次元でなく『決定打』とも言える『事実と異なる判定』があった事は間違いのない事実で、この現代の世の中ではＶＴＲという便利な文明の利器がそれを証明してくれている。

では、どうして、韓国代表絡みの試合だけこのような『疑惑』をもたれる判定が続いたのであろう。果たしてこれは、本当に「偶然からなるものだったのであろうか？」という事になるが、答えはそれも『ノー』であると私は断言出来る。

【２００２ＦＩＦＡワールドカップ・コリア・ジャパン】では、開幕前からこの様な『審判の誤審問題』が発生する事をＦＩＦＡは判っていた。その為に、なぜだか『クレーム処理』の対策だけは最初から万全を期していたのだから、はっきり言ってしまえばこれは『審判の判定』に於いては何が起きても取り立てて驚くべきものではなかったと感じられる。

ここで全くの余談ではあるが、サッカーの試合に於いて、ファールと呼ばれる反則行為の判定に対する個人な見解を示したい。

そもそも反則とか、ファールといったものは、審判の目で判断するものである。それは審判が「見ていたか」、それとも「見ていなかったか」という問題で、本当に個人的な見解で申し訳ないのだが『審判に見つからなければ反則ではない』と考えている。そうした観点から言えば『誤審問題』とは全ては「見ていなかった為に起きた事」と総括できる。『誤審』には「まさに疑惑と言える判定」それに「見てない振り」や「見てた事と違う判断を故意、または過失による判定」等と様々な質のものが混在すると思う。

そうした中で、審判の『誤審』に対して一番敏感に反応するのは、やはりスタジアムにいる不利な判定を受けたチームのサポーターであろう。そうした『誤審』が発生した際のサポーター対策をFIFAはちゃっかりと準備していた。まずFIFAが最初に着手したのは、【2002FIFAワールドカップ・コリア・ジャパン】に於けるスタジアム内で、プレー直後のリプレー映像を、大型スコアビジョンで放映する事を一切禁止したのである。

審判が下す判定は、いつ、どこであっても、公正且つ、厳格でならなければならない事は『世界の常識』である。審判にはどんな時でも正確な判定が求められ、国際審判たるものはこれにいつでも自信を持って応えなければならない。もし、仮に間違えた判定をしてしまった場合に於いては、それが一国の運命を左右する事だってあるので非常に責任の重い仕事である事を認識した上で試合に臨んで欲しい。

しかし、従来は『誤判定』を犯したとしても、時が経てば自然に消えてなくなるといったＦＩＦＡの考え方（しかし神の手、マラドーナのゴールの様に、末代にまで語り継がれるものもあるが、ブラッターさんはたいして気にしていないのかな？）があったのだが、現代の世の中では、審判は見ていなくてもＶＴＲはいつでもちゃんと見ているのだ。

Ｊリーグなどですっかりお馴染みとなっているスタジアムのオーロラビジョンから映し出される「リプレー映像」は、試合中に「これは！」という場面を繰り返し、しかもタイムリーに提供される。これは座席の角度などによって試合の見にくい位置に座っている観客にとっては、試合を何倍も楽しめる素晴らしい装置である。しかし、この『リプレー映像』は、時として真実を観客に伝える役割を果たす事が多々ある。機械の目はいつ見ても公正なのだ。

そしてこの【ワールドカップ】では、先ほども触れたようにスタジアム内での『リプレー映像』を流す事を禁止した。これは裏返せば『誤審はあって当たり前』、『誤審は審判に付き物』といったような発想で、言い換えれば、これは『誤審容認論』、また別の考え方からすれば『時と場合によれば誤審を与えても良い』とも受け取れる。こうした状況の中で審判達は、果たして自分の裁定にどこまで責任が持てるのか些か疑問である。「審判とは、『公正且つ厳格なもの』といった概念は、もう現代の世の中で通用しないのか？」とつくづくそう思わされた。

そもそも【２００２ＦＩＦＡワールドカップ・コリア・ジャパン】では、審判の人選にあたっても開幕前からその方法を疑問視する見方もあった。確かに開幕前、一部のリストを目にした時に『日本の非常識は世界の常識なのか？』と、目を疑いたくなる審判だって含まれていた。なぜなら、敢えて誰とは言わないけれど選ばれた主審の中には、日本Ｊリーグでも有数のカード愛好家（赤とか黄色とかのもので、特に赤系統がお好きなようだ）が、しっかりと選ばれていたのだ。

彼に関しては、とにかく訳わかんないカードを連発する事で一躍有名になった審判員で、日本の選手達の中には「要注意人物」として恐れられている人物が含まれていたからである。

【ワールドカップ】で笛を吹く審判達は、各国のサッカー協会が推薦してきた審判をＦＩＦＡが検討した上で人選したとされている。それなのに何で日本は「例の彼」を推薦したのであろう。

【ワールドカップ】では「自国のジャッジを努める事は、当然、規則により出来ない事になっているから、ウチには関係ないや！」とでもいう考えだったのか？　それとも『日本と対戦する事になる国の試合。それも日本と対戦する直前の試合で、もし彼が主審を努める事になればラッキーと考えたの

このようにボールがラインの中に完全に入らなければゴールではない

か？　彼のジャッジは、きっとカード三昧となるはずだから、それによって主力選手が次の日本戦に出場停止で居なくなれば……』とまで、もしかすると考えたのかなあ、んっ！

これは「いかにも日本的なものの考え方かも知れない」と思ってしまったのは私だけだろうか？　ＦＩＦＡはこうして世界中から集めた審判達を、ＦＩＦＡが自ら理想と掲げる『公正且つ厳正な審判』へと養成するために訳の分からない努力もしていた。

審判の公正さを保たせる為にＦＩＦＡは、審判員のためにベースキャンプ地を千葉に設け、出場国との接触に対しても必要以上とも取れるぐらいに神経質になっていた。こうした考えからか知らないが、とにかく地元住民らに対してすら一切の交流を認めないという『審判の隔離政策』に出ていたのだ。これは裏返せば「周りの言う事は一切聞かないぞ！」といった教育を目指していたのかも知れない。しかし、逆に審判達もこれによって大きな精神的負担も強いられると同時に、変な自信を過信へと変化させる結果になった。

【ワールドカップ】が行われている開催国に居ながら、その雰囲気を直に感じる事も出来なくなってしまった。その為に外国から集められた審判達には、何がなんだか判らないままに余計な憶測だけが先走る。「今、この国では、どんな人達が、どういう状況で生活し、何を考えているのか？」と、そうした事も全く判らない状況の中で審判達は、隔離に近い形で集団生活を強いられていた。そういう状況下へどっぷり浸かってしまえば、人間は誰しも余計な先入観だけが植え付けられる。それが膨らむとやがて、恐怖感に変わってゆき、『もしかすると、外に出れば、捕って食われるのじゃないか』と錯覚を起こした人だって居たかも知れない。

なにしろ韓国の伝統的な食文化には【犬肉料理】というものがあり、韓国人は「犬だって、食っちゃうぐらいだから。早く祖国へ帰りたい」と嘆きたい気持ちでいたに違いないと想像した。

ここでこの際ハッキリ言っておきたい。

『私は愛犬家だ。この本の完成を待たずしてシェルティーの「勇気君」は天国へ旅立って行ったが、それでも我が家では、ラブラドールの「大地君（介助犬見習）」とチョコ・ラブ仔ラブの「大和くん（同介護犬見習助手）」、それに「愛ネコちゃんっていうワンワン」に、「どこまで行ってもおまけの猫！の虹瑚《ココ》ちゃん」が、今も食べられる事なく元気に過ごしている。だから私は何があっても【犬肉】は食べないぞ！』

こんな事が気になって、私は韓国に行った際、街中をずっと見て歩いたのだがペットショップも数多くあった。それでも今思えば大型犬はあまり見かけなかった気がするが、ペット文化と犬食文化、相反するものが共存している光景は、興味深い異文化である。そういった事で私達日本人が、韓国の文化に溶け込むのには、やはり相当の時間を要するという事も肌で実感できた。

確かに韓国の国内でも【２００２ＦＩＦＡワールドカップ・コリア・ジャパン】を前にして、この論議が盛んになっていた。もともと【犬食文化】とは韓国に昔からある食文化で、【２００２ＦＩＦＡワールドカップ・コリア・ジャパン】で韓国を訪れる外国人にアピールしたいと組合側が申し入れをした。しかし、【ソウル・オリンピック】の時同様に動物愛護団体の反発が強く、スタジアム周辺で【犬肉】を食べさせる事は結局禁止された。韓国でも近年、若い人を中心にこの【犬食文化】を敬遠する人が急増している。

ここで話を本題に戻そう。

大切に大切に隔離して育ててきた審判達が、ベースキャンプを離れ飛行機で韓国入りすれば、飛行機を降りた瞬間、辺り一面「真っ赤っか！」である。

先ほども説明したように、韓国政府は『ワールドカップとは、国力を国際社会に誇示する場』と国民に明確な位置づけを行った国策から、公共機関で働く人達を始め、至る所の人々（例えば空港の地上職員や売店の販売員や案内係の人達等）が真っ赤な『Ｒｅｄ，ｓ』Ｔシャツを着用していて、赤い悪魔を外国人はその場からすぐ実感出来るはずであり、当然、市民も同じ赤い『Ｒｅｄ，ｓ』Ｔシャツを競うように身に纏っている。なぜこれほどまでに国民が一丸になれたのかと言えば、やはり原因は、このＴシャツにあると言えよう。

『赤』という色は、自然に人々の気持ちを高揚させるカラーである。そして『応援グッズ』とはそれらを誇りに変える効果がある。

さらにこのＴシャツは、誰もが手の届く価格で販売された為に、忽ち人気は上がり、人気商品、流行の最先端へと変化していった。そうなってくれば当然、巷では売り切れも続出する。人気が高く売り切れが続出すれば模造品《まがいもん》だって出てくる。そして手に入りにくいとなれば、人間はより一層、何が何でも欲しくなるというのが本能にも似た心理となり、全国民層に広がったのだ。

日本では、日本代表のユニホームのレプリカを来て応援するのが流行りであったが、このレプリカユニホームは￥９８００とかなりの高額であった。これに対し韓国の『Ｒｅｄ，ｓ』Ｔシャツは約１００

００ウォン、日本円にして￥１００００と１０分の１の値段であった。私の場合は釜山駅前の広場で露天商から１枚３０００ウォン、日本円で￥３００まで値切って購入する事が出来たほど庶民的な価格である。こうして価格的にもほとんどの層が欲しくなる要素を、環境にかえる事が出来たのだ。これが韓国の【２００２ＦＩＦＡワールドカップ・コリア・ジャパン】に於ける経済戦略の最先端を担っていた。

韓国に入国してまず驚かされた事は、何と言ってもこの一種独特で、異様とも表現する事が出来きる雰囲気のせいだと思われるが、外国人が皆揃って、この赤い『Ｒｅｄ，ｓ』Ｔシャツを身につけていた事である。

そして外国人達（私も含む）は、ホテルや空港を出る前に必ずと言っていい程、この『Ｒｅｄ，ｓ』Ｔシャツを上に着て出かけるのだ。それが何故かと言えば「こうしてないと落ち着かないと言おうか、何となく身の危険がある」といったような錯覚に陥ってしまうからだ。し

2002ワールドカップは韓国の国策？

スナイパーもいたの？

かも韓国の人達は、我々のような外国人が『Ｒｅｄ，ｓ』Ｔシャツを身につけていると、妙に、とっても親切にしてくれる。だから『Ｒｅｄ，ｓ』Ｔシャツを着ている時は妙に安心出来る魔法のグッズなのだ。それでもいくら魔法のグッズだからといって、まさか審判達が試合中にこの『Ｒｅｄ，ｓ』Ｔシャツを着る訳にも行かない。普通の審判用のユニホームでピッチに立たされた審判は、いったい何を支えにすれば良かったのであろうか。『Ｒｅｄ，ｓ』Ｔシャツを着る事が許されない外国人審判達にすれば「本当に私は母国に生きて帰れるのだろうか？」という錯覚と不安との戦いだったのではなかろうか。

そして外国から訪れている各国の人々は、韓国代表の試合がある日に繰り広げられるソウル市庁舎前広場（広場といっても広場自体はさほど広くはないので、ほとんどが路上といってもいい）の光景に驚かされていた。そこには人々が大挙して集まり、そしてそれらは、韓国全土のあらゆるメインストリートの路上で、ビジョンを使っての野外観戦（または聴戦）となり、最も人出の多かった準々決勝戦のスペイン戦では、全国で約600万人以上の人達がこうして応援したと言われている。こうした集団ビジョン観戦では画面が見えない人達の方が当然多いので、そういう人達は、ラジオを聞きながら大きな声で応援していたのだ。広場や公園でのテレビ観戦は、世界中で珍しい光景ではないが（日本では国立競技場やスポーツカフェ、外国ではパリ・サンジェルマン広場等でよくある光景）、これが『一般の路上を埋め尽くした人々がラジオ片手に座り込んで声援を上げる』光景になると何とも言えないものだ。しかも、それが全国至る所で為されるとなれば、当然、交通機能を始めとするほとんどの都市機能が、完全に麻痺する状態に陥っている。こうした状況は、世界広しと言えども韓国ぐらいものではなかろうか。これが【異文化コミュニケーション】に慣れない外国人には『恐怖』と映ってしまったのであろう。

そうした感情を持つのは、何も一般の外国人観光客や、外国人サポーター、そして相手チームの選手達ばかりではない。

審判だって外国人なのだ。

韓国に到着して審判達は、FIFAが用意した特別専用車で、韓国の兵隊さんにガードされながらホテルやスタジアムの間を行き来する事になる。その車中の窓から、こんな赤い悪魔達をいっぱい眺めながら移動する事になるのだ。

果たして彼らの目には、これがどのように映り何を感じたのであろうか。

そしてスタジアムに入った審判が、真っ赤に染まる韓国のピッチの上に、一人ポツンと立たされたら、いったいどういう気持ちになるだろうかと考えてみて欲しい。

そこに聞こえてくるのは「デー・イカン・ミンクウォーッ！」と響いてくるのだか、恐らく「Ｄｅａｔｈ　Ｄｅｃｅａｓｅ」と日本語で「死ぬ死ぬ」と叫ばれていると聞き違えていたかも知れない。そうなれば「もし自分の判定ミスで韓国チームに不利な状況が発生すれば、生命の危機が訪れるかも？　もし判定のミスで韓国が負ける事でもあろうものなら、市中引き回しの上、張り付け獄門と処されるに違いない」等という妄想だって発生する。

こうした心理状況へと自然に追い込まれ、誰も何もしなくても「審判は自滅」していったのではなかろうか。

さらに【２００２ＦＩＦＡワールドカップ・コリア・ジャパン】で韓国代表の試合に於いては、試合の終盤で疑念を抱かれるような決定的な判定ミスとされるジャッジが多く発生している。何故こんな事が相次いだかといえば、これは韓国国内で開催された試合の警備システムにも大きく関係があると考えている。

日本の会場では、試合終了の５分前に、会場設営等を請け負っているイベント会社が、主に黄色や緑のウインドブレーカーを身に纏ったアルバイト職員をスタンド最前列に警備の為５～１０メートル間隔で整列させる。けれど韓国では、全員が軍服に【孫悟空に出てくるようなニョイ棒】みたいな2メートル近くはあるだろうと見える警棒を持った兵隊さん達が突然現れる。そうした兵隊さん達は、後半30分頃に行進してきて1メートル感覚で整列し厳戒態勢となるのだが、そうして囲まれているピッチの中にいる審判は、さぞや驚異を感じる光景に映っていたに違いない。

そこへFIFAが打ち出した審判擁護の政策から『誤審ありき』との容認があれば、誰だって自然に韓国に甘くなるのは当たり前だろう。これは金大中大統領ら韓国側が当局と相談したかは知らないけど、さぞや綿密な作戦勝ちだったのかも知れない。

要するに『汚職』や『審判買収』、『不当圧力』など何もなくても、必然的にこういう結果が得られたのだ。審判からすれば有り難くない【異文化コミュニケーション】であったであろう。

斯くして韓国は準々決勝のスペイン戦まで勝ち抜き、アジア勢としては初となるベスト4入りを達成出来たのである。これで国民が36年間もコンプレックスに思っていた北朝鮮の記録を初めて上回る事が出来て、やっと民族の誇りを取り戻す事が出来た。これによって韓国国内の雰囲気が一挙に異様な興奮状態から、氷が溶けるように冷静さを取り戻していった姿は、私達外国人やメディアの目からもはっきりと見えるものであった。

あとから聞いた話なのだが、韓国にいる私の友人（韓国人）によると、韓国国内では一般の人達の中でも、開幕前から今回の【ワールドカップ】で「韓国代表チームは、FIFAや国力によってベスト8

路上で応援

迄は行くんではなかろうか？」と噂されていたらしい。それはやはり自国で開催する以上は、35年前に北朝鮮が達成したベスト8という成績を上回らなければ、「国家として国力を国際社会に示した事にはならない」という絶対とも言える使命が課せられていたからであろう。そしてその友人によれば、「国際的に問題になっている審判問題などと言われていろいろあるけど、ベスト8まではいって当たり前。それ以上のベスト4になれた事は、韓国人の捉え方で言えば『運が良かったからじゃない！』という考え方の人が多いんだよ！」と教えてくれた。

私が「じゃ、反対の立場で負けたらどうなるの？」と聞いてみた。すると彼女は得意げに「それは、『運が悪かったね！』って済ませてしまうんだ」という答えが返ってきた。

要するに『運が良かったから』と『運が悪かったね』という簡単な問題なのだそうだけれど、日本人的には『なんか、違うー！』って、感じずにはいられなかった。

要するに話を戻すと、『審判疑惑』という問題は、韓国の利権に絡む買収があったとか、不当な圧力がかけられたとか社会的にいわれているが、私は『韓国戦絡みの審判問題』は、韓国という国が開催したワールドカップの環境が作り出した『審判達の精神的問題』であったのではなかろうかと思うのである。そしてこれらの問題も、やはり根本にあったものは【異文化コミュニケーション】であると言える。

さすがのさすがに、三度も韓国が、しかも今度はスペイン相手に『不明瞭な判定』により疑惑の勝利を納め、そして担当した審判からスペインの勝利に関わる部分での誤審が明かされれば、たとえ試合の結果を変更しなくても、この先、何もしなくても良いという事ではなくなる。こうした【誤審問題】の状況をある程度FIFAも認めざるを得なくなってきた。その為、準決勝の「韓国VSドイツ戦」はヨーロッパ人で構成する審判団を起用する事を発表し、韓国の快進撃『コリアン・ドラマ』は幕引きとなった。

しかし韓国からすれば、もうすでに目標達成した後だから、きっと『運が悪かったね！』で笑って済ませられるに違いない。

そして6月25日に行われた準決勝ドイツ戦に1—0で負けた韓国は、6月29日大邱での3位決定戦トルコ戦に臨んだが、やはり目標達成感からかモチベーションが極端に落ちていたので2—3と破れる結果となった。それでも韓国のサポーターは最後まで韓国チームを応援し続けていたのだが、それは明らかにスペイン戦までの『がんばれ！』というものではなく、『ありがとう！』の意味に変わっていたような感じであった。

そして最後の試合が終わった後、韓国選手と『ヒディング監督』のチーム全員が、センターサークルのラインの上で一列の輪になった。そしてその輪の状態のままでスタンドのサポーターの方に向かい「土下座」するようにピッチに手を付いて、みんな揃って『ごめんなさい！』という謝意を観客や韓国の多くの国民に伝えた姿はとても感慨深いものがあった。

そして私もまた【異文化コミュニケーション】をしみじみ味わっていたのだ。

ベッカム＆ロベカル

# 第七章　リベンジ・ニッポン！

２０２２ＦＩＦＡワールドカップ日本

（ワールドカップを再び日本へ）

【間違い劇場その三・祝「ワールドカップ初優勝まで」おまけ付】

ピン・ポン！

本文中の【間違い劇場】はフィクションであり登場する人物、企業団体名等は全て架空のモノであり、実存するものではありません。

ピン・ポン・パン・ポン！

## 1、知らなきゃ何も始まらない？

唐突ではあるが、私は只今より「【2022年ワールドカップを再び日本へ！】。そして2022年日本代表を地元で優勝させよう」と大きな声で言いたい。そしてこれを合い言葉に「日本サッカー界、そして日本国の総力を挙げて【FIFAワールドカップ2022年大会の日本単独開催】の実現に向けて、直ちに日本は【FIFAワールドカップの再招致活動】に入るべきだ」とここに高らかに提言する。

この【2022年大会】という年に【FIFAワールドカップ】を日本へ招致させるという事は、特に深い意味がある。

それは、私達が生きている間に【もう一度ワールドカップを！】という意味から考えた場合、それに他の国が立候補し競合する事を考えた場合に於いて、唯一アドバンテージが持てる年の大会が【2022年大会】頃であると言えるからだ。さらには、この【2022年大会】の日本での開催が実現するとしたら、開催国として日本代表に優勝を狙わせるのに、色々な条件面から分析しても、限りない可能性を秘めた最も適した年であると考えられる。

国民一丸になって【ワールドカップ単独開催】、そして【ワールドカップ初優勝】を目指す。これらを総称して【2022リベンジ・ニッポン！】と呼びたい。【2022リベンジ・ニッポン！】これが日本という国に課せられた最大の使命であり、日本再生へ残された唯一の道である。

それでは【2022リベンジ・ニッポン！】を語る前に、「FIFA　WORLD　CUP」の歴史を振り返って勉強してみよう。

**ＦＩＦＡワールドカップの歴史。**

第1回の【ＦＩＦＡワールドカップ】が開催されたのは、今から７３年前の１９３０年ウルグアイ大会であった。当時はまだヨーロッパから南米に渡るのには、約２ヶ月もかかる船旅が必要で、それに加えて当時ヨーロッパに起きていた経済恐慌の影響から、世界中の国から【ワールドカップ】が認知される事は極めて難しく、参加できる国は限られていた。そのため予選はなく、【第一回ウルグアイ大会】は開催国ウルグアイを含めて１４ヶ国の出場であった。

そして栄えある【初代ワールドカップの王座】には、地元開催国であるウルグアイに輝いた。

その後【ワールドカップ】は、１９３４年の第2回大会では、前回１９３０年第一回大会の際にも立候補しながら開催国となれなかったイタリアで開催された。しかし、初めてヨーロッパで開催された【ワールドカップ】では、南米から遥々１万３０００キロ以上の長旅をしてきたブラジルとアルゼンチンの両国は、長旅の疲れからか残念な事に一回戦で共に敗退してしまった。（１９３０年同様、大陸間の移動は船旅以外の方法はなく南米からヨーロッパまでは片道２ヶ月間かかっており、当然、その間選手達は拘束される事になり、経費も大幅にかかる。また、船の中では十分な練習も出来ず、揺れや気候の変化から体調を壊しやすい状態でもあった）

優勝は開催国イタリアが王座を獲得した。勢いに乗ったイタリアは、この第2回大会に続き１９３８年に開催された第3回フランス大会でも連破を為し遂げたのである。

しかし、この第3回フランス大会では、ヨーロッパに押し寄せる戦火の雲行きから、競合国と呼ばれるチームのなかでも出場を辞退する国が増えていた。

また、この1938年の第3回フランス大会は、2回続けてのヨーロッパでの開催となった。【ワールドカップ】が2大会連続して同じ大陸（現在まではヨーロッパ以外存在していないが）で開催されたのは【ワールドカップ史上】この第2回イタリア大会、第3回フランス大会と後に開催される第5回スイス大会、第6回スエーデン大会の2回だけである。

こうして、なんとか第3回フランス大会まで漕ぎ着けた【FIFAワールドカップ】であったが、第4回大会を1942年に開催する事を予定していたものの、しだいにヨーロッパでは戦争の暗雲が立ち込めてきた事から、1938年パリで行われたFIFA総会では、「世界状勢の悪化（この間に第二次世界大戦があった）」を理由に、1942年第4回大会の指名が断念された。これによりワールドカップ第4回大会の開催地を決定するには、1946年の次期FIFA総会が開かれるまで、やむなく待たなければならなかった。

そして1945年、世界中を巻き込んだ第2次世界大戦は終焉を迎え平和が戻ってきた。戦後初となるFIFA総会は1946年6月25日からルクセンブルグで行われ、1950年の第4回大会ではブラジル以外に開催国として名乗りをあげる国がなかった。これによりFIFAは1946年7月1日の総会で満場一致により、12年ぶりとなる【FIFAワールドカップ】は1950年第4回ブラジル大会として開催する事が決定された。

第4回のワールドカップ開催が決定したブラジルは、国力を総動員し1948年8月、リオ・デ・ジャネイロ郊外に世界最大規模となる22万人収容の最新式スタジアム【マ・ラカナ・スタジアム】の建設に着工した。しかし【マ・ラカナ・スタジアム】は、1950年第4回ワールドカップ・ブラジル大会までには落成はしたもののスタジアムの中は、当時の人々から「まるで工事現場のようであった」と言われていた。


この1950年第4回ブラジル大会の決勝戦「ブラジルVSウルグアイ」は、1950年7月16日に【マ・ラカナ・スタジアム】で行われた。この試合は、後にあの有名な「マラカナの悲劇」と言われる惨事を引き起した試合でもあった。

この決勝戦でブラジルは、前半戦を0―0で折り返した。後半開始早々の47分には先制点は挙げるものの、その後20万人とも言われた（公式発表では17万4000人と発表されているが実際にはそれを大きく上回る観衆が詰め掛けていた）大観衆の期待の前に初優勝へ緊張からか、徐々に動きが鈍くなって行った。ウルグアイはそれを見逃さなかった。ブラジルは66分に同点弾を入れられると、その僅か13分後の79分、遂にウルグアイに逆転まで許してしまった。この状態で20万人の観衆が見守る中、ブラジルは結局逆転する事が出来ないまま90分間の戦いを終えた。そして、その直後スタジアムは、まるで別世界のような時空に包まれた。人々は泣き叫び、号泣と失望の嵐が吹き荒れた。敗戦のショックのあまり上層スタンドから飛び下りるものまで現れ、下層スタンドではパニック状態になった観客が将棋倒しになった。その結果、尊い幾つもの命が失われる【ワールドカップ史上最悪の大惨事】が、この完成したばかりのスタジアムを襲った。これが後に語り継がれる【マラカナの悲劇】である。

【ワールドカップ】は、この大会から再び4年に一度の大会に戻り、第五回大会は1954年のスイス大会として開催された。この第5回大会から出場が認められた西ドイツ（当時ドイツは西ドイツと東ドイツに分断されており、日本同様、この大会までは政治的圧力によりワールドカップへの参加が認められていなかった）が、当時「無敵艦隊」と呼ばれ恐れられていたハンガリーを決勝戦で見事破り、初の栄冠を手にしたのである。

また選手の背中に【背番号】が付けられるようになったのも、この1954年の第5回スイス大会からである。

【ワールドカップ第6回大会】は、1958年スウェーデンで開催された。そして、ようやくこの大会から【ワールドカップ】は全世界にテレビ中継されるようになり、多くの人々にとって、たとえ開催国まで行かれなくても【ワールドカップ】の試合を身近に見る事が出来るようになった。決勝戦はホスト国スウェーデンと、若干17才で、のちに【王様】と呼ばれる【ペレ】を擁したブラジルとの対戦となった。この試合はペレの見事な活躍によりブラジルが悲願であった王座を奪取する事が出来た。時は【マラカナの悲劇】から8年の歳月が経過していた。

ホスト国が決勝戦まで勝ち進んで『優勝』という栄冠を手にする事の出来なかった大会は、2002

年第17回【2002FIFAワールドカップ・コリア・ジャパン】まで大会の歴史を振り返って見ても、ワールドカップ史上【マラカナの悲劇】をもたらした1950年の第4回ブラジル大会と、この1958年の第6回スウェーデン大会だけである。

1962年に開催された第7回チリ大会では、前大会の覇者ブラジルはスウェーデン大会で優勝に貢献した9名の選手の活躍により、再び優勝し【2連覇】という偉業を達成した。そしてこの大会から1990年のイタリア大会まで、【FIFAワールドカップ】は南米大陸にある国と、ヨーロッパ大陸にある国とで交互に開催されるようになった。

1966年第8回イングランド大会ではホスト国イングランドが優勝し、再びの開催国の優勝となった。

一方、この大会でホスト国のイングランドサッカー協会は、とんだハプニングを巻き起こしている。それはロンドン市内で展示されていた【ジュール・ルメ杯（ワールドカップの事）】と呼ばれるトロフィーが何ものかによって盗まれたというものだ。しかし、この【ジュール・ルメ杯】は、ロンドン南の郊外にある庭園の茂みの中にあったのを、『ピクルス』という名前の犬によって数日後に無事発見され返還された。

「『ピクルスくん』きみは本当にエ・ラ・イ！　ワン・ワン・ワン！」

1970年には第9回メキシコ大会が開催され、この頃から【ワールドカップ】は、テレビ番組としても重要なイベントとしての役割を担うようになっていた。そのため一部の試合はメキシコ時間で正午にキックオフされた事により、「日中の熱い時間に試合をする」という事などについて多くの関係者から批難の声があがっていた。また、この大会では初めて【イエローカード（警告）】と【レッドカード（退場）】の2種類のカードがようやく導入された。しかし、このメキシコ大会では、1950年第4回ブラジル大会以来、20年ぶりに退場者を一人も出さなかった大会となった。

ここで余談になるのだが【ワールドカップ】ではもちろんの事、Jリーグの公式戦や日本代表が戦う国際Aマッチなどの公式戦の前に、両チームのスターティング・イレブンがそれぞれチーム毎に並んでプレス向けの【記念の写真撮影】を行っている場面は、今やすっかりお馴染みの光景となっている。この【記念写真】の撮影だが、単にプレス（報道関係）向けというだけではなく、公式記録の一部という役割がある事をみなさんは御存知であっただろうか？

ここで、誰もが一つ疑問となるハズ？

私は最初、「どうしてこの【記念写真】に写る時に、監督や控えの選手達を入れてあげないのだろうか？」「そんなに意地悪しなくてもいいじゃない？」と、すっごく疑問に思って不思議でならなかった。どの試合を見ても、どの写真を見ても、監督も控え選手もコーチ陣も写っていなければ、撮影にも参加させてもらっていないのだ。

「なぜ、先発するスターティングメンバーの11人だけで写真を撮るのであろうか？」

「リザーブとしてベンチにいる控えの選手達はなぜこれに参加出来ないのか？」

「そして最初に写真を撮るのに、なぜ試合が終わった時には皆で写真を撮らないの？」

「これって？　もしかして？　控えの選手は数に入ってないのかぁ？　それともー？　どうでもいい選手？　それともおー？　居ても居なくても、どっちだっていい人達なの？」

なぁーんて、思った事があるのは私だけであろうか？

この疑問を解く鍵が、この1970年第9回メキシコ大会で採用された新しい規則に見つける事ができた。

【ワールドカップ】では、1954年の第5回スイス大会から、選手の着るユニホームの背中に【背番号】を付ける事が義務づけられた。それでも1966年の第8回イングランド大会までは選手の交代を認めていなかった。しかし1970年に開催されたこの第9回のメキシコ大会からは、今まで認められなかった選手交代も初めて可能になった。


みなさんこれでお解り頂いたと思うが、現在【ワールドカップ】や国際Aマッチ、Jリーグの試合などのほとんどの試合開始前に行われている、一般的に「集合写真」と呼ばれている、この実質的な「スターティング・イレブンの記念撮影」は、交代が認められていなかった時代に出来た公式記録と言おうか、言い換えれば出場選手の証拠写真のようなものであった。選手交代が出来なかった時代では、試合前に選手の顔写真を一回撮影すれば用が足りるものであった。これは選手に【背番号】が付いていなかったので、1954年の【第5回スイス大会】以前の試合では、これが非常に重要な役割を果たしており、あとで選手を照合させるのに大切な記録とされ珍重されていた。

要するにこのスターティング・イレブンの集合写真は、古き良き時代からの風習が、今も形だけが受け継がれたものであり、言わば歴史の遺物とでも言うべき存在である。


話を1970年【第9回メキシコ大会】に戻そう。

この大会の準決勝イタリアVS西ドイツの試合では、大変な延長戦（当時は日本でいうVゴール方式・ゴールデンゴールはなく、延長戦に入れば必ず前後半各15分ハーフの計30分の延長戦が行われていた）となった。延長だけで両チーム合わせて5点が入る試合となったが、延長戦だけで5点もの得点があった試合は、後にも先にも【ワールドカップ】の歴史で、この試合以外に存在しない。

そして決勝戦は、ブラジルVSイタリアとなり4—1でブラジルが、ワールドカップ史上初となる3度目の優勝という偉業を成し遂げた。ブラジルが残したこの功績を称えて【ジュール・ルメ杯（当時のワールドカップトロフィー）】は、後にブラジルに贈られ、これをブラジルが永久に保有する事が認められた。その結果、次の第10回大会から【ワールドカップ（トロフィー）】は新しいものを使う事となったとされているが、実際のところ私はそうではなかったと思っている。

私が推測するには「これは単にブラジルが【ワールドカップトロフィー】を返さなかったために、やむを得ず新しいトロフィーを創らなければならなかった」と考えている。その根拠となるのは、イタリアとドイツ（当時の西ドイツ）は、それぞれ3度の【ワールドカップ】制覇を成し遂げている。しかし、かつてブラジル以外の国で【ワールドカップトロフィー】を恒久的に保有する事を許可された国はない。

イタリアとドイツ（旧西ドイツ）が遂げた3回の優勝は、ブラジルよりも劣るという事であろうか？

こんな事ばかりしてるから「だからやってる事がＦＩＦＡだっ、ちゅうの！」

「ＦＩＦＡの常識は、世界の〇〇〇〇？」

という事で「トロフィーなんか、もう、いらないや！」って訳にも行かず皆さんお馴染みの【ワールドカップ】を創る事にしたのだ。

新しく創られた【優勝カップ】は、重さ5キログラムともいわれる純金製で誂《あつら》えられ、トロフィー像（現在の今大会でも使用されているもの）で【ＦＩＦＡ　Ｗｏｒｌｄ　Ｃｕｐ】と命名された。

この新しい純金で誂えられた【ＦＩＦＡ　Ｗｏｒｌｄ　Ｃｕｐ】をかけて最初に行われた大会は、１９７４年の【第１０回西ドイツ大会】であった。

また、初めてカラー映像によるテレビ中継が開始された大会でもあり、また一歩新しい時代の幕開けを感じた年となった。

西ドイツ大会に先立って行われたＦＩＦＡ総会では、初めてヨーロッパ以外の国から会長となるブラジル人の『ジョアン・アベランジェ（１９７４年から１９９８年までＦＩＦＡ会長を勤める）』が選出され、その後に【２００２ＦＩＦＡワールドカップ・コリア・ジャパン】の開催に際しても大きな影響力を持つ事となる。

そして、この１９７４年第１０回となる西ドイツ大会の決勝では、２８年後の【２００２ＦＩＦＡワールドカップ・コリア・ジャパン】で統合されたドイツ代表チームを監督として準優勝に導く事となる、【皇帝・フリッツ・ベッケンバァウワー】が率いる西ドイツと、かの【将軍】と呼ばれた【クライフ】の率いるオランダが対戦する事となった。キックオフから僅か1分、ドリブルでペナルティーエリアに一人で持ち込んだクライフが倒され、オランダはPKをもらいこれを確実に決めた。西ドイツチームは、試合開始からボールに一回も触る事なく先制されたのである。

しかしベッケンバァウワー、マイヤー、ミューラーらは、すぐに試合を立て直して最終的には2―1のスコアでオランダを下し優勝したのであった。既に西ドイツが初優勝したスイス大会から20年もの歳月が経過していた。

記録を見ると、前半1分も経たないうちにオランダは、クライフのもらったPKをニースケンスがきっちりと決めて先制している。当時、この得点は記録的な『スーパー・スピード・ゴール』として絶賛された。しかし、【2002FIFAワールドカップ・コリア・ジャパン】では、48年ぶりに【ワールドカップ】に出場したチームで、それよりも更に早い、ワールドカップ史上最短時間の記録を塗り替える歴史的なゴールが誕生し、また新たな歴史に刻まれた。恐らくクライフやベッケンバァウワーも、28年後にこの記録が破られる事になるとは夢にも考えてなかっただろう。

［参考までにワールドカップ本大会での史上最速となるゴール記録は、1962年6月7日第7回チリ大会に於けるグループリーグ・メキシコVSチェコスロバキアの試合で、チェコスロバキアのバクラフ・マセクのゴールが15秒と今大会までトップだった。

次いで1982年6月16日に行われた第12回スペイン大会グループリーグ・イングランドVSフ

ランスの試合で、イングランドのブライアン・ロブソンが27秒でゴールを決めている。

そして第三位が1978年第11回アルゼンチン大会で6月2日、グループリーグ・フランスVSイタリアの試合で、フランスのベルナール・ランコブが開始37秒でゴールしたものなどが記録に残っている。しかしルール上、サッカーの得点記録は秒単位が切り捨てられる事により、何秒という事が表示されないため、公式記録上はいずれも【1分】と記されている
今回、【2002FIFAワールドカップ・コリア・ジャパン】では、記録には残らないが歴史に残る最速ゴール記録が新たに生まれた。それは2002年6月29日【韓国・大邱ワールドカップスタジアム】で開催された第3位決定戦「韓国VSトルコ」の試合である。この試合でトルコのハカン・シュキルは、キックオフから僅か12秒で韓国ゴールにボールを蹴り込み先制点を奪った。その頃、6万4000人もの韓国サポーターで真っ赤に染まった【韓国・大邱ワールドカップスタジアム】は、キック・オフの歓声や声援に包まれていた。それがキック・オフのホイッスルから僅か12秒後には【大邱・スタジアム】は悲鳴と号泣、怒号などが入れ混じるどよめきに変わった。

ここでもっと驚くべき事は、48年ぶりにしてやっとの思いで【ワールドカップ】に出場を果たし、大方の想像に反して大活躍したトルコチームがこの試合のあとで明らかにした事実だった。トルコは【2002FIFAワールドカップ・コリア・ジャパン】が始まってから全ての試合で、このような形で早い時間に得点するチャンスを常に狙い続けていたと言うのだ。」

1978年の第11回大会はアルゼンチンで開催され、この大会では1930年に決勝戦に進出して

以来、長いトンネルに入っていた開催国アルゼンチンが、決勝でオランダを破り悲願の優勝を遂げた。オランダは2大会連続で決勝に駒を進めながら、2回とも優勝を目前として涙を飲んだ。しかし、この大会には【かの将軍クライフ】の姿が無かった。クライフは政治状勢を理由にアルゼンチンへの渡航を拒否していた為に、この大会を欠場していた。

【第12回スペイン大会】は1982年に開催され、本大会へ出場できる国の数がそれまでの16ヶ国から大幅に変更された。これにより出場国はヨーロッパが13ヶ国、南米3ヶ国、アフリカから2ヶ国、アジア・オセアニアの2ヶ国、北中米から2ヶ国、これにディファレンス・チャンピオンのアルゼンチンに、開催国であるスペインが加わった24ヶ国へ変更された。大会規模の拡大に伴い、それまでの【ワールドカップ】で経験した事のない時間を掛けて万全の準備がなされた。

このスペイン大会では、当時ジーコ、ソクラテス、ファルカン、トニーニョセレーゾなる黄金のカルテットとして賞賛されていた攻撃陣を誇っていたブラジルが、グループリーグでイタリアの猛攻の前に崩れ落ち、準決勝へ駒を進める事が出来なかった。

そのブラジルに勝ったイタリアは、決勝戦で西ドイツを3―1で下し、ブラジルに並び3度目となる【ワールドカップ制覇】を遂げた。

1986年に行われた【第13回メキシコ大会】では、大会前に襲ったメキシコ沖大地震により2万人を超える尊い命が奪われた。その為にメキシコ大会の開催を危ぶむ声が聞かれたが、スタジアムに大きなダメージがなかった事から、予定通り第13回ワールドカップはメキシコで開催された。

この大会でもっとも活躍が目立った選手は、言うまでもなくアルゼンチンが誇る国民的英雄、あのディエゴ・マラドーナである。1986年6月22日にメキシコシティーで行われた、イングランドとの準々決勝戦では、後世に語り継がれる事となる【神の手ゴール】が生まれた。この【神の手ゴール】に対する論議は、両国との間に繰り広げられていた諸問題（フォークランド紛争などの影響）も相まってあり、21世紀に入った現在に至ってもアルゼンチンVSイングランドという対戦カードは、両国国民感情の代理戦争的な様相を持ち合わせている。そしてアルゼンチンは決勝で西ドイツを3—2で破って優勝した。

4年後の【第14回大会】はイタリアで開催された。開催国のイタリアは大国である事を世界に知らしめるためにも、イタリア国内外に向けて【イタリア大会は大成功であった】（最近どこかで聞いた事のある言葉のような気がするのは私だけであろうか？）と言わせるために巨額の費用を使う事を惜しまなかった。【ワールドカップ】で使用する12のスタジアムの内、2つの

代理戦争　イングランドvsアルゼンチン

スタジアムを新築。残る10のスタジアムも完全な改修工事（全面リフォーム）で臨んだ。

だが、そこで繰り広げられた試合は【ワールドカップ史上】最も守備的な大会と言われる程、スローで退屈な試合ばかりの上、PKで決着をつける試合まで多くなり、「もっとも面白くない【ワールドカップ】と言われた。

2大会連続で決勝に進出したアルゼンチンは、【ワールドカップ史上初】となる1試合で2人の退場者を出し（【2002FIFAワールドカップ・コリア・ジャパン】では珍しい事ではなくなっていますよねえ～！）、1点も取れないまま、後半、西ドイツに与えたPKが決勝点となり連覇の夢は砕け散った。

1994年の第15回の【ワールドカップUSA大会】は、南米とヨーロッパの国以外で開催される初の大会となった。1990年第14回のイタリア大会までは、南米とヨーロッパで交互に開催されていた。そんな状況の中FIFAは、新たなマーケットの開拓に「アメリカでのサッカーの普及を目指す」と大義を振りかざし、南米とヨーロッパの国以外で初めての開催となった。ブラジルVSイタリアの組み合わせとなった決勝戦は、ワールドカップの歴史で初めてとなる前後半、及び延長戦も含めて【スコアレスドロー】となり、決勝戦としては初めてPK戦で決着をつける事となった。その【ワールドカップ史上唯一の決勝PK戦】で、あのイタリアの至宝ロベルト・バッチョがPKを見事に失敗し、ブラジルが史上初となる4回目の優勝を果たした。

1998年の【第16回フランス大会】では、参加国が32ヶ国とさらに拡大され、現在の【ワールドカップ】と同じ規模になった。この大会では、我ら日本も悲願の【ワールドカップ初出場】を果たしたものの、1勝も挙げられないままに大会を後にした。しかし、このフランス大会では【利権】絡みで大きな社会的問題が明らかになった。チケットの空売り問題である。これは多くの人達に買ったハズのチケットが渡る事がなかったというものであった。この為、フランスまで行きながら試合を見られないまま帰国する人が続出し、社会的な問題となり、日本でもツアー参加者を中心に被害者が沢山出ていた。

フランス大会の決勝戦は、2連覇を目指すブラジルと、地元フランスの対戦となった。試合直前にブラジルのエース・ストライカー、FWロナウドが、原因不明のけいれん発作を起こし一時試合出場が危ぶまれた。結局、試合に出たものの、開催国であるフランスに完全に圧倒され3—0でブラジルは破れ、フランスが悲願の優勝を果たした。

こうした歴史を経て、1996年5月31日「今度はアジアへのサッカーの普及」という大義名分を引っ提げて、2002年の第17回大会となる【2002FIFAワールドカップ・コリア・ジャパン】の開催が決定された。

そして21世紀最初の開催となる第17回大会は、【ワールドカップ史上初】となるアジアで開催される事となった。

ヨーロッパや南米の多くの人々からすれば、いずれの国からも「アジアは遠くて不便な僻地」と開催前から不満の声も聞かれた。また、アジアのサッカー自体が、まだヨーロッパや南米のレベルまで達していない事から、「一国開催が困難な仲の悪いサッカー後進国同士が、どうしてもワールドカップを開催したいが為に仕方なく手を携えて開催に漕ぎ着けた大会で、２００２年のワールドカップは本当のワールドカップではない」とまで噂された。

何はともあれ、そうして開催された第１７回大会となる【２００２ＦＩＦＡワールドカップ・コリア・ジャパン】は、２００２年５月３１日から６月３０日までの約１ヶ月間に亘り、ワールドカップ史上最も多い、日本と韓国合わせて２０の都市で開催された。そして【ワールドカップ史上初となる２ヶ国共催の大会】として行われた。

【２００２ＦＩＦＡワールドカップ・コリア・ジャパン】では、開催国の日本と韓国にアジアでの大陸予選が免除された。また加えて、今大会で最後となる『ディファレンス・チャンピオン枠』（前大会優勝国には大陸別予選が免除され決勝大会への出場特権が与えられていた。しかし、２００６年の第１８回ドイツ大会からはこの制度も撤廃され、今大会で優勝したブラジルも南米予選を戦わなければならない事となる）でフランスもヨーロッパ予選を免除されていた。この３ヶ国に各大陸で予選を勝ち抜いた２９ヶ国の合計３２ヶ国が出場し、ファースト・ラウンドと呼ばれるグループリーグ４８試合と、セカンド・ラウンドと呼ばれる決勝トーナメント１６試合の６４試合が開催され２１世紀最初のワールドカップ王者の座を争った。

開催国である日本は、２大会連続２回目の出場となるワールドカップにフランス人のフィリップ・トルシエを監督として迎え本大会に臨んだ。【２００２ＦＩＦＡワールドカップ・コリア・ジャパン】で日本は、第2戦目となったロシア戦でようやく悲願であった【ワールドカップ初勝利】を挙げた後、目標としていたベスト16入りをしたものの、最後のトルコ戦では不完全燃焼の感は拭えないものであった。

一方、同じ開催国という立場である韓国は、オランダ人のヒディングを迎え、やはり初の外国人監督で臨んだ。韓国は6月4日VSポーランド戦で、こちらも幾度となく挑戦した【ワールドカップでの悲願初勝利】を納めた。その後、圧倒感が漂うサポーターの後押しもあり、数々の噂が飛び交うような試合を重ねて行った。予選リーグの最後は、2001年FIFA最優秀選手に選ばれたフィーゴ（韓国戦は欠場したが）率いるポルトガルをグループリーグの最終戦で下した。その後、決勝トーナメントに入ってもトッティー、デルピエロ、カンナバーロらのスター集団のイタリアまで下せば益々勢いに乗る。そしてラウル（この試合ラウルは欠場）、イエロ、モリエンテスらが活躍するスペインと、世界レベルのトップスターばかりが集う世界の超強豪国と言われる国々を次々に下し、準決勝まで勝ち進んだ。その姿は一見快進撃の様に見える韓国であったが、準々決勝でスペインが取り消されたゴールなどについて、審判の誤審問題など後味の悪いものとなった事も事実であった。

こうして決勝戦では【FIFAワールドカッ

バットマン宮本　vsトルコ戦

プ史上初の顔合わせ】となる、ブラジルVSドイツの決勝となった。試合はドイツのゴールキーパー、オリバー・カーンが試合中に手を負傷した事の影響があったかも知れないが、2—0というスコアでブラジルが2大会ぶり、これまた【ワールドカップ大会史上初となる5度目の優勝の栄冠】を手にして【2002FIFAワールドカップ・コリア・ジャパン】の幕は閉じられた。

バヅーカ砲　ロベカルのFK

## 2、【たぬき算!】の集大成（もう大成功とは言わせない）

「また近いうちに【ワールドカップ】は、必ず再び日本へやってくるのだ!」と断言しよう。

お偉い日本の大臣達は「【2002FIFAワールドカップ・コリア・ジャパン】は、大成功の大会であった」と、得意気に万面の笑みを浮かべてそう言い切っていた。皆さんにとって【2002FIFAワールドカップ・コリア・ジャパン】とは、どんな大会でしたか?

本当にあらゆる意味で一生の思い出に残る悔いのないイベントとして満足出来ましたか?

例えば……。

チケットは買えましたか?

チケットの販売方法について不満はありませんでしたか。抽選に当たりましたか?

ワールドカップを観にスタジアムに何回行けましたか。希望の試合が観られましたか?

指定された座席は満足でしたか。試合は良く見えましたか。快適に観戦出来ましたか?

試合の内容は面白かったですか。希望の選手を見られましたか?

チケットの価格は安かったですか。価格に見合った価値を十分に得られましたか?

長い事、いっぱい並んで、欲しいグッズは買えましたか?

テレビ観戦の時、希望のカードが全て見られましたか?

試合の判定に不満や疑念を持ちませんでしたか？

職員の対応は良かったですか？

ワールドカップについて十分な情報を必要な時に入手出来ましたか？

ＪＡＷＯＣに電話は繋がりましたか？

宿泊や、ホテルは取れましたか。交通は不便しませんでしたか？

ワールドカップ関係でトラブルや不便な点、不都合な点はありませんでしたか。それらは速やかに解消されましたか？

ワールドカップでの政府の対応に十分な誠意を感じられましたか？

ＦＩＦＡやブラッター会長を評価出来ましたか。また好感を持てましたか？

ブラッター会長を友達にしたいと思いましたか？

「私達は２００２年のワールドカップを、完璧な形で大成功に終わらせたブラッター会長を、一生支援し続けます」と言い切れますか？

ＪＡＷＯＣや日本サッカー協会の仕事ぶりに良い評価を下せましたか？

また彼らに心から「ありがとう。とても感謝しています」と言えますか？


…………。

そして一番大切なのは、あなた自身がこの【２００２ＦＩＦＡワールドカップ・コリア・ジャパン】で完全燃焼出来ましたか？

私にとって【2002FIFAワールドカップ・コリア・ジャパン】という大会は、少なくともすべて『Yes』とは言えるものではなかった。

ここでもう一度、皆さんに私は問いかけたい。

あなたは【2002FIFAワールドカップ・コリア・ジャパン】で、具体的にどんな【感動】を得られましたか？

そしてこの【感動】がもたらした価値観は、後世のあなたにとって永遠に変わらないものとなりましたか？

【2002FIFAワールドカップ・コリア・ジャパン】は、あなたがこれから人生を生きていく上で、何か大切なものを残してくれましたか？

さらに、さらに、まだ、まだ私は言いたい。

これを全部あげたらキリがないけど……。

どうせなら、せっかくの機会だから、この際ぜ〜んぶ、言わせてもらおう。

「日本代表がトルコに負けたのも！　韓国サポーターが赤いのも！　ジダンにやる気がなかったのも！　フィーゴが予選リーグで帰ったのも！　象の鼻が長いのも！　日本の夏が暑いのも！　日本の冬が寒いのも！　電信柱が高いのも！　郵便ポストが赤いのも！　キリンの首が長いのも！　新幹線が速いの

も！　小泉総理が公約破って国会で『そういった問題は大した事ではない！』と言っちゃって内閣の支持率ガッタガタになったのも！　海の水が塩っぱいのも！　花粉症が辛いのも！　大地君（例の我が家に居るラブ仔は46キログラムになっちゃった。怪獣チョコラ「大和くん」の兄の名前である）が太っているのも？　みんな、みんな、全てまとめブラッターさんのおかげで〜す。本当にありがとう。心を込めてありがとう！」と抱きしめながらお礼が言いたいほど、満足出来ましたか？？？

ありがた涙がちょ・ちょ切れちゃった！

「んっな訳っ、ないだろ！」って具合に、全部満足出来た人はまずいないと思う。

なにっ！

満足できたってぇっ！

んっ〜〜〜…………。

まあっ、そういう人も、たまにはね、時々ね、居るけどね……、まっ、いいけどさっ！

そういう人は、

「ああ、そう。とにかく良かったとして……。放って於いてと……」

そうでない人の方がきっと、きっと多かったですよね？

ねっ、ねっ、ねっ！

だって抽選にハズレて、チケットが買えなかった「あなた」。

そう、そこの「あなた」ですよ。

そういう「あなた」は、とってもいい気分でワールドカップを迎えられましたか？

訳っ、ないでしょ！

冷静にワールドカップが終わってから考えると、不満や怒りの1つや2つ、3つに4つ、5つ6つ……

……と、星の数ぐらい見つけられますよ。普通はね。

もし、見つけられないって人は、この後へ話が進まないので、よくよく考えてそういったものを必ず探し出す努力をして見つけて下さい。見つかったら私に声をかけてね。よろしく！

そこで、あなたが見つけた【2002FIFAワールドカップ・コリア・ジャパン】の不平や不満（努力に努力を重ねて見つけたワールドカップの不服）は、近い未来に『もう一度ワールドカップを日本で開催させる』ための【原動力】になるから不満を大切に！

今回の【2002FIFAワールドカップ・コリア・ジャパン】は、ワールドカップ史上初の2ヶ国共催という大会となった。2つのLWC（ローカル・ワールドカップ・オフィス）の統一がとれず混乱する中、大会が開催される1年前位から押し寄せた、運営会社やメディア関連の会社等の相次ぐ破たんなどの確かに不運もあったと言える。こんなに大きなトラブル続きでは、そのトラブルに終始振り回されるし、最終的には大会全体が、かつてないほど妙な雰囲気に包まれて行ったが、選手や審判団らに何も影響を与えない訳がない。そうしたものは、必然的に目に見える形で「プレーの質」や「モチベーション」といったものに現れてしまったように思えた。また、今大会で問題となった【ジャッジ・ミス（誤審）】も恐らくこうしたものからの影響が大きかったのだろう。

でも、これらは、確かに認めたくない人もいるかも知れないけれど、「今回の【2002FIFAワールドカップ・コリア・ジャパン】は、成功とは言える大会でなかった」と私は考える。

私は、この大会の開催が「全部が全部、意味のないものであった」とは言わない。良い所も多くあった事は素直に認めるし、開催に漕ぎ着けただけでも、「サッカー未開の地・日本」にすれば画期的とも言える第一歩であったと思う。

しかし、残念なのは「もっと努力すれば、もっと良いワールドカップにする事ができたのに……」と悔やまれる。

韓国にとっては【2002FIFAワールドカップ・コリア・ジャパン】とは、「ワールドカップは国力を世界に知らしめる場」という風に具体的な目的と意義を見い出し、ある意味で【ワールドカップ】開催は「韓国の国益にとって十分に成功した大会だった」とも位置付けられ、後世の歴史に語り継がれるだろう。

では、我らが日本はどうであったか？

日本にとっての「ワールドカップを開催するメリット」とでもいうか、「ワールドカップを誰が何のために日本で開催するのか？」という事や、「価値観」とか「開催意義」とでもいうような事が、最後の最後まで明確に出来ないまま、ワールドカップを迎えてしまった。アジア初、そして【ワールドカップ史上初となる2ヶ国共催】となった事、そして次々と起こる運営関連会社の破たんや、諸々のトラブルを抱えたままの開催となった。そして取り去り切れぬ日韓国民の感情等、次から次へとひっきりなしに、グランドの外でも諸問題が沢山発生した。こうした事はＦＩＦＡ関係者や日韓両国の関係者らにとって、かつての【ワールドカップの歴史】では経験もなければ考える事さえなかった事で、言い様もない慌ただしさに追われていたに違いない。

そうこうしているうちに【２００２ＦＩＦＡワールドカップ・コリア・ジャパン】は始まってしまった。ＦＩＦＡやＪＡＷＯＣは、そのまま惰性で【２００２ＦＩＦＡワールドカップ・コリア・ジャパン】を乗り切ろうと懸命に突っ走っているうちに、閉幕を迎えた感がある。

まあ、「何事もなく」「可もなければ不可もなく」と、思っているうちに「最後まで何も出来なかった」という事が、「日本らしい」と言えば確かに紛れもなく「日本らしさ」が出たのかも知れないが……。

でも、ここで敢えて言おう。

「どちらかと言えば、日本にとっては失敗の部類に属する【ワールドカップ】であった」と。

失敗を失敗と認めない限り、先には何も進まないのだ！

だから、ここで私は宣言する！

「【２００２ＦＩＦＡワールドカップ・コリア・ジャパン】は、【たぬき算！】の集大成＝《イコール》【間違いだらけのワールドカップだったのだ！】」と。

これを【間違いだらけのワールドカップ！】と言わない限り、再び日本へ【ワールドカップ】を招致する事は永遠に出来ないであろう。

よく巷《ちまた》では「【サッカー・ワールドカップ】は、日本には一生に一度しか来ない」という話を耳にする。しかし、現在の世界状勢を経済面や治安面からよくよく冷静に分析していった場合に、果たして、これから先どういった国々で【サッカー・ワールドカップ開催】が実現して行く事ができるかを考えてみよう。世界的に見ても現時点のような社会状勢が何年ぐらい続くか判らないが、そう早い時点で世界の経済を軸にした状勢の変化が訪れる事は考え難い。そうであれば世紀の大イベントである【FIFAワールドカップの開催】を大手を挙げて招致できる国は、そうは多くはないと思う。

そうした事をすべて考慮した場合、その時点で招致活動を日本が行えば、2022年頃には【2022FIFAワールドカップ・ジャパン】の実現は不可能ではない。これは十分に見込みのある話である。開催に前向きな国が少なければ、当然、近年に【FIFAワールドカップの開催】を経験した日本にも、白羽の矢が当たる事は間違いないだろう。また近世代での【ワールドカップ開催経験】を全面に出しての招致活動と、前回のワールドカップが単独開催でなかった事への無念さを全面的に主張して行けば、それらは必ずプラス面として作用するハズである。招致活動の仕方によっては実現できる可能性が極めて高いと言えよう。そして我々が愛する日本代表をワールドカップで優勝させるのに、またとない機会である事は間違いないであろう。

近未来にワールドカップを日本で開催したいと考えた場合には、２０２２年という年が最終リミットにもなる年だと思う。もし、この２０２２年という年迄に【ワールドカップ日本大会】が実現できないとしたら、恐らく私達が生きている間に、再び、この目で、日本で開催されるワールドカップを見る事は出来ないであろう。

【２０２２年にワールドカップを再び日本へ】をスローガンに、ワールドカップ日本開催を目指すにあたって、まず、【２００２ＦＩＦＡワールドカップ・コリア・ジャパン】について失敗した所は「失敗」と素直に認めて謙虚に反省し、良い所は「より良く」と、はっきり区別をしなければならない。【２０２２年のワールドカップ日本大会】を実現成功させる為には「【２００２ＦＩＦＡワールドカップ・コリア・ジャパン】について、これを大成功の大会であった」と豪語する日本人をなくしておかなければ、世界の目は自然にそっぽを向いて行くに違いない。【２００２ＦＩＦＡワールドカップ・コリア・ジャパン】を再度見直す作業は、最も重要で早期にやらなければならないと考えている。

私は【２００２ＦＩＦＡワールドカップ・コリア・ジャパン】について、失敗に終わったと思っているが、世間の多くの人々は、これをどう思っているのであろうか？

まあ、ワールドカップ程の大規模の大会で、端的に言ってしまえば、「あの大会は失敗でした」とか、「あれはやらなかった方が良い大会だった」と後世に語り継がれるような国際的なイベントは、あまりかつて聞いた事がないような気がする。

前の【ワールドカップヒストリー】を見てもらっても判るように、【ワールドカップ】の歩んできた歴史は奥深く、そして常に世界状勢にも大きく影響されていたのだ。もし過去17回開催された【ワールドカップ】のうち、開催国が自ら失敗であったと認める大会があるとしたら、【マラカナの悲劇】を生んだ1950年に開催された有名な【第3回ブラジル大会】ぐらいであろう。

そこで素朴な疑問。では、他の大会は全て大成功であったのだろうか？

絶対にそんな事はあり得ない。期待された程の効果が得られなかった大会は数多く存在し、直近の過去3大会だけを振り返って見ても、「成功でした」と言える大会ではなかったと思う。しかし、人間というものは「失敗」を認めたがらない動物だから、「大成功！」という言葉を好むものなのだ。

特に最近開催された大会に於いて、その傾向はますます顕著で「成功」という文字に「？」を付けずに置ける大会はなかったように思えてくる。

それは、まず日本サッカーにとって、代表的な近代史の幕開け「ドーハの悲劇」と呼ばれている、あの94アメリカ大会予選からと言える。その時代には、Jリーグがもう発足しており、日本サッカーが近代史に入った94アメリカワールドカップ以降の大会について振り返って、これらが果たして成功と言える成果を残せた大会であったのかを検証してみたい。

1994年の【FIFAワールドカップ・アメリカ大会】では、「サッカー不毛の地と言われるアメリカという国で【世界的なサッカーの祭典FIFAワールドカップ】が成功する訳がない」とまで言われていた。しかし、大会が終われば、延べ観客動員数は358万7538人というワールドカップ史上最も多い観衆を集め、全世界でのテレビ観戦者は延べ400億人にものぼった。

ブラジルVSイタリア戦という好カードとなった決勝戦は、両チームがっぷり四つにくみ、意地と意地のぶつかり合いか、それとも単に疲れていただけか知らないが、0―0のまま延長戦に入った。そのまま120分にも及ぶ死闘でも決着がつかず、決勝戦としてはワールドカップ史上初となるPK戦で優勝が決定するという、稀に観る試合が繰り広げられた。

この死闘の結末は、あの有名なイタリアの至宝ロベルト・バッジョが、まさかのPK失敗でイタリアは破れ、これもやはりワールドカップ史上初となる4度目の優勝という快挙をブラジルが遂げ、大盛況の中で幕を閉じたとされた。

しかしアメリカは、古くから「サッカー不毛の地」と呼ばれたほどサッカー人気のない国であった。アメリカ国内での人気プロスポーツと言えば、大リーグと呼ばれている「MLB・メジャーリーグ・ベースボール」の野球。世界的スーパースター、神様とまで呼ばれた「マイケル・ジョーダン」を生んだ「NBAナショナル・プロ・バスケットボール・リーグ」。その他にも「NFLアメリカンフットボール」や「NHL北米アイスホッケーリーグ」などの人気プロスポーツのメッカであるが、ことサッカーとなるとやはり話が違っていた。一時期、あの王様とよばれたブラジルのペレもプレーした時代もあったが、いつの時代でも人気は今一つで、市民に親しまれる定着した人気を得る事がサッカーには出来なかった。

アメリカサッカー協会は、この94年のアメリカ大会を契機に、「MLS」メジャーリーグサッカーと呼ばれるプロサッカーリーグも久々に復活させた。しかし、これによって一時的には観客動員数を伸ばすものの、他の人気プロスポーツに押されて、市民の間でサッカー人気は定着はする事もなく、その後サッカー人気は下降線の一途をたどっている。

しかし、アメリカとして唯一の救いは、94年のワールドカップで使用した定員4万から8万人規模のほとんどのスタジアムが、ワールドカップの為に新築されたものではなかった。これらはアメリカンフットボールの試合に使用しているスタジアムや、野球場等を改築して作ったスタジアムであった事ぐらいであろう。

ワールドカップをもってしても「サッカー不毛の地アメリカ」で、サッカーが市民権を得る事は出来なかった。しかし、それでもFIFA、そしてアメリカ大会の関係者、更にはジャーナリスト達に至るまで「1994年に開催されたFIFAワールドカップUSA'94は大成功であった」と絶賛した。

4年後の【98FIFAワールドカップ・フランス大会】では、我らが日本代表も本大会のピッチの上に立っていた。日本代表は「ジョホールバール」で開催されたアジア最終予選のプレーオフで、辛くもゴールデン・ゴールで勝ち、悲願のワールドカップ初出場を果たした。日本にとって記念すべき大会であった。日本が初めて参加した【ワールドカップ】であったが、サポーター達にとっては、チケット騒動という社会的な大問題を引き起こされた事により、苦い経験も味わった事はまだ記憶に新しい。読者の皆さんの中にも日本で購入した観戦ツアーで、被害にあわれた方も多いと思う。

では、なぜこうした事が起きてしまったかと言えば、複数のFIFA代理店が実際には存在しないチケットを空売りしてしまったからだ。その為、代金を支払った観戦ツアーのお客さんにワールドカップのチケットが渡されなかった。その影響から偽チケットも数多く横行し、チケットの市場価格は転売、譲渡は禁止されていなかった）も最高で正規ルートの数十倍もの価格となった。日本から観戦ツアーでフランスまで行った人の中には、現地で￥40万〜￥50万もの大金を叩いて新たにチケットを購入しなければ観戦出来なかった人や、観戦ツアーでありながら結局観戦チケットを入手出来ないまま、観戦する事ができずそのまま日本に帰国し、会社等を休んでまで、何をしにフランスまで行ったのか判らなくなったという人も沢山いた。

それでもやはりＦＩＦＡやフランス組織委員会の関係者やマスコミは「98フランスワールドカップは大成功であった」と絶賛していた。

こういう状況を目の当たりにして、次期ワールドカップの自国開催を控えた日本や韓国の関係者は、これらの問題をどう捉えていたのか知りたいものである。

さて話を戻す事にしよう。

焦点は「【2002ＦＩＦＡワールドカップ・コリア・ジャパン】とは成功であったのだろうか？」という事になる。

2002年6月30日に史上初、5回目となるブラジルの優勝という形で幕を閉じた【2002ＦＩＦＡワールドカップ・コリア・ジャパン】。決勝戦の翌日から、小泉総理大臣や遠山文部科学大臣、扇国土交通大臣、福田官房長官という数々の閣僚や大会関係者等が、次々とテレビやメディアの前で「今回の【２００２ＦＩＦＡワールドカップ・コリア・ジャパン】は大成功に終わった」等と口々に絶賛していた。だが、個人的にいわせてもらえば、これを大成功という形で終わらせては絶対にならないと思う。

なぜならば今回の【ワールドカップ】では、チケット問題や空席問題などは、皆さんにとっても身近な問題として毎日のようにテレビや新聞の紙面を賑わせていたが、それらに大会期間中終始振り回されていたような感が拭いきれなかった事は、誰の目から見ても明確であったと思う。そしてもっともっと根が深い問題として、ＦＩＦＡや【２００２ＦＩＦＡワールドカップ・コリア・ジャパン】そのものをも揺るがすように襲っていた大きな問題、そう大会直前になりスイスのＩＳＬ（正式名称はInternational Sports Culture &Leisure Marketing A.G.）や、ドイツの大手メディア会社キルヒの相次ぐ破たんである。

ＩＳＬ社は、スイスに本拠地を置き１９８２年にアディダス社と、ＪＡＷＯＣの母体でもある日本の大手広告代理店電通が創った合弁企業で（出資比率はアディダス社が５１％、電通が４９％で設立した）マーケティング総合企業である。彼らは【２００２ＦＩＦＡワールドカップ・コリア・ジャパン】のマーケティングやライセンス、放映権、放送映像製作権（放映権関係はスポリスとキルヒの2社）を全て請け負っていた。そのスイスのＩＳＬは大会の一年前に破産してしまった。そして全世界に影響を及ぼすワールドカップの放映権とその基礎となる国際映像の製作については、何故だか、ＩＳＬ傘下の関連企業であるスポリス社と、ドイツのキルヒ社の2社がアメリカを除く全ての国の放映権を獲得していた。しかし、親会社であるＩＳＬの破産で、スポリスも倒産に追い込まれ、スポリスが保有していたヨーロッパ以外でのワールドカップの放映権は、不自然な形で、ドイツのキルヒ社に移譲されたのだ。そのキルヒまでも大会直前に破たんした。この相次ぐ「メディア関連」や「マーケティング」を受注した企業の破たんで、大会運営に於いてその核ともいえる「マーケティング」と「放映権」といった重要な動脈（FIFAにとっては金脈かも知れないが）に致命的なダメージを受けていた。この様にして【2002FIFAワールドカップ・コリア・ジャパン】は、大会前から大きな波瀾に見舞われ混乱していたのである。

こうした大会運営に直接関わる財政面でのダメージは思ったより大きく、大会期間中も要所要所にその後遺症と思われる問題やトラブルが相次いだ事も事実で、何事もなく最善の大会運営など、もともとできるハズがない。

このような深刻な事態を引き起こしたISLの破産問題の渦中で、そのISLの出資元で、いわゆる親元ともいうべきアディダス社と電通であるが、【2002FIFAワールドカップ・コリア・ジャパン】に於いて最後の最後まで、何故か、まるで他人事のようにクールに立ち振る舞っていたのだ。彼らには、ISLが自分達の身内である事が理解出来ていなかったのだろうか。

そして彼らは本当に【2002FIFAワールドカップ・コリア・ジャパン】が成功したと思っているのだろうか?。

日本サッカー協会は1986年に【FIFAワールドカップ日本招致】の検討に入るが、電通は1982年（その4年も前）と、ずっと前から【ワールドカップ日本招致】を真剣に視野に入れた具体的な検討に入っていたものと推測される。こうした思惑から、スポーツ用品メーカーであるアディダス社との合弁で、世界的なイベント興行を手掛けるISLを設立させたのであろう。

ISLは破産したものの、電通自体はJAWOCの母体として残り【ワールドカップ】を結局仕切る事に成功したとの見方もできる。

しかし、サポーターや一般のサッカーをこよなく愛する者の立場から言えば、【2002FIFAワールドカップ・コリア・ジャパン】は、まだまだ問題は山積していたような気がする。

【2002FIFAワールドカップ・コリア・ジャパン】は、この他にバイロム社のドタキャンによるホテルの空室問題や偽チケット問題。空席問題。チケットの不渡り問題。審判の誤審問題や、キャンプ地職員の自殺問題。カメルーンの遅刻騒動。セネガル選手の万引き騒動。そして最後まで払拭する事の出来なかった歴史的背景を持つ日韓国民の感情論。それに悲しい事に【フーリガン】すらも暴れる気にもならなかった価値観の問題。さらには世界のスター・フランスのジダン、アリン、トレセゲ、ポルトガルのフィーゴ、アルゼンチンのバティステュータらが揃って予選で帰ってしまった問題などなど、数々のアクシデントが発生している。これらは決して愉快な話題ばかりでない事を皆さんも感じられていたと思う。そうしてみれば【2002FIFAワールドカップ・コリア・ジャパン】が大成功の内に幕を閉じた【ワールドカップ】であったようには見えなかった。

日本で初めて開催されたサッカーのワールドカップが、このような不本意な形であるにも拘らず「【2002FIFAワールドカップ・コリア・ジャパン】は大成功の大会でした」といわれる事は非常に悔しく残念でならない。なぜ多くの関係者や大臣を始めとする国会議員、それに官僚達は、この【2002FIFAワールドカップ・コリア・ジャパン】を大成功であったと絶賛するのであろうか。

恐らくこれには「もう二度と日本にはワールドカップは来ない」「ワールドカップはもう来る事はあり得ない」という断定的な考えがあるからではなかろうかと思う。

【FIFAワールドカップ】はオリンピックと同じく4年に一度行われる世界的なスポーツの祭典として、現在では広く世界の人々に認知されている大会という感がある。それなのにどうして【FIFAワールドカップ】は開催地の住民にとって身近でないのだろうか。

それには開催に関わる主催者という問題が隠されていたのだ。

オリンピックでは、主催者はあくまでIOC（国際オリンピック委員会）と開催地域の自治体からなるLOC（地域オリンピック委員会）が共同主催者として開催されているのだが、【FIFAワールドカップ】は、たとえ世界中の何処の国で開催しても主催者は【FIFA】だけなのである。そこでLWC（地域ワールドカップ組織委員会）の果たす役割が、非常に曖昧なものとなっているのだ。特に今回開催された【2002FIFAワールドカップ・コリア・ジャパン】のケースのように2ヶ国共催となり、それぞれの国のワールドカップに寄せる期待が違ってくれば、必然的にワールドカップが地域で開催される意義も薄れる。すると自然に開催地住民の意識レベルが低くなるのも当然の事であろう。

しかし、この【2002FIFAワールドカップ・コリア・ジャパン】が、明らかに失敗に終わっているのを判っていながら「今回の【ワールドカップ】は大成功であった！」など、賞賛を受けている事が、私にはこの国に住む日本人としてどうしても耐え難いものがある。

ならば……。

「大成功！」と世界に胸を張って威張れるワールドカップを私達の手で実現させようではないか！

これはまんざら、やって出来ない事ではないのだ。

まず、実際問題として再び日本にワールドカップをいつなら呼べるかという事である。


次のワールドカップは、２００６年に【第１８回ドイツ大会】として開催される事が既に決定している。これが正式に決定される前に一時は、第１８回大会となる２００６年の【ワールドカップ】は、「アフリカ大陸でのサッカー振興のために開催したい」と、ワールドカップ史上初となるアフリカ大陸にある国で開催する事を目指していた。しかし、こうした事を背景にＦＩＦＡブラッター会長らがアフリカ大陸連盟等との調整を進めていたものの、ワールドカップ開催の厳しい基準について、現在のアフリカ諸国の経済状況、治安状況や衛生面、通信やインフラ整備等の問題から、これらを充たしワールドカップ開催ができる国が見当たらなかった。これにより２００６年第１８回大会をアフリカ大陸で開催する事を断念し、２００６年大会はドイツで開催する事となった。

それでは「その次のワールドカップは何処？」と考えた時、２００６年の第１８回ワールドカップ・ドイツ大会以降の大会については、今のところ２００４年のＦＩＦＡ理事会に於いて、２０１０年第１９回大会のワールドカップ開催地が決定される見込みである。しかし現在、再び２０１０年大会のアフリカでの開催を目指そうとしている勢力もあるがそれも難航しており、今のところ２０１０年の第１９回大会も含めて白紙に近い状態であるといってよい。

【ＦＩＦＡワールドカップ】の開催は、１９９４年のアメリカ大会以降、ＦＩＦＡやサッカー、そしてワールドカップを取り巻く環境の変化によって著しく変わってきている。

１９８０年代後半に入るとＦＩＦＡは、サッカービジネスに於けるマーケティング戦略について、ヨーロッパや南米での伸び悩みと限界を肌で感じていた。

現ＦＩＦＡ会長ブラッターがＦＩＦＡの事務局長に就任したのもこの頃である。

そして彼らと関係の深かったアディダス社と日本の広告代理店電通が合弁で「ＩＳＬ」を立ち上げたのは１９８２年の事であった。

この「ＩＳＬ」は、１９８６年の第１３回メキシコ大会から【ＦＩＦＡワールドカップ】のマーケティング全般を手掛ける事となった。こうしてＦＩＦＡと「ＩＳＬ」の二人三脚で、ワールドカップの新しい世界戦略が始まる事となる。なぜ会社を立ち上げたばかりの「ＩＳＬ」が、これほど早い次期に【ワールドカップ】という世界的なイベントを手掛ける事に成功したかというと、「ＩＳＬ」の出資元のアディダス社は、事務局長時代のブラッター氏と関係が深かった（ブラッター氏はＦＩＦＡの事務局長時代にアディダス社から給与を受け取っていたと言われている）為とされている。事実１９８２年に会社を創立した「ＩＳＬ」であるが、１９８６年のワールドカップ・メキシコ大会のマーケティングを手掛けるには、「１９８２年の『ＩＳＬ』の会社創立後すぐに、ＦＩＦＡとの間にマーケティング契約が締結されなくてはならない」という理論になる。しかし一般的に考えれば、世界最大のスポーツイベントとも言われる【FIFAワールドカップ】開催の成功を左右するマーケティングという大事業を、創立したばかりの何の経験も実績もない企業、ISLに請け負わせるという事自体が常識では考えられない。

ISLとは、言い換えれば【FIFAワールドカップの為に生まれた会社】である事がお判りいただけると思う。

（今回の【2002FIFAワールドカップ・コリア・ジャパン】でも同じ事が起きており、「ISL」が破たんした後に、その業務をすべて引き継がせる為に、ブラッター氏が社長を勤める「FIFA MARKTING AG」を設立させている）

こうした背景には、ブラッター氏の意向が大きく反映されていたと思われ、アディダス社が出資した会社である「ISL」がワールドカップのマーケティングを請け負うようになってから、開催国へのアディダスの影響力はしだいに大きくなっていく。（1994年の第15回アメリカ大会を除く）

そして1980年代、FIFAが「ISL」というパートナーを得てからは、それまでプロ・サッカーが盛んなヨーロッパと南米でしか開催しなかったワールドカップを、それ以外の地域でも開催し、サッカービジネスを地球規模に拡大していった。表向き「FIFAを世界中どこに行っても認知されるような団体にしたい」と考えるようになっていった。

サッカービジネスの展開をアジアや北米大陸、アフリカ大陸、オセアニアといったヨーロッパや南米以外の国々で成功させるには、まず地域経済などの活性化なしにしては絶対に成り立たないと考えられる。また、それをサッカービジネスに結び付けるには、それら国々に於いて地域経済や地域振興といったものが、サッカーによってもたらされなければならないと考えていたのだ。それには【ワールドカップ】をその地域で開催させる事が、一番手っ取り早いと考えたのだろう。
そこで、ＦＩＦＡが、まず真っ先に白羽の矢を立てたのは、世界最大の経済大国、そしてプロスポーツ王国でもあるアメリカである。

前に書いたワールドカップヒストリーを思い出して頂きたい。ＦＩＦＡは原則として１９９４年の第１５回アメリカ大会以前の大会では、１大会おきにヨーロッパの国と、南米の国々とで交互に開催してきた。しかし、過去にはこの原則通りに開催できなかった事が２度あった。それは、第二次世界大戦を挟んで戦前に１回、１９３４年の第２回イタリア大会と１９３８年の第３回フランス大会の時、それに戦後の１９５４年の第５回スイス大会と１９５８年の第６回スエーデン大会のそれぞれ１回ずつで、いずれも連続してヨーロッパでの開催であった。これはヨーロッパと南米との間の、経済格差という問題も少なからず影響していた。

ＦＩＦＡは『アメリカという国は、サッカー不毛の地である』と言われているにも関わらず、【ワールドカップ】を開催する事により、アメリカ国民にサッカーというスポーツを定着させる事が出来ると過信していた。【プロスポーツの殿堂】とでもいうべきアメリカ大陸を、ＦＩＦＡのマーケットにしようという目論見があった。確かにワールドカップアメリカ大会は、過去にない記録的な観客を動員し、かつてないほどの盛り上がりを見せた。

それでも、やはり「サッカー不毛の地」と呼ばれるアメリカにサッカーを定着させ、尚かつ、人気の高いメジャーなスポーツへと変えて行く事は【にわか仕事で持ってきたワールドカップ】では無理がありすぎた。

そこでＦＩＦＡが次なるマーケットとして選んだのは、経済発展が目覚ましいが、当時『サッカー未開の地』と言われたアジアであった。

そのアジアで、開催国に名乗りをあげたのが『日本』と『韓国』であった。

そして２１世紀最初のワールドカップは、【２００２ＦＩＦＡワールドカップ・コリア・ジャパン】として、これまたワールドカップ史上初の２ヶ国共催となった。

しかし、この【２００２ＦＩＦＡワールドカップ・コリア・ジャパン】も、あとに残り得るものが何もないといった意味では、１９９４年のアメリカ大会にも似た傾向があったような気がしている。後世に恥をかかない為にも、次のワールドカップに繋げたいものだ。

そうなれば残す地域は『アフリカ』と『オセアニア』という事になる。でもアフリカについては２００６年大会の断念を見ても判るように、現実に招致するには色々な障害があり過ぎ、困難極まりないと言えよう。

オセアニア関していえば、オーストラリアやニュージーランド等では、まだ【ワールドカップ開催】を実現できる可能性を秘めている。

不完全燃焼に終わった【２００２ＦＩＦＡワールドカップ・コリア・ジャパン】であった。

ならば
【リベンジ・ニッポン！】という事で、

「『生きているうちに、【もう一度ワールドカップ】を呼ぶしかなかろう！』と思うのであります」

そして良く考えてみれば、それ程難しい事ではないのだ。


それでは、まず、『生きているうちに、【もう一度ワールドカップ】を呼べるか！』どうかと、条件をいろいろ考えてみよう。

【ワールドカップ】を実際に開催するのに必要なものは……、

１、スタジアム
☆予選ラウンドで４０、０００人以上収容。
☆開幕戦、準決勝、決勝戦では６０、０００人以上収容。
☆ナイター照明設備がテレビ収録の基準を充たしている事。
☆全席が個別の席番を割り当てる事の出来る背もたれ付の個席である事。
☆観客席の３分の２が屋根で覆われており、ＶＩＰ席、メディアセンター（取材用記者席）はすべて屋根で覆われている事。
☆これらの基準が全て充たされているスタジアムが十数ヶ所以上必要となる。

2、大会期間中に選手、役員、マスコミ、サポーターが十分に宿泊する事のできる宿泊施設の充実。
3、移動や滞在に必要なインフラや通信網の整備。
4、出入国、治安等に関しての開催国の政府保証。

これらがFIFAに既存する開催条件であるが、今後考えられるものとして、「テロ対策」「公衆衛生」「経済保証」「天災等に関わる防災対策」「コミュニケーション整備」「大会関係者のメディカル管理」「あらゆる危機管理（経済恐慌も含む）」と、こういったものが追加的に要求されてくるだろう。

総合的には、これらの条件を充たした上で十分に約1ヶ月間の永きに渡り大会運営が可能な国であれば、どこの国で開催しても良いという事になる。しかし、1998年フランス大会以降の大会では、いわゆる本大会といわれる決勝大会へ出場できる国が32ヶ国にも膨れ上がり、それに伴う観客や関係者の人数も大幅に増えているのが実情である。それらの出場32ヶ国もの選手、関係者、メディア、観客等の延べ約300万人をも超える人間に対して、移動や宿泊、及び滞在中の生活が安全に提供されなければならない。また同時に、快適性や利便性が高水準で要求されるとなれば、実際のところこれを全部クリアするには相当に厳しいものがある。

また、FIFAでは、今後の【ワールドカップ開催】についてブラッター会長も、「今大会のような2ヶ国共催はもう懲り懲り」と漏らしている。ブラッター会長の発言をFIFAの今後の方針と見れば、今後の【ワールドカップ】は原則一ヶ国単独開催しか認めない方針であるのを示した事になる。そこで現在の世界状勢（政治、経済、治安といった総合的なものであるが、特に経済状勢は大きく関わってくる）から見て、これらの厳しい条件の元で、約1ヶ月間の大会に最良の環境を整えて単独開催をできる国は、G7といわれる先進国や一部の大国以外での開催は実質的に不可能であろう。また大国といっても、現在、南米の国々は、アルゼンチンの通貨危機から端を発した経済危機が、南米最大の大国ブラジルにも波及するなど、南米経済は致命的な状況下にある。ハッキリ言って食うか食わずでいるところに、【ワールドカップ】の自国開催など到底考えられない事は言うまでもない。恐らく、そういった国々で、【サッカーのワールドカップ】を招致したい等と言い出せば、【IMF（国際通貨基金）】だって黙ってはいないだろう。

そうした事から考えれば、2006年ドイツ大会が終わり、2010年以降の大会からは、開催地域は極めて流動的になる事が予想される。そうなれば、5大会後の2022年大会までに『日本で【FIFAワールドカップ】を開催する事だって、理屈的には十分可能という事になる。

一見すると大変そうに見える【ワールドカップの招致問題】だが、今回開催された【2002年のワールドカップ】を基準に考える必要はない。

【ワールドカップの招致】で一番問題となる処は、施設・インフラの整備と経済的な基盤である。すなわち費用の捻出であるが、2002年大会を開催した日本にとって、一番経費の掛かるスタジアム建設や、宿泊ホテルや交通網の整備といったインフラ整備の問題については、既に整っているのでさほどの負担とはならないだろう。

スタジアムについても、【2002FIFAワールドカップ・コリア・ジャパン】を実際に開催した全国10ヶ所のスタジアムの他に、【ワールドカップの基準を充たすスタジアム】は、東京スタジアムや豊田スタジアムなどがある。また、その他に改修によって基準を充たせる「ワールドカップスタジアム予備軍（国立競技場、広島ビッグ・アーチなど）」も加えれば、恐らくスタジアムを新築する必要もないだろう。

宿泊施設やスタジアムへのアクセス、通信網の整備といった面でも、21世紀になってから【ワールドカップ】を開催しただけに全然問題はないと思う。

そして次は、開催を決定するFIFAの理事国の反応が気になる所である。しかし、これもある程度有利な招致合戦が展開できると見込める。それは、2002年大会が日韓2ヶ国共催と「日本の本意」でなかった事がポイントとなる。それに加えて今大会では、イベント興行を取り仕切る「ISLグループ」が大会の直前に破たんした影響により、思うような大会運営が資金面で出来なかった事もまた事実だ。これにはFIFAだっていくらかの後ろめたさは持っている。日本国民の「日本で単独でワールドカップをどうしても開催したい」という熱意が伝われば、近々に再度、日本で【ワールドカップ】を開催するという事に世界の理解を得る事は十分に可能である。また、1938年の「FIFAパリ総会」のように、次期ワールドカップ開催国の指名、すなわち立候補国がないケースなども十分想定出来る。今後は世界の経済状況が、どのぐらいの速度で回復するかにも左右されると思うが、2010年大会以降の開催では、マーケティング戦略や思惑だけでなく、大陸間の交互開催だってより一層難しくなる事が予想される。そういった場合、当然、ヨーロッパ、南米、ヨーロッパ、南米との間に時々他の地域を組み入れるといった従来の手法は成り立たなくなって行く事は素人が見ても分かる事だ。

先にも書いたが、ワールドカップ出場国が現在の32ヶ国か、それ以上を維持した場合に、受け入れが出来るのは、G7・先進7ヶ国と、一部の大国、ロシア、中国、オーストラリアといった国以外は実質的に不可能であろうと個人的には思うのである。そうなれば、これらの先進国と大国の中で有力な国と言えば、イギリス、イタリア、カナダ、オーストラリア、それに中国ぐらいしか見当たらないと思う。これらの国々と日本を比べた場合、やはり2002年での実績と設備投資の不必要性（これ以上の設備を増やす必要がない）が、地球環境に与える影響が少ない事などから、有利という事になろう。今後、世界が着目するだろうと予測される点を先行してアピールして行けば、必ずや有利な招致活動が展開できる事は間違いない。


こうして世界を取り巻くあらゆる環境を考えあわせた場合、何も2022年の大会まで待たなくてもいいのではないかと思われる人も居るだろう。しかし、日本が再び【ワールドカップ】を開催したいのであれば、万全を期して臨まなくてはならない。スタジアムや都市整備等といったインフラなどハード面で考えれば、確かに20年後の2022年まで待つ事もない。

でも、今、もし、【ワールドカップ】をすぐ招致しようとすれば『新しい物好きの現代人感覚』から言っても、多くの賛同を得られない事も確かである。

それに諸外国からの反発だけでなく、開催した自治体の経済的体力も回復していない。

しかし、このまま、日本国内で【ワールドカップ】について、誰も何も言わないでいれば、日本のサッカー界は間違いなく衰退の一途をたどって行く事は目に見えている。今回新築されたスタジアムだって、いくつ維持して行く事ができるであろうか?

行き先は目に見える様だ。

衰退を避けるには「単独開催を実現出来なかったので、もう一回やらせて下さい」という大義名分があるうちに、【ワールドカップを再び日本で開催させる】のが一番の得策であろう。

【リベンジ・ニッポン!】

『ワールドカップを再び私達の手で、1億4千万国民の総意で、そして国民総出でワールドカップを招致しよう』

そこで『夢よ、今度こそ!』

『日本代表をワールドカップで優勝させよう!』

『日本国民の総意としてワールドカップ開催』を受け入れ、その大会で『日本代表ワールドカップ初優勝!』まで持って行くには、ソフト面でもまだまだ時間が掛かるであろう。恐らくそれには最低でも2018年以降の大会でなければ、条件整備が成り立たないと見ている。

そう、最も重要なのは『招致に対する考え方や情熱、熱意といった人の心』、いわば『ハード』ではなく『ソフト』という人間にある本来の持ち味といった問題であるのかも知れない。

「如何に人々の心を引き付けるか」、「世界の人々に対して、他のワールドカップと比較して、日本開催でなくてはならない」、「よって、日本人の持つ、より優れた価値観や感動は他国では与えられない」という確信を持たせる事こそが最重要課題と考える。

将来さらにメディア社会が進むにつれて、未来のワールドカップでは『ソフト面での充実』が何倍も要求される事になるだろう。

ハード面でのワールドカップ再招致がクリア出来ても、人々の気持ちがついて行かなければ、『ワールドカップの招致活動』だって盛り上がらない。

では、これから【ワールドカップ・ジャパン！】を実現するに際して、私達が愛する日本のサッカー界をどのように変化させて行けば良いのであろう。

どうすれば【ワールドカップを近未来に招致する】事を実現出来るのであろうか。

## 3、がんばれニッポン・2022への道のり！【間違い劇場おまけ付】

日本は【まだサッカー未開の地か？】

2002年7月20日JFA・日本サッカー協会は、川淵三郎・前Jリーグチェアマンを新会長（本人曰く「キャプテン」と呼んでと訳の判らないワガママを言っているのだが……）に就任させ、同時に日本代表チームも、元ブラジル代表のZICOを監督に迎え『新生ZICOジャパン！』として船出した。しかし、この先、日本代表が【ワールドカップ・チャンピオン】になる日は、まだ、まだ遙か遠く、波乱万丈の航海となるのは必至である。

日本が、次に【単独でワールドカップ開催する】ならば、何が何でも成功させなければならないと意を決している。そうでないのならば日本の誇りというものが失われ、国際社会からも見向きもされなくなるほど孤立してしまうであろう。そうならない為には、まず、日本国内でサッカーが『メジャーなスポーツ』として認知され定着していなければならない。そして、サッカーが開催される日には、日本中が盛り上がりを見せる状況を常に造り出さなければならないと思う。

「今の日本のサッカーに足りないものとは何なのか？」

ハッキリ言ってしまえば、『サッカー選手やプレーに対する人々の価値観』と、それらに対する『人気』や『魅力』ではないかと思う。『価値』を見いださないから『人気』がない。『人気』がないから『魅力』もない。話はずっと繋がっているものなのだ。

現在、日本サッカーの頂点とされている日本プロサッカーリーグは、J1リーグ（Jリーグ・デビジョン1）と呼ばれる16チーム編成の1部リーグ、その下にJ2（Jリーグ・デビジョン2）と呼ばれる12チームからなる2部リーグがプロリーグである。この『J1、J2』と呼ばれるプロリーグとは、サッカーを職業として報酬を得て生計を営んでいる選手達がプレーしているリーグである。『Jリーガー』とは、サッカーをお仕事にしている人の事だったのです。しかし、一部のプロ選手の中には、更にその下に属しJリーグ予備軍であるアマチュアのJFLというリーグでプレーしている選手も少しいる。

J1リーグ、J2リーグの合わせて、28チームに在籍するプロ・サッカー選手は約700人を超える。

これらのプロ選手達は、サッカーで生計を建てているが、その給料とも言える契約年俸は千差万別である。年俸も契約の種類によって幾つかに分かれている。上は2億を超える一部の外国籍選手は別格な扱いをされている。（現役のワールドカッププブラジル代表・柏レイソルのエジウソン、元ブラジル代表でワールドカップ出場経験を持つサンフレッチェ広島のサンパイオ、やはり元ブラジル代表でワールドカップ出場経験を持つ浦和レッドダイヤモンズのエジムンド（2003シーズン開幕直後に退団）、東京ヴェルディーに1969に新加入した卑屈のライオンじゃなくって不屈のライオン、カメルーン代表のパトリック・エンボマ、横浜Fマリノス背番号2として入団が決定しているブラジル代表キャプテンのカフー等々）

続いてプロ選手として最も多いのが、一般的Jリーガーである日本人のA契約選手（年俸480万円以上でクラブ在籍制限25名枠〈出場給、勝利ボーナス等の出来高払を除く〉）である。

（現在の最高は、名古屋グランパスエイトに所属する日本代表ゴールキーパー楢崎正剛で、大台の1億円〈推定・2003シーズン日本人最高額〉）

A契約に続いてセミプロのB契約選手、そして新人のC契約選手で最低年俸は関西のチームで100万円という耳を疑いたくなるような、まさしくピンからキリまでという感じである。

残念な事に、かつて何人もいた日本人1億円プレーヤーは現在では楢崎1人になり、現在J1リーグ選手の平均年俸は推定で1500万円程度となっている。

思い返せば1993年に開幕したJリーグは、当時、1リーグ制の僅か10チーム、1年2シーズン制で、在籍選手はおよそ300人を切る程度でスタートしたのであった。それが年を重ねる毎にチームの数が増える一方で、経営難に追い込まれるクラブも現れた。清水エスパルスや鳥栖フューチャーズ等の数クラブは、経営母体である運営会社の数社は経営難により、破たんや解散に追い込まれた。それでもまだこれらはクラブやチームが消滅する危機だけは、何とか避けられていたのだ。

しかし1990年代も終わりに近づくと、それまでなかった「クラブ消滅」という最悪の事態へ発展し、とうとう1999年の1月1日、天皇杯決勝戦での優勝した試合を最後に、1つのクラブ・チーム（全日空・佐藤工業サッカークラブ：横浜フリューゲルス）が経営難で事実上消滅していった。こんな事態になってもJリーグにとって「そんな事はおかまいなし」と言わんばかりに、現在はJ1、J2合わせて28チームにも膨らみを見せている。しかし、チーム増加に伴う人気の上昇や、プレーヤーやプレーの質の向上に関しては、皆無と言ってもよい程に伴ってない。むしろこれは当たり前の事だが、潜在的な選手の数が限定されているのに、受け入れる定員だけを増やせば、必然的に、選手の質やプレーのレベルの低下は目に見えて現れるものだ。そういった事が全て人気の低迷に拍車を掛けているのだ。しかし、この事に関しては「我、関せず」と言わんばかりに、サッカー協会やJリーグ幹部達は「この実態を極力見ない様に」と、努めているとしか言わざるを得ない。

そうした中、【toto（スポーツ振興くじ：いわゆるサッカーくじ）】の導入や、ワールドカップ効果もあって、一時的にせよ盛り上がりを見せている感のあるJリーグだが、メジャーと呼ばれるには厳しい環境が続いている。現在、一部地域のチームを除き観客動員数（ホームゲームでの座席の稼働率レベルで観た場合）も減少の一途をたどり、スタジアムは寂しくなってきている。【2002FIFAワールドカップ・コリア・ジャパン】を機にどれだけ人気が取り戻せるのかが最大の関心事ではある。

日本のサッカー界で、いわゆる「お偉方」と呼ばれる人達の意識改革がなければ、大変難しい状態が続くと観ている。

1993年にJリーグが開幕をして、1995年の1stステージに掛けては大変な盛り上がりを見せていたが、1995年の2ndステージ位から人気に陰りが見えてきた。絶頂期とも言えるこの頃、日本人選手の最高年俸を見ると1億円を超えるプレーヤーも、あちらこちらにゴロゴロ居るといった状態であった。あのスーパースター・「KAZU」こと三浦知良の年俸は、最高時で推定2億8000万円と言われており、このほかラモス瑠偉、北沢豪などの日本代表組も軽く1億円を超えていたプレーヤーである。

Jリーグも発足から10年の歳月が流れ、練習場やクラブハウスといった施設面は飛躍的に進化して行ったが、肝心の選手を支える基本的な環境や、プロ選手に対する評価といった面については徐々に下降線の一途を辿っている。

次に就労期間が短いという問題は、全てのプロスポーツ選手にとって共通の問題点であるが、その中でも今のサッカー界は特に酷い状況にある。

プロスポーツの世界に足を踏み入れた者で「将来への不安」を抱いた事のない人は、恐らくいないであろう。そうした選手達は、現在の生活を安定させるのはもちろんの事、将来への生活計画は現役時代から最も重視しなければならない問題でもある。そうした中で、選手の評価というものについて色々と言う事は簡単だ。実際に口ではいくら「貴方ほど、プロ選手として、これほど高く評価できる人はいませんよ」と、百遍言われても、本当の処はどうかと確かめるべきものは結局のところ、客観的にはお金で評価するしか方法はない。

プロ選手として「年俸」という金銭に換算された数字にこだわるのは極自然な事ではないか。

しかし、日本のサッカー界でその原則が今崩されようとしている。選手の評価に対して、正当な年俸が示されない傾向が進み、選手の鋭意努力が報われない時代となりつつある事がつくづく情けなく思われる。

現在、日本人1億円プレーヤーは1人しかいなくなり、2002年の昨シーズンに至っては1人もいなかった状態であった。あの三浦知良「KAZU」でさえ、今シーズンの年俸は4000万円（2003年度推定）にまで低下しており、日本のサッカーは【ワールドカップ】を開催したものの出口の見えないトンネルがまだまだ続いている。

　Ｊリーグが発足してまもない人気があった当時と、現在では選手達を取り巻く環境もすっかり変化してきている。Ｊリーガー達がグランド外で巻き起こす様々なトラブルやスキャンダルといったものの内容も、すっかり様変わりしてしまった。

　例えば、Ｊリーグ開幕当初に、Ｊリーガーのスキャンダルと言えば、誉められた事ではないが芸能人との女性問題や、新しく就任した監督とは犬猿の仲で顔も合わせる事もなく、電撃移籍という問題を引き起こした選手。遠征先で無断外室し、コンビニで年上の女性タレントと手をつないでいる処をフォーカスされた選手や、ただ、だだをこねて契約更新を引き延ばしたヤツもいたっけ！

　ああっ、それに焼肉屋でサポーターとスポーツしちゃったり（喧嘩）、脱税問題、ＣＭ契約にまつわるトラブル等で試合に遅刻したりした人も居たっけ！

　極めつけは隠し子問題が発覚した事もあったが、今思えば、芸能人さながらで華やかさが感じられた。それもこれも懐かしい思い出ばかりだ？

　それでは一方、現在はと言えばどうだろう。些《いささ》かスターとは思えないのだか、例えば、原動機付き自転車いわゆる原付きバイクを無免許で運転して検挙された選手。選手寮に女子高生を連れ込み児童買春で摘発を受けたＡ選手の事件。それに万引きで捕まった事件もある。生活が出来ない為なのか、電話も電気も料金不払いで止められ、連絡が着かずにクラブが手を焼いたり、終いには、とうとう多重債務の処理が出来ず「懲戒解雇」されたＢ選手の事件などが新しいところだ。こういったように、「生活苦でも影響しているのか」と疑いたくなるように、とても人気商売であるJリーガーという職種の人々が、「何でこんな問題引き起こすの？」と、首を傾げたくなる。

もう「憧れのJリーガー」が関与しているとは思いたくない程に、スキャンダルの内容までもが地に落ちた。


これらに対するクラブ側の対応だって、一般社会から見ればあまりにも非常識としか言いようがなく、少々耳を疑いたくなるものばかりである。先程の【児童買春事件】であるが、犯罪が行われた場所は、クラブ側に管理監督責任のある【選手寮】であり、一人の選手だけの問題で済まされる訳がない。また当該のA選手はまだ未成年であるが、その未成年選手が、金で買った女を選手寮という神聖な場所に連れ込み犯罪が行われたのだ。そしてそれを斡旋した人物は、四六時中その寮に入り浸れるほどの人物であったと言うが、社会的に見れば、この人物がクラブ側と無関係では済まされる事ではないであろう。

もっと呆れるのは、この【児童買春事件】でA選手が逮捕された後、このクラブは社会的な体裁とマスコミによるイメージ悪化を気にして、一旦はこのA選手との選手契約を解除した。しかし世間のほとぼりが冷めるのを待って、保護観察処分が決定されるとすぐにA選手をクラブのフロントに職員として雇用したのだ。そして保護観察処分が取れた現在、再び同クラブは２００３年シーズンにA選手と選手契約を結んだ。A選手も２００３年シーズン中にも現役復帰とレギュラー定着を目指すと張り切っているらしい。A選手だけが一方的に責められる事ではなく、クラブ側の対応も社会的に見れば非常識としか言い様がない。

これは、何か完全に懲戒解雇に出来ない特別な理由があるとしか考えられない。それでも、もう少し未来を担う子供達の夢、そして多くの人が憧れるプロサッカー選手の世界であるという事を、しっかりと認識してもらいたいものだ。こんなプロ選手という自覚までもを欠いた世界にまで落ちてしまったのかと、嘆きたくなる事件であった。

少なくとも現在、小さな子供を持つ親たちが、愛する我が子に「あそこのクラブに入ってあのA選手のような立派な選手になりなさい」とは、口が裂けても言わないだろうと思う。

ピッチの外では選手達も、一昔前には考えられないところまでも落ちてきてしまったのかと、最近はつくづく情けなく、現在の日本サッカー界を嘆いている今日この頃である。

話は変わるが、1993年にJリーグが開幕してから暫く、Jリーグには世界のトッププレーヤーもこぞって訪れ、観る人みんながうっとりするほど、世界でも稀に観る華やかで夢のようなリーグが存在していたような気がする。

例をあげれば、現日本代表監督のジーコ、アルゼンチンのラモン・ディアス、イングランドのスーパースター・リネカー。そしてその後も1997年位までのJリーグには、イタリアのマッサーロ、スキラッチ、デンマークのミカエル・ラウドルップ、ユーゴスラビアの「PIXY」ドラガン・ストイコビッチ、ブラジルからはドゥンガ、レオナルド、ジョルジーニョ、エドゥー、ジーニョ、サンパイオ、ジルルマール等の代表選手が大挙して訪れて、ドイツからはピエール・リトバルスキー、ギド・ブッフバルト、ルンメニンゲ、ハンガリーからはストイチコフら、こうした名前を見ただけでもワクワクしてスタジアムに足を運びたくなったものだ。

これらの世界の超一流プレーヤー達は、我々観客の目を楽しませるだけでなく、日本サッカーのレベル向上に大きく貢献したと言って良いだろう。

なぜならば各クラブは、彼らのような世界トップレベルに君臨する超一流を在籍させる事によって、若手の選手達が間近に世界一流の生きた教科書を肌で感じる事ができると考えていたからである。事実、若手選手らは、彼らの見せる世界レベルのプレーに憧れながら成長して行くといった最高の環境が整えられていたのだ。

年俸の問題でもそうであるが、確かに少し前の若手選手や子供達にとって、いつでもグランドには憧れる選手の1人や2人はいたものだ。そうした子供達や若手の選手達は「いつかは『KAZU』のようになりたい」とか「早く『ラモス』や『ピクシー』のようなプレーが出来るようになりたい」などと輝くような目で彼らを見つめていた。「僕だっていつかは1億円プレーヤーを目指すんだ」と憧れを胸にずっと持ち続けられるからこそ、自然に成長し向上心が養われた。具体的な夢や目標が、そこにあるからこそ次世代の『KAZU』を創り出す事が可能なのである。そうした一種のハングリー精神から次の世代には更なるレベルの向上が繰り返し為されていく事が、プロスポーツが持つ本来の使命であり素晴らしさではなかろうか。

現在のJリーグでは、そういったものもすっかり色褪せてしまったような気がしてならない。

たとえば「1億円プレーヤー」の1億円という数字は、単なる選手のプレーに対する評価や、選手の人生設計を支える金額ではない。それは下積みの若手選手の向上心や、サッカー選手を目指す子供達の夢や、将来のスタープレーヤーを育むための金額でもある事を、現在のクラブ経営者は忘れてしまったのか。目先の利益にばかりに目を奪われる事なく、こういった将来を担う子供達が夢を持ち続ける為にも、「日本のプロ・サッカー選手に対する価値観とは何か」という基準をもう一度認識し直してもらいたいものだ。

しかし、全部の選手の年俸が高い必要性はない。

平均的に高い必要もない。

中でも「人より努力した選手」や「素晴らしい功績を残した選手」には、もっと日本国内でも高い評価を与えてもいいではないか。

そう、1つのクラブに1人でもいいから「ビックリする程の高給取りが居ても良いんじゃないか?」と思う。そういった選手の評価が国内でされていないから、わざわざ「評価の場を海外に求める」という選手が増えてきたのだ。こうして考えると、今の日本のサッカー界が、余りにも惨めったらしく感じざるを得ない。

1993年のドーハの悲劇と言われた94アメリカ大会アジア最終予選から数年間、日本のサッカーレベルはかつてない程に飛躍的に向上していた時期もあり、これは少なからず世界の一流プレーヤー達が日本に残してくれたものだと想う。今でもその頃の事が目に浮かぶように、我々の心の中にはしっかりと残っている。

では、２０００年代に入り、今日の日本サッカー界はどうであろうか？

１９９０年代の日本サッカーに比べて、お世辞にも良い状態ではないと思う。これは一体何処がどう違ってきているのだろうか。そしてこの先の日本サッカーはどうなってしまうのだろうか？

日本サッカー界は、幹部や選手達、そして関係者らが、「意識改革」を進めて行かければ衰退の一途をたどってしまう事になると確信を持っている。

その理由として、日本サッカー協会幹部の「履き違いたおごり」があると懸念している。その一つが「草の根運動」の取り違い。そしてもう一つが「Ｊリーグ１００年構想」だと思っている。

現在、日本のＪリーグや、その選手が於かれている立場を目の当たりにして、現実の問題として考えた場合、ワールドカップや日本代表の活躍は華やかなものではある。しかし、今の小さな子供を持つお母さんやお父さん達が、自分の息子達に迷う事なく「大きくなったらＪリーガーになってお父さんやお母さんに楽をさせてくれ」などとは夢にも考えられない事であろう。何故なら、生活さえもままならない事だってある何の保証もない「選手家業」を将来の道として我が子に進められるであろうか？

あなたは、今のＪリーグを見ていて、可愛い我が子と「プロサッカー選手になる為に共に歩む事」を躊躇なく選択する事が出来ますか？

私だったら、少なくとも今の状態だけを見ていれば、大切な我が子に対して迷う事なく「お前は、Jリーガーになるべきだ！」とは、とてもでないが言えない。

現在の日本のサッカービジネスは、「夢も信頼性もない、不採算事業に衰退した」という事を一刻も早く認識して欲しい。そして新しい第一歩を踏み出すために【ワールドカップは最大の武器】になりうると認識し、【2022年にワールドカップ・ジャパン！】を実現させ日本代表を優勝させようではないか。

じゃあ、どうすれば日本サッカーの再生と人気、それに信頼回復に繋げる事が出来るのであろうか。

そしてもう一度【ワールドカップ】を開催する事は、果たして本当に可能なのであろうか。

それじゃあまた、その様子を【間違い劇場】で見てみよう。

お待たせしました。それでは、始まり、始まり……！

これは、ラメス少年と元サッカー選手であった父レモスが、2人でワールドカップを目指すお話である。

**【間違い劇場その三】**

**「祝ワールドカップ初優勝まで！」**

少年ラメス・ポイは9才になったばかりのサッカー好き（最初はそれほどでもなかったが）の少年で

ある。

父のレモス・ポイは元サッカー選手で、1970年代に遠い異国の地から遥々サッカーの伝道師として、「日本の首都、東京に家を買ってやるよ」って、東京とも言えないようなタヌキが出そうな山奥の練習場に独り、単身、拉致ではないが騙されて、日本に、連れてこられた。来日当初は「ココ、トウキョウとちゃうよ」「どうなってんだ」「ワシ、怒る時は怒るよ」と口では強がりを言っていた。しかし、心では「寂しいよ～」「帰りたいよ～」って泣いていたそうだ。それでも意地もプライドもあるレモスは、頑張って、ガンバッテ、がんばり抜いて21年間（でも実際には18年間と言った方が正確かもしれない。なぜかと言うと彼は、審判と喧嘩するのが好きで、1年半の出場停止を2回も貰っている為に、実質3年間はプレーしていないから21年間の内、3年間は日本サッカー界に貢献していない事になるからである）の短くも永きに亘り、日本サッカーの為にと、その魅力を熱く熱く人々に伝え、とうとう念願の日本人となって、日本人の奥さんも貰った。そしてラメスという子供にも恵まれ、レモスは日本に骨を埋める覚悟で、頑張ってサッカーを続けていた。その姿はまさしく日本人より日本人らしい日本代表の10番として、日本サッカー史に永遠に残る逸材である事は、誰も否定する事が出来ない程の存在になっていた。レモスは数々の感動を人々にもたらし、あの有名な【ムースの悲劇】では主人公的存在でもあり、永遠に日本人の心に残るプレーヤーとなって行った。しかし、ただ一つレモスの欠点と言えば、「いつでも、何処でも、すぐにキレる！」事だった。

【世界のレモス、キレなきゃ最高！】って具合に、みんなにもて囃され【最も愛された日本のプレーヤー】となって行った。

レモスの夢も、やはり「一度でいいから日本代表としてワールドカップに出たい！」という事であった。しかし、１９９８年「レモス３９才の夏」、最後の機会となった【ワールドカップ・プリンス大会】へ日本代表として出場するという道が完全に閉ざされ、レモスの熱い夏は終わった。

その年の終わり、燃え尽きたレモスは遂に『引退』という2文字を選んだ。

２００２年6月２１日、９才の少年ラメス・ポイは、元サッカー選手のレモス・ポイに連れられて静岡エコノスタジアムで行われた【２００２ワールドカップ・ニホン】の『準々決勝イングランドカイVSブラジルダヨ戦』を観に行った。

レモスは現役時代、試合の日だってスタジアムには5分も前に来れば上等で、遅刻した時もあったぐらいだった。それなのにワールドカップを観るこの日ばかりは、ラメスを連れて何故だか2時間以上も前にスタジアムに入場する気合いの入りようだった。レモスがキック・オフの2時間も前にスタジアムを訪れたのは、現役時代も含めて初めての出来事であった。

そしてレモス、ラメスの父子が観戦したこの試合は、【２００２ワールドカップ・ニホン】で事実上の決勝戦とまで言われる程の、大会きっての好カードとなった。両チームは惜しむ事なく主力選手を揃えてきた。イングランドカイはベッカメ、オーウィンら人気のスターを、そしてブラジルダヨは3R《スリーアール》と呼ばれるロナルド、リバウンド、ロナウ・ジャーニャら実力者を挙《こぞ》って投入し、両チームのスーパースター達がグランド狭しと駆け回る姿に二人は感動を覚えた。これぞ正しく本物だけが織り成す事のできる興奮で、その独特の雰囲気が醸し出すまたとない夢のゲームとなった。

ラメスは幼いながらも本物のサッカーの興奮を全身で感じ、忘れる事の出来ない、そしてかけがえのない感動を小さな胸に刻み込んだ。

その時ラメスは「大きくなったら絶対のゼッータイ、ベッカメより凄いサッカー選手になってお父さんのレモス・ポイの自慢の子供になるんだ」と堅く心に誓ったのだった。

父レモスは「ロナルドの方がワシは格好いいと、思うんだけどな」「だいいちベッカメってヤツはありゃっ、まるで鶏の鶏冠《とさか》だぜ！」「まぁっ、ラメスの好みだからワシはいいんだけどさあっ！」と、ラメスとレモスはそれぞれの思いを別々に胸に刻んでいた。


そして時は流れ3年後2006年、【ドイテ・ワールドカップ】を翌年に控え日本代表はアジア地区最終予選で苦戦を強いられていた。

ラメスは12才になっていたが、3年前に父レモスと観たあの【2002ワールドカップ・ニホン】準々決勝イングランドカイVSブラジルダヨ戦から始まった夢を、まだゴミ箱へ捨てる事なく持ち続けていた。ラメスの「サッカー選手になりたい」という気持ちは日増しに強くなっていた。

ある日、ラメスはあの2002年6月21日以来小さな胸に密かに秘めていた「いつか代表選手になってワールドカップに出たい」という気持ちを、父レモスに明かしたのであった。

「パパ、僕、大きくなったらパー・リーガーのようなプロのサッカー選手になって、ワールドカップに出たい」「だから僕、一生懸命練習して絶対パパより凄いサッカー選手になるんだ。パパ判ってくれるよね！」と、ラメスは目を輝かせながら一生懸命に話した。

しかし、それを聞いたレモスは「ラメス、お前は分かっとんかいな？」「お前まさかと思うけど、本気で言っておるんじゃあ、ないよな」

父レモスは二つ返事で「サッカー選手になれ！」とは言えなかった。

「いいかお前も、もう小さな子供じゃないんだ」「12才にもなったんだぞ、将来の事も真剣に考えてものを言わんか」「アホタレ！」レモスは息子ラメスを一喝した。

ラメスは泣きながら「だってパパ、僕どうしてもワールドカップに出たいんだ」「パパだって現役の時にワールドカップに凄くこだわってたって、BAZUのおじさんだってそう言ってたじゃないかよ」

「オメエは何を馬鹿げた事を言ってるんだ」

「この馬鹿たれ！」「アホタレ時代が違うんじゃ、時代が……」と訳が判らず叫んでいるレモスに対し、すかさずラメスは聞き返す。

「どう違うって言うんだよ」「パピーじゃなくてパパ、サッカーのパー・リーグだってあるし、サッカーは今だって90分の試合をしているんじゃないか」

レモスはラメスの前に座り直した。

「いいかラメス、よく聞け、お前は将来、何で生活をして、どうやって家族を食べさせて行くつもりなんだ？」とレモスは続ける。

「今のパー・リーグの状態をよく見てみろ。こんなパー・リーグにどうしてなったと思ってるんだ？」と言う父レモスに、ラメスは「パパとBAZUのおじさんが悪いんじゃないの？」

レモスは少し困って「そうじゃあ、なくって……、なんだか知らないが、パパがやってた時代とはもう違うんだよ」と諭すが、今一つ説得力に欠ける。

「いいか、パー・リーガーは、みんなどうやって生活している？」

「…………」とラメスは首を傾げて考える。

レモスは、ラメスの顔をジッと見つめ「み〜んな、生活なんか誰も出来ていないじゃないか？」

またまた「……」沈黙の時間となるが、再びレモスは、

「誰もなりたがらないプロサッカー選手に、自分の子供がなりたいと言って、何処の親がハイそうですかって、まっ、応援するから頑張れよ！　なんていう親が居るハズがないだろ。このアホタレが……」

と、自分は顔を真っ赤にして怒りながらラメスの気持ちを落ち着かせたいと思っていた。そういう場の雰囲気とはちょっとばかり違うような気もしていたが、とにかくラメスに言い聞かせた。


レモスの言う事に一部の利があった。

それもそのハズであり、2005年当時の日本サッカー界は【2002ワールドカップ・ニホン】が閉幕したあと、若返りばかりを目指していた。しかしそうした中で、日本サッカー界は、人気の低迷に歯止めが掛からず、人気がなければ必然的にサッカーのレベルは落ちる所まで落ちて行った。そこへ大惨事世界大戦の影響から世界同時不況が訪れ、互いの影響も相まって次々とクラブの運営会社は経営難に見舞われて行った。そうしたクラブは、徐々に選手への給料が支払われるケースの方が珍しくなっていった。要するにこの時代のパー・リーグは、「プロ選手」とは名ばかりの「無報酬の強制労働者」に頼っていたのだ。【2002ワールドカップ・ニホン】から僅か3年の間に日本サッカーはすっかり衰退し、

次第にサッカー選手を目指す子供などいなくなっていた。

パー・リーガーを筆頭に、その頃のサッカー選手の状況とは酷いもので、選手が直面している状況は悪化して行く一方であった。選手達は「無報酬の強制労働者」であるから、多重債務に苦しみ、借金取りと言われる債権者に追い回され、日々隠れて生活を送る選手も増えていた。また、ホームレスをやる傍らで細々とサッカーを続けている選手達も珍しくなくなり、たまに現れる一流のトップ選手と言われる選手でも、6帖一間のボロ長屋の一室を間借りして、プレーで得られる給料で何とか家賃だけは払って、あとの生活費は毎朝電車の中に捨てられてたり、置き忘れられた週刊誌を集めて、スタジアムで1冊92円で販売して、日銭を得て生活していた。そして食事と言えば朝昼抜きは当たり前で、夕食はコンビニ弁当に、少し稼ぎが多かった日は、頑張った自分への御褒美として56円のハンバーガーを追加できた。そんな日のみに幸せを実感出来るというのが代表レベルの選手達の素顔となっていた。

この頃のサッカー選手は、若返りが激しく、こうした状況下では1年半もプレーすれば自然と身体も動かなくなり、1年10ヶ月後には引退せざる得ない状態となっていくのだ。そういう時代では引退後の選手達の消息など、誰も知る処ではなかった。

この2005年当時、子供なら誰でも憧れる選手と言えば、史上空前の人気を博した世界に誇る日本が生んだ大スター「シチロウ」が、絶頂の人気を独り占めしていた。

「シチロウ」と言えば、あの「ゼンマイ打法」でその名を馳せた「泣く子も黙るカメリカ合衆国」の中小リーグの『トップ・プロ・ゲートボーラー』で、世界中の子供達やその子達の親御さんは、競ってケートボールをやらせていた。そして、子供達は「いつの日かきっと『トップ・プロゲートボーラー』になるんだ」と夢見るほどの人気ぶりで、サッカーはもう歴史上の古代文化の異物的なスポーツとされていた。

夢も希望もないプロサッカー界の状況を見れば、当然、サッカー選手を将来の夢や職業として、幼いわが子にサッカーをやらせる親などいなくなって行った。


その夜、レモスはラメスの言った「プロのサッカー選手になりたい」「ワールドカップに出たい」という言葉に眠れない時を過ごしていた。

その日からしばらくレモスは、自分心の中にいる『良いレモス？』と『悪いレモス？』との間で何故か苦しみ格闘していた。それが親というものなのか？

レモスは自分の若かりし日の事を思い、そして子供の頃に抱いた夢をもう一度思い出していた。

それは、来る日も、来る日も。毎日、毎日。雨の日も、風の日も、雪の日だって、真夏の倒れそうな熱さの中でも、凍てつくような寒さの中でも、泥だらけになりながら、夕方真っ暗くなるまで、ただひたすらボールを追い掛けていたレモス少年がそこにはいた。

でもレモス少年の目はいつも輝いていた。

「あの王様［ベラ］のようになりたい」

「いつかは［ベラ］のようになってワールドカップに出たい」

という確かな夢がそこにはあり、そして憧れがレモスを支え頑張らせていたのだ。

「では、今、我が子ラメスは……」

「これから何を夢見て生きて行けば良いのだろう？」

「ここでラメスがサッカー選手になる事を反対すれば、ラメスはどうなってしまうのだろうか？」

「ラメスの夢を親だからといって、ワシが壊して果たして良いのだろうか？」と、これを考えるとレモスは次の日も、そのまた次の日も、そのまた次の次の日も寝られない日が続いた。そして5日目に入るとさすがのレモスも眠くなり、今度は一週間にわたり、「夜も昼も目を覚ます事なく、食べる事も、飲む事も、風呂に入る事も、歯を磨く事も夢の中でみんな済ませて、ただひたすら寝る事を新しい第2の人生設計の職業に選んだのでないか」と周囲に思わせるかのように、ただひたすらに寝続けたのであった。


そして一週間後、遂にレモスは目を覚ました。

目を覚ましたレモスの頭の中はスッキリ晴れ上がって、頭は光っていた。

「そうだ！　ラメスを2022年のワールドカップで日本代表として優勝させる！」という壮大ではあるが、完璧とは言えないプロジェクトが出来上がっていたのだった。

レモスはすぐにラメスを呼んだ。

「いいかラメスよく聞け。パパ、間違ってたね、お前サッカー選手になれ。今からいっぱい練習しろ。パパ、日本サッカー界を再生させてやるから、いいか良く聞け」

ラメス少し嫌そうに「さっきから聞いてるよ」と呟く。

レモスは続ける「でも、もっと良く聞け、いいか」
ラメス「いいよ」
レモス「いいか、よく聞くんだぞ」
ラメス「だからあ、聞いてるって言ってるジャン！」
レモス続ける「よく聞けよ、これからパパは昔のＪＳＡ［日本サッカーの境界線］を買ってくるから……」
ラメスはちょっとビックリして「パパっ、ＪＳＡを本当に買っちゃうの？」
するとレモスは不思議がるラメスを見ながら「そうだ。問題ないねぇ〜！　ホントに買っちゃう。多分それにプロリーグ［パー・だっけリーグ］をおまけに付けてもらってくるから、日本サッカーをナンバーワン・プロスポーツにしてやるから大丈夫だ！」「２０２２年には強くなってワールドカップに出られるからな」
「じゃあ、期待して待ってろよ！」と言い残すとレモスは颯爽《さっそう》とカメのように走り抜けていった。
当時、日本のサッカー協会にあたる［日本サッカーの境界線］は、ピラミッドの頂点に［パー・だっけリーグ］というプロリーグがあったが、誰にも見向きもされない程の、人気のアリ地獄状態であり、なんと３００円で売りに出されていた。
レモスは元サッカー選手であり信頼も於ける人物である事等から、［パー・だっけリーグ］も付けて５００円で買収する事に成功した。そしてレモスは［日本サッカーの境界線］の会長と［パー・だっけリーグ］のチェアマンに就任した。

なぜ［日本サッカーの境界線］や［パー・だっけリーグ］が３００円や５００円といった金額までに落ち込んだかと言えば、説明は至って簡単！

『魅力が無い』『ボロボロ貧乏の組織』『将来性が無い』と三拍子揃ったと言った理由で、一種の［市場原理］でもある。


まずレモスに与えられた使命は、『日本サッカーの人気と信頼の回復』『それに［パー・だっけリーグ］にいるプロサッカー選手の質を向上させる事』である。［パー・だっけリーグ］にいるプロサッカー選手達は、とてもプロ選手とは言えない状態にあった。それをプロサッカー選手である以上は、サッカーだけに専念しても食べて、生活していけるだけの、最低限の状況を取り戻さなければならない。さらに現在の、幼い子供を持つ親御さんは、子供にサッカーをさせるだけの魅力を感じなくなっている状態、最低限それを打開しなくては日本のサッカー選手のレベルは落ちる一方と考えた。


では、どうすればそうした問題を早期に解決出来るか？

本物のプレーを見せて、選手に意欲を湧かさせれば、それを見た子供達は憧れて自分達もそうなりたいと頑張って大きく育っていく。沢山の子供達が本気でサッカーをして育って行けば、自然と将来日本のサッカーのレベルは向上し、次第に【ワールドカップ】も見えてくるといったものだった。

一番手っ取り早い方法として、まず【必要なお金は、惜しまず使って本物のプレーヤーを呼んでくる】

そして【年俸もかつてのような魅力あるものにしなければならない】と考えた。

しかし、レモスはさっき全財産をはたいて［日本サッカーの境界線］と［パー・だっけリーグ］を買ったのでお金はもう無かった。

そこで頭がちょっぴりだけ良いレモスは【たぬき算！】しちゃったんです。

レモスがした【たぬき算！】とは、……

『まず［国会議事堂］と［総理新官邸］そして［皇居］を3点セットにして、日本政府に内緒で売り飛ばしてしまえばいい！』という事だった。

なぜなら『［総理官邸］や［皇居］は、その後もまず売買される事はない。残すは［国会議事堂］であるが、バラ席では時たま売れる事もあり得るが［国会議事堂］そのものは大きいから、そんなもの買っても持ち帰りに困る。だから、誰かが買ってもお家に持って帰れないからという事になり、国会は通常通り出来る。これで、バレる事はあんまりない。でも、ちょっとだけ心配。

でも、少ししか心配しなくて良いので、ストレスから前頭葉が潰瘍になって剥げる心配も少ない』

と名案が浮かんだのである。

それでも問題は無い訳でもない。「もしも、買った人が住みたいと言ってきた時にどうするか」という事が最大の問題として残されてはいる。

でも、そうした時には、

「あっ、あれっ、あれですか？　あれはですね。そっ、そう、居座り屋なんですよ。まっ、警備がうるさいから住めないと思いますから転売したらどうでしょ」と、ごまかせばいいかってレモスは考えた。

「じゃあ、［国会議事堂］を買った人が、国会の椅子に座ろうとしたらどうしよう？」

レモスは、また、少し考えた。「まっ、大丈夫。あの～……。そこの席、ふさがってるんですけど……。カバン置いてあるの気が付きませんでした？」って、ごまかそうと腹に決めた。

「それに、儲かったら気付かれないうちにそおっと買い戻しておけばいいや！」って、軽く考えたら、この計画は思いのほか上手く事が運んだ。

素晴らしい【たぬき算！】であった。

レモスに犯罪だという意識などなかったし、もし見つかって「まあ、ホントに怒鳴り込まれたら、お国の為、日本代表の為に諦めて下さいって言って……」

「騙した私が悪いのか？　騙されたあんたが悪いのか？　って、やればいいや」

「それでもダメなら国会議員の先生に陳情して［日本代表救済法］を作ってもらえばと、これで完璧」とも、思っていたのです。

でね、そんな心配も無駄だったかのようにこの計画は思いのほかうまくいって大成功であった。

これでレモスは39兆円もの大金を無事に手にする事が出来て、そのお金でプレミアリーグ、ブンデスリーガー、セリエA、リーガエスパニョーラ等の一流リーグから、世界中のスター選手を大挙して［パー・だっけリーグ］に移籍させた。その効果はすぐさま出て［パー・だっけリーグ］は世界でも例の無いぐらいの人気サッカーリーグとなって行った。スタジアムはいつも満杯、テレビを捻《ひね》れば［パー・だっけリーグ］ばかりが写し出され、［パー・だっけリーグ］旋風が日本中に巻き起こり収益も拡大して行った。底辺の草の根レベルでも、猫もしゃくしもサッカー選手を目指す様になり、親も「わが子こそサッカー選手へ」とこぞってサッカーをやらせた。

しかし一方、日本代表や日本人選手のレベルはというと、2002年の【2002ワールドカップ・ニホン】を境に一時的にせよサッカー人気が低迷した事もあり、目標を失った世代が選手世代の空白を作り、今の［パー・だっけリーグ］に憧れて成長してくる選手を待たなければならなかった。

しかし、レモスの熱意もあって［パー・だっけリーグ］は、休む事なく成長し続けて、やがて十数年の月日が過ぎた。その頃には［パー・だっけリーグ］を開幕当初から見続けていた子供達が成長し、その中から幾人ものスター選手も生まれて来るまでに日本サッカー界は復活し、必然的にサッカー選手のレベルは上がって来ていた。［パー・だっけリーグ］は、常に観るものを魅了し、ファンタスティックな夢のある世界でトップレベルにまで成長した。

そして日本では「サッカーは嫌い」とでも言えば、街を歩けば石を投げつけられる程で「サッカー嫌い」では身の危険を感じ、とても生きていけないような環境が訪れていた。

そしてレモスは人知れず、例の首相官邸と皇居を秘密裏に買い戻す事にも成功し、日本政府の知らぬ間に、内緒で「首相官邸」と「皇居」が売り飛ばされて一時的にせよ人手に渡っていたという事実が明らかにされる事は、歴史上もう二度とあり得ないだろう。

これはレモスと私、そしてあなただけの「ひ・み・つ！」

レモスは安堵と疲れがどっと出た。

そして一人「全く、一時はどうなるかと思っちゃったよ。心臓に良くないねえ～」とそっと大きな声でつぶやいた。

そこへ【2022年にワールドカップを日本で開催させたい】という国を挙げての市民運動が盛り上がった。

そして念願叶って、とうとう【2022ワールドカップ・ジャパン】が実現する運びとなった。

そしてその2022年『日本代表の栄光の背番号10番』に、あのもうすぐ30才になろうかという『ラメス元少年』も選ばれた。

この2022の日本代表は非常にバランスの良いチームだった。ラメスのように年齢的に見てこのワールドカップが最後になる選手は【2002ワールドカップ・ニホン】を見て、そこでプレーした選手に憧れプレーを磨いてきた。それから先の世代では、ちょうど日本サッカーの衰退期の子供達となり、代表選手になるべき選手は輩出されなかった。しかし、レモスの苦労によって日本サッカーが蘇った後にそれを見て、憧れて育った子供達が、ちょうど若手としていい選手に仕上がってワールドカップに間に合ったのだった。

ラメスが初めて本物のサッカーに触れた【2002ワールドカップ・ニホン】から、実に20年の歳月が経過していた。

ラメスの率いる日本代表チームは、【2022ワールドカップ】で無敵と言われるまでに成長した。監督は勿論「レモス・ポイ」であった。

そして遂に【2022ワールドカップ・ジャパン】は1億1500万人の国民が総出で盛り上がりを

見せ、日本代表は悲願の初優勝を遂げたのだ。

しかし、その表彰台に「レモス・ポイ」の姿は無かった。レモスは決勝のホイッスルを聞くと安らかな眠りに就いてのだ。

死因は「急性燃え尽き症候群・幸福達成型」だったそうだ。

表彰式の後で30万人の観衆が見守る中、ワールドカップを見事手にしながらレモスを失った悲しみに絶えられず、涙を流す日本代表の選手達によって、亡きがらはセンターサークルに埋められた。

そして、その直後……。

「ワシ、死んじゃった、チャウヨー！」というレモスの声がスタジアムに響き渡ったが、その後レモスや日本サッカーがどうなったかを知る人は誰もいないそうだ。

[おしまい]

この【間違い劇場】で何が言いたかったかというと、2022年に【ワールドカップ】を日本でもう一度開催するには、既に整っているハード面よりも、ソフト面を重視しなければならないという事。それには国民全員がサッカーに感心を持って、国民生活の中にサッカーが定着しなければ、また【2002FIFAワールドカップ・コリア・ジャパン】と同じような事になってしまう。それにはJリーグの人気回復が絶対条件なのだ。

なぜかと言えば、2002年7月20日に【ジーコ・ジャパン】の誕生と時を同じくして、日本サッカー協会の会長に川淵三郎氏が就任したのは前に話したとおりだが、彼は「草の根運動が日本サッカー界の再生の切り札」としている。しかし、彼の言う「草の根運動」は、ちょっとピントがずれている気がする。彼の言うところの「草の根」とは、プレーヤーを対象としたもので、あくまで競技者サイドに重点を置いているのだ。

しかし、私はサッカーを始める前の環境をもっと先に整えなければ、日本サッカーのレベル向上は図れないという持論を持っており、まだ今はいい方だと思っている。しかし今のサッカー協会にいる幹部達が考えを改めない限りは、そう遠くない将来に新しくピッチに立つ選手達の質は、見る見る間に下がって行くであろう。

なぜかと言えば、川淵会長の唱える「草の根」とは、ピラミッドの底辺を拡げる事だけに重点を置いているに過ぎず、ピラミッドの頂点を上げずに底辺だけを拡げれば、傾斜角度は緩くなるだけで競争社会の原理にそぐわない。そうなれば選手は努力してもさほど報われない。

ピラミッドの頂点を上げない限り、どうしても底辺に集まってくる人達も限られて来るという事に早く気付いて欲しいものだ。

それでは、ピラミッドの底辺により多くの人を集めるにはどうしたら良いか？

それは……、

1つは【夢】

もう1つは【魅力】である。

今のサッカー界にそれらは存在するのか？

それとも存在しないのか？

そこで、ピラミッドの底辺により多くの人を集める為には、具体的にどんな方法があって、どんな風にして行けば良いのであろうかと考えた。その答えは昔にあった。Jリーグが最盛期を迎えていた時の事を思い出して欲しい。その頃スタジアムには活気があり、子供達の目は爛々と煌めき、KAZUやジーコ、ラモスといったスター選手に憧れていた。

そうした選手達には持続的な魅力が確かに存在し、1年や2年で「ぽっと」作り上げられたものとは全く違う、そこには本物の輝きが、確かにあった。

これらの選手達に憧れたのは、何も子供達ばかりではない。子供達のお父さん、お母さん、そして若手の選手ばかりでなく、日本中が老若男女を問わず、スター達の魅せるプレーに憧れ酔いしれていた。

そのような環境で生まれる感情は、「Jリーガー・イコール・カッコイイ」という方程式である。

要するに、現在のJリーグと比較して、発足当初のJリーグは何処が違うのか?

それは「華やかさ」である。

そう、今のJリーグには「華やかさ」が明らかに欠けているのである。


今、日本のサッカー界は何処のクラブを見ても、若返りか何かは知らないけれど、30才を過ぎた選手に非常に冷たい。年と共にだんだんと【悪者扱い】をされている感じさえもたれる。「若手の成長に期待する」という言葉は、一見、選手を育てるのに最も有効な手段であるように見える。しかし、実際にそのような事ばかりが続けられれば、近い将来必ず選手年令層の低下が起きるのだ。

なぜなら若手選手を起用する為には、最も大切なものを次々に失って行かなければならないからだ。

「お偉方は、どうしてこんな事に気付かないのだろうか？」とつくづく情けなさを噛みしめている今日この頃である。

「若返り」とか「世代交代」という言葉は、一見聞くと「良い言葉」のように聞こえるが、もしサッカー界で、それだけを強調をする事を進めれば、破綻は目に見える処まで来ている。ただでさえ、今いる選手達は少々情けないのだから……。

では、今、若くして第一線の舞台に出て来ている若手選手が、どの様にして育ってきたのかを思い起こして欲しい。

例えば、若手選手に「子供の頃に憧れていた選手は誰？」と聞けば多分「ＫＡＺＵ」とか「ラモス」とか「ジーコ」とかと言った返事が返って来るだろう。

サッカー界に限らず、今の日本の風潮として、何でもかんでも「若返り」とか「世代交代」とかが、それら本来が示す意味も判らず求められている。

サッカー界にとって、これは、ハッキリ言って致命的であると感じている。現場、グランドのレベルでは、そういった事は、むしろマイナス指向に働いているという事を早く認識してもらいたいものだ。

何故ならば、選手のポジションには限りがある。そこへ次々と現れる若手のプレーヤーに、ベテランのスター達は訳もなくピッチという職場から追われて行く事になっている。それは裏返せば、選手の寿命を縮めているだけに過ぎない。

現在Ｊリーグでは、その傾向に一層拍車が掛かっている。もともとサッカー好きの人達は、常にそうした状況を観ているから気にならないのかも知れない。しかし、仮に半年間サッカー（Ｊリーグ）を見なかったとしよう。半年ぶりにスタジアムに行った時、そのショックは隠しきれないであろう。なぜなら恐らくそうした場合、半分ぐらいが名前を聞いた事のない選手になってしまっているからだ。その人達にすれば「ウソ～、知らない子供ばっかしか、いない～！」って事になり、何か取り残されたような感覚に陥る。それが「サッカーって、面白くない～！」といった感情に直結し、それは「不当に疎外された」という錯覚にも繋がりかねない。そういった事を防ぐ意味でも「お馴染みの選手」といった持続的な人気を持つスター選手の存在こそが、Ｊリーグを人気商売に復活させる為にも必要不可欠なものである。

私も4～5年前までは「Ｊリーグが世代交代」とか「若返り」とかを唱えている事に、それ程の疑問を抱かなかった一人でもあった。しかし「その4～5年前にデビューした選手達は、今、スター選手へ成長して行っているのだろうか？」と考えた。そういう観点で現在の選手達を見回してみると、そうした選手は全体のほんのごく僅かに過ぎないどころか、その頃デビューした多くの選手達が「引退」という言葉に散っていた。

かつて、サッカー選手の平均的な現役引退年令は、３０歳代後半であった。

日本代表監督に就任したジーコは、４２歳まで現役としてＪリーグで最後まで華麗なプレーを魅せてくれた。ラモス瑠偉も39歳まで、熱く情熱的なプレーを魅せてくれた。

では、これらの選手が現役時代の晩年に為したプレーが、当時、ルーキーと持て囃される新人達に比べて、より劣っていたといえるだろうか？

現在、若返りを推奨する余りに、多くの選手が30歳を前に職場を追われ、「引退」を余儀なくされている。しかし、その一方で、Jリーガーが選手生涯を通して得られる年俸の総額は著しく減っている。現役として働ける期間が短くなり、年俸も減少の一途をたどっている傾向は、子供達やその親にとっての「Jリーガーという職業」に対する魅力を著しく低下させている。

現在までに、デビューを果たしている若い選手達の子供時代には、確かに、憧れの選手が存在し、Jリーグは輝いていた。そうした時代に育った選手は、確かにある程度のレベルを維持出来ていると感じられる。しかし、プロサッカー選手である以上、職業人として、プロに入ってからも更に進化し続けなければならないのだ。それなのに、今までのように「生きた教科書」とでもいうお手本が徐々に失われつつある。こんな環境下で若い選手達が、今までのようなレベルまでに成長して行く事は、かなり難しいのではないかと思う。

「プロ選手達にとっても憧れの選手というのは、やはり「プレーを支える大切なかけがえのない存在」なのである。

たとえば2002年8月24日【埼玉スタジアム2002】で開催された『Jリーグ・オールスターサッカー』で、J・WESTとして前半に出場した横浜Fマリノスの松田直樹選手（【2002FIFAワールドカップ・コリア・ジャパン】の日本代表としても活躍した）が、後半ベンチに下がった後に、テレビのインタビューに応えたシーンが印象的であった。その時点でＪ・ＷＥＳＴは、０―２で負けていた。その時、レポーターに「松田選手、今、０―２で負けていますが……？」と聞かれ、彼は「後半『ＫＡＺＵ』さんも出てますし、『ＫＡＺＵ』さんが、何とかしてくれると思います」と力強く答えていた。

当然、他にもワールドカップに出場した選手達や、実力や決定力といった面では「ＫＡＺＵ」を上回る選手だって沢山居たのだ。それでも松田選手の中で「ＫＡＺＵ」こそが、憧れの選手であり、尊敬すべき選手であり続けている証なのだ。彼にとって「ＫＡＺＵ」が【ＦＩＦＡワールドカップ】に出られなかった事など、ハッキリ言えば関係のない事でどうでも良い事なのだ。松田選手の中にいる「ＫＡＺＵ」という存在は、今でもその輝きは鈍る事なく光り続けている。そうした人間の持つ素直な想いから自然に出た言葉であろうと思う。まだまだ日本代表の選手にもこうした「僕だけのスーパースター」というものが本当に必要なのだなと実感し、何となくホットした瞬間でもあった。

話を戻すがＪリーガーのプレー・レベルの低下が更に進み、サッカーにヒーロー達が少なくなってくれば、魅力も薄くなる。やがて一般の人達がスタジアムへ足を運んだり、テレビでサッカーのやっているところにチャンネルを合わせる機会も少なくなり、次第に世間の人々にとってサッカーへの関心はなくなってくる。

これがサッカー離れの第一歩である。そういった現象が一旦現れれば、近い将来の急激なレベル低下に繋がる。今の日本は、こういった状況が始まりつつある事を、日本サッカー協会やＪリーグの関係者は気付いていないのだろう。

一昔前、子供達の将来設計を考えた場合、現在のようにプロデビューしても1～2年で引退に追い込まれる事はあまり考えられていなかったであろう。今迄であれば、たとえ30才代で引退したとしても『1億円プレーヤー』を何年か続けられれば老後の生活に備えられる。また、名前が売れれば「将来に何かしらつながる」といった考えだってイメージされていただろう。

しかし、現在の状況はどうであろうか?

ハッキリ言って、親からすれば「何もサッカーさせなくても」とか、「ほかに好きな事を見つければ」とか、「サッカーなんかやって将来どうするつもり。サッカーじゃ食べていかれないんだよ」と、いう考えが次第に定着しつつある。そういう風潮になって行けば、当然の事だが子供達のサッカー人口は減ってくる。

代表やプロの選手を選ぶにしても、10人居るところから選ぶのと、1000人居るところから選ぶのではその質は全然違ってきて当たり前だ。

川淵三郎日本サッカー協会会長は「いつでも、どこでもサッカーが楽しめる環境を」と提言し、それが先程の「サッカーの草の根運動」と位置付けている。しかし、これは大きな思い違いをしていると早く気付いて欲しい。

川淵会長が言っている事は、あくまで「競技者レベルの視点」でしか物事を見ていない。これは、すなわち「競技を始めている人達」に対しての事であって、何度も言うが、これのみでは、決して底辺の拡大や将来の日本サッカーの技術の向上には結びつかない。

本当の意味での底辺の拡大と、将来の日本サッカーの技術向上や発展を目指すには、競技者以外に目を向けなければ、日本の国全体でサッカーを支えていく事は困難である。その為には、一般のそうした人達に対する窓口的存在であるJリーグを、もっと魅力あるものにしていかなければ絶対に日本サッカー界に未来はなくなる。

これの良い例が、土、日に近所でよく見られる光景にある。「何でJリーグをやっている時間に子供達が、サッカーをやっているのだろう?」と疑問に感じた。これはJリーグに何の魅力も、憧れも、学ぶべき事もないと象徴的に語っている証拠ではなかろうか。

だからこそ、今、改革が必要なのである。

長くなったがここで結論をまとめよう。

今、日本のサッカー界で本当に若返りが必要なのは、サッカー協会の幹部や、Jリーグの御偉方である。

話をワールドカップの招致問題に戻そう。

現在の日本のサッカー界は、恐らく一番悪い局面を迎えつつあると思う。

ジーコ新日本代表監督には悪いが、私は個人的にはあまり期待していない。なぜなら、今は日本の選手達の層が恐らく薄くなりつつある時期に差し掛かっている。選手を育てるのは代表チームではなく、あくまで所属クラブである。代表は選手を育てる機関でない事さえも忘れてしまっているような気がする。

今からJリーグは、そうした状況を打開する為に、子供達も、大人達にも憧れられる選手達を早急に集めるか育てなければならない。その実績を確実に重ねて行けば必ず人気は戻り、将来は有望な選手となって子供達は成長し、再びJリーガーとなって帰って来るだろう。

また、幸いな事に【2002FIFAワールドカップ・コリア・ジャパン】で実際に世界のプレーを目の前に見た子供達は、ワールドクラスのサッカーに憧れや夢を乗せてくれたと思う。

そうした子供達が大人になって、サッカー選手になり、やがてベテランになる頃、そして、もう一つ次の世代では、これから作られる【再生したJリーグ】に憧れて大きく育つ子供がいるだろう。

こうした二つの世代に分かれる選手達が共に成長して融合すれば、恐らく世界の強豪を相手に出来るレベルが実現でき、【ワールドカップ制覇】といった事も【夢】ではなく、実現出来るであろう。

私が【2022年にワールドカップを再び日本へ！】という根拠は、【ワールドカップ】で日本代表を優勝させられるチームを作りをするには、この2022年という年か、早くても2018年位迄は恐らく掛かるであろうと思うからだ。

【2002FIFAワールドカップ・コリア・ジャパン】で世界の本物のプレーを目の当たりに観て、世界のプレーに感動し、それらに憧れて育っていった子供達がやがて大人になる。そうした子供達はプロの道へ進み、サッカー選手として活躍し、さらにベテランへと成長を続ける。

そして前にも触れたが、ここ2~3年の間に日本サッカー界が衰退し、低迷期に入って行く事は避けられないと思う。それでも【もう一度、日本でワールドカップを！】という大儀名分の旗の下に、今すぐに方向性を改めて、最良の策を講じたとしても、日本サッカー界のレベル低下というある程度の空白は、避けられるものではないと私は確信している。

その効果が出てくるのは、恐らく4〜5年後となるだろう。そうすると今、ごく幼い子供や、これから生まれてくる子供達に物心がついて来る頃となるに違いない。再生した日本のサッカーやJリーグを観て、それに憧れを持ち、育ってくるそうした世代の子供達が大きくなってプロになる頃。それが2018年・2022年の【ワールドカップ・イヤー】であり、彼らが若手となって出現して来るだろう。

この2018年・2022年の【ワールドカップ・イヤー】という時期が、【2002FIFAワールドカップ・コリア・ジャパン】で世界を実感し、【ワールドカップ】というものを直接肌で感じ取る事の出来た子供達の世代が、ベテランとしてまだプレーできるギリギリの時でもある。そして再生した日本のサッカーに憧れを感じ、それを見続けてきた世代の子供達が、今まさしく一人前になろうとしている頃だろう。こうした2つの層の世代の選手達を融合させる事が出来る、最初で最後の時期となるであろう。

日本中の人々にサッカーが国技並に受け入れられるには、きっと時間が必要でもあり、サッカー界がメジャーになっても、日本中がサッカー人気一色に染まる事が出来るのには、少なくともその位の期間が必要と思われる。

だから2022年という年を、目標に置くには最適な時期と考えた。

私達の日本は【2002FIFAワールドカップ・コリア・ジャパン】を経験しており、設備の整ったスタジアムや宿泊施設、交通や通信といったインフラ整備は整っているが、正式に招致するにはまだまだ官民一体となった内政調整に一定の期間を使わない事には、国民全体の同意は得られ難いと考えられる。早い時期に招致を正式に立候補した場合には、近年ワールドカップを開催した事のない国々と比べた場合に、スタジアムや設備、インフラ整備といったハード面ではやはり一歩優位に立てるだろう。

しかし、いくら世界状勢や、経済状勢によって【ワールドカップ】開催招致に立候補する国が無かったとしても、２０１８年以前の大会を日本で開催するとなれば、やはり加盟各国の感情論や、またＦＩＦＡのワールドカップの巡回スケジュールなどの問題が出てくる。そうした事を全て考慮すれば、実際にそれ以前に日本開催を実現するのはやはり難しい。

また、それ以降なら一見よさそうに見えるのだが、２０２６年大会以降となると【２００２ＦＩＦＡワールドカップ・コリア・ジャパン】で新築したスタジアムやホテル、交通、通信といったインフラも老朽化を迎え、大幅な改築リニューアルか新設が求められる様になる訳だ。こうなってしまえばこれまた予算や時間といった問題が発生して、他の国と比べた【アドバンテージ】というものは存在価値を失う事になる。

既存スタジアム、宿泊施設、交通インフラといったものの、耐久性等のハード面からも時期を計らなければならない。それにもう一つ、日本サッカー界や日本の国民が抱えているソフト面の両方で環境も同時に整え、国民の支持の元に招致しなければならない。さらにもう一つ大事な事を忘れてはいけない。それは日本代表を地元で優勝させるという壮大な計画を立てられる時期はいつなのかという事だ。こうした事をすべて総合的に判断すれば、【２０２２年大会のＦＩＦＡワールドカップ】が最も適した年となると結論付けられる。

だから私は、その最適な年に【２０２２ＦＩＦＡワールドカップ・ニッポン！】という名称を使って

【ワールドカップ】を実現させたい。なぜ「ジャパン」とせずに敢えて「ニッポン！」とさせたいか。これは単にイメージ的な問題だが、「ニッポン！」という言葉を使う事により日本の誇りを明確に感じさせるように、また、日本の単独開催を印象付けてくれると考えるからである。【２０２２ＦＩＦＡワールドカップ・ニッポン！】という名前に拘り【ワールドカップ招致を実現させる】事こそ、日本サッカー界の発展を支えるものと信じている。

実現させよう【２０２２ＦＩＦＡワールドカップ・ニッポン！】を提言したい。

そして何より今、日本のサッカー界にとって必要な事は、空白を作らないという事である。

空白は、自然とモチベーションを下げて、レベルの低下を招く。そうすれば当然ワールドカップなど夢物語となってしまう。【ワールドカップ開催】には、企画や計画を官民揃って綿密に検討し、【２００２ＦＩＦＡワールドカップ・コリア・ジャパン】の反省すべき点をきちんと謙虚に反省して、次の【２０２２ＦＩＦＡワールドカップ・ニッポン！】を実現させなければならない。

これを、将来の日本の経済の復興や、日本国の国益への大きな原動力とする事だって可能である。

夢の実現の為には、日本サッカー界に絶対空白の時間を作る事は許されない。

だからこそ、すぐにでも【２０２２ＦＩＦＡワールドカップ・ニッポン！】に向けた作業の検討に入り、同時にＪリーグの価値観や、あり方を見直さなければならないと考えている。

最後に私自身が【2022FIFAワールドカップ・ニッポン！】に水を差すようで心苦しいのだが、1つだけ心配事がある。それは【FIFAワールドカップ・ニッポン！】をどうしても実現させるには、確かに今まで述べてきた理由により、2018年以前に開催する事は望ましくないのは重々承知している。しかし、もしかすると2018年大会までに【日本開催】を実現しないと、永遠に、そして永久に日本でワールドカップ開催するのは不可能となるかも知れない。

それは、アメリカのNASAが先日発表した、「小惑星が地球に衝突する」という話だ。

もしも、この「小惑星」が地球に本当に衝突するのであれば、それは2019年となると予測されている。すると我々に残された時間は2018年大会までという事になる。

さあ【2022FIFAワールドカップ・ニッポン！】と【2018FIFAワールドカップ・ニッポン！】どちらがいいか？

これ考えると、また今夜も寝られなくなっちゃうんだ！

そして、私は、FIFAと関係者にワールドカップの輝きと、その権威を早く取り戻してもらいたいと切に願っている。もう一度近い将来、我々の前で本物の【ワールドカップ】を、そして今度こそ、世界に誇れる【ワールドカップ】を見せてもらいたい。

そして、それを日本で実現して欲しい。

完

# Epilogue（エピローグ）

サッカーとは、世界を代表する特別なスポーツである。時にはスポーツの枠組みを大きく越え、国と国の威信をかけた熱き戦いのような代理戦争として使われる事もあれば、村おこしに一役買って出る事もある。人々に夢や希望を与える素晴らしい力さえも持ち備えている。

だからこそ、【サッカー】や【ワールドカップ】が、国と国との紛争の道具として、政治の道具として、また、お金儲けの道具として使われている現代の世の中の状況を、黙って見過ごす事は出来ない。サッカーの持っている本来の魅力を目一杯引き出す事が出来れば、世界中に平和と幸せをもたらす事が出来ると信じている。

この本を執筆するにあたり【ワールドカップ】、そして【サッカー】に対する熱い思いだけは誰にも負けないと確信している。

その熱い思いとは、永年携わってきたサポーターとしての誇りでもある。

実は私自身、当初【２００２ＦＩＦＡワールドカップ・コリア・ジャパン】は、一サポーターとして楽しもうと決めていた。まさかこの様な本を執筆し、世の中に送り出そうとは夢にも考えていなかった。

私をここまで駆り立てたものとは、サポーター達の気持ちを踏みにじったＦＩＦＡや、ＪＡＷＯＣの体質だった。開幕前に運良く日韓に亘り合計で7試合分のチケットを確保していた（実際に手元に届いたのは6試合であった）が、【２００２ＦＩＦＡワールドカップ・コリア・ジャパン】では様々なトラブルに巻き込まれ、試合が見られないなど実際に切ない思いをした。

それに対してFIFAやJAWOCは何一つ対処をしてくれないどころか、大会中は「忙しいから」と言い、大会が終わった後は「もう終わった事だから」と取り合ってはもらえなかった。

私達、普通の市民にとってワールドカップの入場料やスタジアムまでの交通費等は、決して安い金額ではない。

そして、それよりももっと、ワールドカップを楽しみにしていた気持ちとは、そんな言葉に代えられてはならない、かけがえのないものであった。


サッカーの発展とは、それを支える人々の熱い思いがなくしては、絶対にあり得ないものだと思う。

少し辛口ではあるが、今のサッカー界を支える某協会幹部や指導者達には、そうした熱い思いが、やや、ほんの少し……かどうかは判らないが、冷めているように思えてならない。

こうした事が【2002FIFAワールドカップ・コリア・ジャパン】で、何を求めるのかが判らなくなってしまった一つの要因であろう。そして、この【2002FIFAワールドカップ・コリア・ジャパン】をどう評価するかは、後世の人々が判断してくれる事になるだろう。

【2002FIFAワールドカップ・コリア・ジャパン】終了後に振り返ると、「経済効果は何処へやら……」といった感じで、日本の景気は低迷し、株価はバブル後過去最悪の状態まで落ち込み、今や史上最悪のデフレ不況はますます深刻化する一方だ。

それでは、お隣韓国はと言えば、「もしワールドカップ中であれば……」と考えるだけでぞっとする様な地下鉄やホテルの火災、更にはスタジアムの屋根がなくなってしまう等のさまざまな事件が多発し、我々が事前に心配していた通りの事が相次いだ。

しかし、最近出版された【2002FIFAワールドカップ・コリア・ジャパン】に関係した本を覗くと、どれを採っても『ワールドカップを美談化』させて見せようとする傾向が特に目を引いた。そうした書物の中には、ワールドカップの入場料すらも知らずに本を書かれる方までいたようだ。もし、こうした風潮が定着したならば、我々が振り回された【チケット問題】や【空席問題】とは、いったい何だったのかという事になる。

FIFAは当初、2002年9月にこれらの問題について、原因究明委員会を設立するとしていた。しかし、その9月になると急に「必要ない」と言い出したかと思えば、9月23日には再び急に180度方向転換した。そして「これらの空席問題は、バイロム社のデータ入力ミスであり、FIFAとして遺憾の意を表す」と、初めて自らに責任がある事を認め、損害については推定で50万ドルの補償（賠償でないところが注目点である）をJAWOCとKOWOCにする事を明らかにした。そして「今後、この様な事態が絶対に起こらないようにしたい」などと弁解した。しかし、我々に言わせれば『なに寝ぼけた頃になって、寝ぼけた事を言っているんだ』と怒鳴りつけたくなる。我々にとってこの【2002FIFAワールドカップ・コリア・ジャパン】という【ワールドカップ】は、【たった一つしかない2002年のワールドカップ】であったはずだ。こんな事が今頃になってよく言えたもんだと、つくづく感心させられた。

何しろ「FIFAは補償する相手が違うだろ」と言いたい。これは誰の目から見ても明らかである。ワールドカップがこんな事のために振り回されたかと思うと、何とも情けない限りである。

まもなく解散される事が決まっているＪＡＷＯＣは、すでに７０億円とも言われる黒字にあたる余剰金を抱えている。しかし、そのお金の行き先は未だ決まっていないというのに、さらにそこへ慰謝料的性質であるという巨額な資金を投入させる事に疑問を抱かずにはいられない。

この事でＪＡＷＯＣは、鬼の首を取ったように振る舞っているが、これで全て終わりとしてしまいたいとするなら、ＦＩＦＡやＪＡＷＯＣの無責任さが世界的にも注目を集めた疑惑と共に、またも闇の中に葬り去られてしまった事になる。

要するに、こういった事に振り回され、悔しい想いや、悲しい想いをした人達の気持ちなど『これっぽっちも考えてなかった』事など私が言うまでもないが、こういった問題でやりきれない思いを抱いた人々が沢山いた事など忘れてしまったのだろうか。ワールドカップを支えてきたサポーター達や人々の気持ちなどどうでもいいものだったのかと疑いたくなるような、私達を全く無視した行動に他ならない。

今回ペンを執る事にした理由の一つには、こうした思いを伝えられるのは、やはり「やりきれない思いをした」私しかいないだろうと考えたからである。今後も、私の原点である「サッカーを愛する者の気持ち」や「サポーター達の視点」を大切にしながら、執筆活動を続けていきたいと思っています。

この作品は２００2年秋に執筆したものです。

そして私にとって処女作の出版であった事に加え、皆様もよくご存じのように、日本経済は現在大変な不況に喘いでおります。中でも出版界はもっと過酷な状態であり、無名の私なんぞが本を出すという事は至難の業で、大変な苦労を致しました。そしてこの本が出版される迄には執筆から完成から月日が経ってしまいましたが、今日までに起きた新しい出来事を順次組み入れる形で編集しなおし、やっと皆様のお手元へお届け出来る事になりました。

【2002FIFAワールドカップ・コリア・ジャパン】とは、紛れもなく日本で最初に行われたワールドカップある事は永遠に変わりはなく、決して人々の心から忘れ去られる事はないと確信いたしております。

最後になりましたが、この本の出版の実現に向けてご尽力いただいた関係者の方々に対し、この場をお借りしまして厚く御礼申し上げます。

また、FIFAやJAWOCに対しましても、もしあなた達が【このワールドカップ】でここまでいろいろな事を残してくれなければ、この本が執筆される事はなかったと思いますので、それなりに感謝いたしております。

2003年6月

筆者　新宮セイシ

# イッツ☆たぬき算《ざん》！
# 間違《まちが》いだらけのワールドカップ
# ～世界《せかい》の非常識《ひじょうしき》がやってきた～

**新宮《しんぐう》セイシ**

明窓出版

平成十五年七月二十日初版発行
発行者――増本　利博
発行所――明窓出版株式会社
〒一六四―〇〇一二
東京都中野区本町六―二七―一三
電話　（〇三）三三八〇―八三〇三
FAX　（〇三）三三八〇―六四二四
振替　〇〇一六〇―一―一九二七六六
印刷所――株式会社シナノ
落丁・乱丁はお取り替えいたします。
定価はカバーに表示してあります。


ISBN4-89634-122-8

ホームページ http://meisou.com　Eメール meisou@meisou.com

**著者紹介　　新宮セイシ**（しんぐうせいし）

東京都出身、生まれつきの先天性脳性小児麻痺で手足が不自由であったが、高校１年の時に突然心臓病が発症し、開胸開心２回を含む十数回の心臓ペースメーカーの植え込み手術をしたもののいずれも失敗し、電動車イスの生活となる。

９４年に横浜フリューゲルス・サポーターズクラブ「ころんでも・ＴＯＢＩ」を旗揚げ。同クラブは９５年に横浜フリューゲルス・オフィシャルとなり、翌９６年には地元浦和レッドダイヤモンズのオフィシャル・サポーターズクラブとしても公認され、異色の活動を展開する。

フリューゲルス消滅まで代表者をつとめ、ミニコミ誌「ＴＯＢＩの見聞録」全５６号を刊行し、ユニークな論評で評判を得て、スポーツ論評活動を続ける。

また９５年にブラジル代表ジーニョが来日した際に、日本国内で唯一の公認ファンクラブ「Let's GOAL ZINHO！」を発足させるなどサッカー狂。

日本初・車イスのサッカー追っかけ。

２００２大会では日韓両国でＷ杯の渦に入り込むものの、長年のサッカー狂としては違和感を覚えＷ杯の価値観の変化を実感し、本書を執筆した。

スポーツや社会の変わり行く価値観など幅広い分野での評論活動する一方、現在は特に動物達の命や権利、生命との関わり方などについて積極的な執筆活動に取り組んでおり、昨年天国へ行った愛犬「勇気」の死から学んだ「動物達の生命《いのち》の価値観や権利」、「動物医療に於ける様々な問題点」、「動物達を守るという事は……」などをテーマに執筆活動中である。

現在、埼玉県所沢市在住。家族は母の外に介護犬見習の「大地」と「大和」、そして介護犬見習助手猫「愛」と「虹瑚《ここ》」らと一緒に暮らす。